"十四五"职业教育国家规划教材

口才与演讲训练教程

（第四版）

主　编　丁亚玲　刘　凯
副主编　张春妮　龚智勇　孟　琳　张　倩
参　编　姜娟娟　孙立力　蔡　彦　何　格
　　　　李　伟　徐天赐　赵明隽　刘　燕

KOUCAI YU YANJIANG XUNLIAN JIAOCHENG

中国教育出版传媒集团
高等教育出版社·北京

内容提要

本书是"十四五"职业教育国家规划教材,是在前版基础上修订而成的。

全书分为理论导航篇和实战演练篇两大板块。理论导航篇设置了口才素质提升、口才基础巩固、口才能力展示、口才职场应用4个项目;实战演练篇的任务与理论导航篇的项目相对应,包含4项测试、17个任务。两部分内容以素质培养为纲,以能力训练为目,在校园文化活动中展示,在职场实践中运用,项目之间形成抓纲带目、学用相长的结构关系。学生沿着口才系统训练的路径,步步进阶。本次修订还配套建设了在线开放课程,通过视频讲解、案例分析、习题训练等多种形式,系统教授口才和应用文写作的知识与技能。

本书适合作为高等职业院校、职业本科院校公共课教材,也可作为提升口才与写作能力的自学用书。

图书在版编目(CIP)数据

口才与演讲训练教程 / 丁亚玲,刘凯主编. -- 4版. -- 北京:高等教育出版社,2025.8. -- ISBN 978-7-04-064892-8

Ⅰ.H019

中国国家版本馆 CIP 数据核字第 2025HD9105 号

策划编辑 雷 芳 余 红	**责任编辑** 余 红	**封面设计** 张文豪	**责任印制** 高忠富

出版发行	高等教育出版社	网　　址	http://www.hep.edu.cn
社　　址	北京市西城区德外大街4号		http://www.hep.com.cn
邮政编码	100120	网上订购	http://www.hepmall.com.cn
印　　刷	上海叶大印务发展有限公司		http://www.hepmall.com
开　　本	787 mm×1092 mm　1/16		http://www.hepmall.cn
印　　张	21.25	版　　次	2025年8月第4版
字　　数	422千字		2016年8月第1版
购书热线	010-58581118	印　　次	2025年8月第1次印刷
咨询电话	400-810-0598	定　　价	49.80元

本书如有缺页、倒页、脱页等质量问题,请到所购图书销售部门联系调换

版权所有　侵权必究

物　料　号　64892-00

前　言

《国家职业教育改革实施方案》明确了"三教"改革的任务,将其作为推动职业教育高质量发展的重要举措。"三教"改革的首要目的在于立德树人,培育既有高尚品德又精通专业的高素质劳动者和技术技能人才。在这一体系中,教材作为改革内容的传递媒介,承载着课程构建与教学内容创新的重任。本书内容融合了人文素养、工匠精神、劳动价值及职业情感,秉持以学生为中心的教育理念,旨在将学生培养为能说会写、德技并修的高素质技术技能人才。此次再版,除了进一步优化更新各项目内容,还进行了以下修订作为助推教学改革的着力点。

1. 项目设计,任务驱动

本书设置了口才素质提升、口才基础巩固、口才能力展示、口才职场应用四个项目,以素质培养为纲,以能力训练为目,在校园文化活动中展示,在职场实践中运用,项目之间形成抓纲带目、学用相长的结构关系。每个项目配置若干任务,以具体任务催生并强化学生口才训练的成就动机,驱动学生在学习中进步,在学习中成长。

2. 新型活页,装订作品

全书分为理论导航篇和实战演练篇两大板块。实战演练篇的任务与理论导航篇的项目相对应,包含4项测试、17个任务,有序编排成一幅口才训练目标蓝图。学生沿着口才系统训练的路径,步步进阶,渐至佳境。在对更高目标的追求中产生学习的内驱力。

实战演练篇也是一册口才训练作品集,装帧上采用裂线活页设计。无论是在课堂上进行的还是课后完成的任务,都要求录制成视频作品,随后将视频转换成二维码,粘贴至个人作品集。对于需要撰写脚本的训练,可以直接在活页集中完成脚本的写作。此外,学生还可以为自己的作品命名、设计并制作封面。经过一个学期的积累,这些作品将汇聚成一本完整的口才训练作品集,不仅便于日后回顾和复盘,还能通过作品集的制作,产生口才学习的获得感与成就感,实现自我价值的提升。

3. 适其所需,写作拓展

基于时代、社会以及个人发展的需求,大学阶段系统地学习应用文写作是十分必要的。教育家叶圣陶说过:"大学毕业生不一定会写小说、诗歌,但一定要会写工作和生活中实用的文章,而且非写的通顺又扎实不可。"从职业发展角度来讲,大学生掌握应用文的写作方法和要领,具有一定的应用文写作水平,方能有效地应对工作和生活中的写作需求。为此,本书在口头表达训练之外,在理论导航篇的项目拓展部分增设了应用文写作素养、应用文写作基础、应用文写作训练(校园篇)、应用文写作训练(职场篇)四部分的内容,分别与实战演练篇的四个项目相配套,为学生自主学习应用文提供了资源。

4. 在线课程,资源配套

在进一步优化现有二维码资源的基础上,本次还建设了与教材相配套的在线开放课程,通过视频讲解、案例分析、习题训练等多种形式,系统教授口才和应用文写作的知识与技能。在线课程提供的配套资源包括经典演讲视频、优秀演讲稿、口才训练小游戏等,助力学生全面提升口头表达与应用文写作水平。在线开放课程为教师获取更多教学资源提供了支持,为大学生自主学习口才与应用文写作提供了便利。

本书编写团队由四川工程职业技术大学的教师组成,丁亚玲、刘凯担任主编,同时负责全书审稿、统稿;张春妮、龚智勇、孟琳、张倩担任副主编;参编还有姜娟娟、孙立力、蔡彦、何格、李伟、徐天赐、赵明隽。上海水星家用纺织品股份有限公司渠道经理刘燕为本书提供了编写案例及相关资料。

本书虽经四次修订,但仍有诸多不足,诚请各位专家、同行及广大读者不吝指教。

本书在编写过程中,参阅了大量专著、教材及其他文献,选用了报刊、网络上的案例资料,借鉴了专家学者的研究成果,在此谨表诚挚的谢意。

编 者

目录

理论导航篇 1

涵养根本——大学生口才素质提升项目 / 3
    1.1 口才与人文素养 / 5
    1.2 口才与思维能力 / 17
    1.3 口才与心理素质 / 29
    1.4 口才与礼仪修养 / 38
    项目拓展——应用文写作素养 / 50

精进不辍——大学生口才基础巩固项目 / 51
    2.1 科学发声训练 / 53
    2.2 普通话训练 / 65
    2.3 表达方式训练 / 83
    2.4 态势语训练 / 95
    2.5 倾听与交谈训练 / 107
    项目拓展——应用文写作基础 / 125

厚积薄发——大学生口才能力展示项目 / 127
    3.1 诵读训练 / 129
    3.2 演讲训练 / 144
    3.3 辩论训练 / 158
    3.4 主持训练 / 172
    项目拓展——应用文写作训练(校园篇) / 187

笃行致远——大学生口才职场应用项目 / 189
    4.1 面试与竞聘口才 / 191
    4.2 沟通口才 / 209
    4.3 管理口才 / 224
    4.4 营销口才 / 242
    4.5 导游口才 / 253
    4.6 公关口才 / 267
    项目拓展——应用文写作训练(职场篇) / 279

实战演练篇   281

项目一　涵养根本——大学生口才素质提升项目 / 283
  任务 1　你是口才达人吗？ / 283
  任务 2　言语表达中,你的思维能力如何？ / 285
  任务 3　言语表达中,你的心理素质怎样？ / 287
  任务 4　你是一个注重言谈礼仪的人吗？ / 289
  任务 5　开启新征程——完成 1 号作品 / 291

项目二　精进不辍——大学生口才基础巩固项目 / 293
  任务 1　字正腔圆练发声——完成 2 号作品 / 293
  任务 2　正确规范读经典——完成 3 号作品 / 295
  任务 3　绘声绘色讲故事——完成 4 号作品 / 297
  任务 4　有理有据讲道理——完成 5 号作品 / 299
  任务 5　善问善听做访谈——完成 6 号作品 / 301

项目三　厚积薄发——大学生口才能力展示项目 / 305
  任务 1　声情并茂的朗诵者——完成 7 号作品 / 305
  任务 2　鼓舞人心的演讲者——完成 8 号作品 / 307
  任务 3　针锋相对的辩论者——完成 9 号作品 / 309
  任务 4　驾轻就熟的主持人——完成 10 号作品 / 311

项目四　笃行致远——大学生口才职场应用项目 / 315
  任务 1　求职面试,胜券在握——完成 11 号作品 / 315
  任务 2　职场沟通,理解共赢——完成 12 号作品 / 317
  任务 3　管理口才,循循善诱——完成 13 号作品 / 319
  任务 4　营销口才,步步为营——完成 14 号作品 / 321
  任务 5　导游口才,生动优美——完成 15 号作品 / 323
  任务 6　公关口才,严谨缜密——完成 16 号作品 / 325
  任务 7　踏上制高点——重演 1 号作品(完成 17 号作品) / 329

主要参考文献 / 331

口才与演讲训练教程

LILUN DAOHANG PIAN

理论导航篇

涵养根本

LILUN DAOHANG PIAN

——大学生口才素质提升项目

你是否曾站在同伴面前,心中忐忑,担心自己的话语无法触动他人?你是否渴望在辩论场上,以严密的逻辑和犀利的言辞赢得满堂喝彩?你是否梦想在未来的职场中,凭借卓越的口才,成为引领团队、影响他人的佼佼者?

口语表达不仅是技巧,更是一门系统的功课。口才是口语表达的高级形式,要登堂入室练就口才,道术并重、内外兼修可谓不二法门。在本项目及其相对应的实践任务中——

你将通过培育人文素养、提高思维品质、优化心理素质、强化礼仪修养来涵养根本、提升口才素质。

你将完成言语表达中口才、思维能力、心理素质、言谈礼仪的测评,并分析测评结果后完成《口才素质综合评价表》。

你将开启口才训练新征程——倾力打造你的1号口才作品。

口才,展现自我、追梦之翼。口才,积"跬步"而致千里,积"小流"而成江海。每一次尝试,都是对自我的挑战和超越;每一次失败,都是构筑成功的宝贵财富。不要害怕开口,不要畏惧失败,因为正是这些经历,将铺就你未来的璀璨之路。

1.1　口才与人文素养

口才是口语表达的提炼和升华。口才之"才"从外在看,表现为个人说话的能力和水平;从内在看,是指建构个体人格与智慧的各种储备,内在储备包括德行修养、人文情怀、学识阅历、语言造诣等诸多方面。

 训练导引

➢ 训练目标

1. 了解口才的含义、分类及衡量标准。
2. 理解口才与人文素养的关系,掌握口才训练的方法以及提升口才的训练途径。
3. 培养高尚的道德情操,涵养崇高的人文情怀。

➢ 课前准备

1. 口才的获得在于内外兼修,以某一名人为例,分析其深厚人文素养的具体体现。
2. 收集练习口才的典型事例,在课堂上讲述,分享自己的领悟。
3. 推荐一本关于口才训练的好书或一部影视作品,在课堂上进行简要介绍。

情境导入

《语言帝国——世界语言史》是一本以讲故事为主的历史语言学著作,作者尼古拉斯·奥特斯勒(英)在书中说,一个人类群体一旦学会了某种语言,这种语言就能传递无穷的知识和信仰;当我们思考、倾听、说话、阅读、写作的时候,它是能够给予我们力量的无形财富,让我们能够站在祖先的思想和情感积淀的肩膀上。我们的语言让我们成为文化的连续统一体,将我们同历史相连,并且将我们的思想传递给后世的语言使用者。

荀子在《非相》中说:故赠人以言,重于金石珠玉;劝(观)人以言,美于黼黻文章;听人以言,乐于钟鼓琴瑟。故君子之于言无厌。在语言学家看来,语言是人类最好的"发明";在荀子看来,语言表达应该真诚、动听,富有文采。

一、口才概述

(一)口才的含义

语言表达是一种复合现象,具体包括三个方面:第一是说话的动作,称为言语动作或言语行为;第二是说话所使用的一套符号,由语音、词汇、语义、语法等子系统构成,称为语言;第三是说出来的话,称为言语或言语作品。

说话可以满足人际交往的基本需要,在说得清楚、说得准确的前提下还应该说得完善、说得巧妙,从说话到具备口才经历了从"会"(指说话的基本能力)到"能"(指说话的才能)的过程,从"会"说到"能"说需要学习和研究口语表达的原则及规律,由此产生了口才学。

关于口才的定义,有以下两种:

《现代汉语词典》解释为:名词,说话的才能。有口才的人说话具有"言之有物、言之有序、言之有理、言之有情、言之有文、言之有趣"等特征。

有研究者将口才定义为:在口语交际的过程中,表达主体运用准确、得体、生动、巧妙、有效的口语表达策略,达到特定的交际目的,取得既定交际效果的口语表达艺术和技巧。

综上所述,口才是口头表达的才能和水平,它是个体人格智慧、能力修养的综合表现。人人都会说话,但有口才的人却不多。有口才的人,讲起话来言简意赅、声情并茂、妙趣横生,每每能够获得好的交际效果;登台演讲能够吸引听众,达到晓理、动情的效果。

(二) 口才的衡量标准

从言语表达的过程来看,善表达、会倾听、能判断、巧应对,是具备口才的标志;从言语表达的效果来看,启人以智、服人以理、动人以情、引人以趣、感人以美等是衡量口才的重要标准。口才的内容构成既包括语言因素又包括非语言因素,譬如态势语言就是口语表达的重要辅助手段。

 课堂实训

1.1 尝试将下列语句的中心意思用口语化的方式加以表达。

(1) 对于学习,永远不会太早;对于改过,永远不会太迟。

(2) 无论何时都不要拒绝工作中琐碎的事情,因为伟大的事业是由繁杂的细节构成的。

(3) 人一定要顾及社会,因为保护他的是整个人群。

1.2 举例说明口才的"言之有物(或'序''理''情''文''趣')"等特征。

1.3 完成测试:如果你话说到一半,有人打断你并转移话题,你会_____。

A. 不说了　　　　　　　　　　B. 跟对方抢着说

C. 请对方不要插话　　　　　　D. 等他(她)说完,再接下去说

根据测试结果回答:你为何作此选择?

二、口才的类型

根据口才的实用性、艺术性及使用范围,可以对口才的类型进行如下划分。

(一) 通用口才

(1) 社交口才是体现社交能力的重要因素。提升社交口才可以增强说话的魅力,使自己在同学圈、同事圈、朋友圈、亲人圈中广受欢迎。

(2) 求职是每一位大学毕业生面临的机遇和挑战,是职业生涯的起点。求职面试需要用口才展现自己的实力和优势。

(3) 竞聘是企事业单位选拔人才的重要手段,竞聘者通过演讲充分展现自己的综合素质和能力,以求在竞争中脱颖而出。

(4) 管理者要在会议上进行充满激情的演讲、思路缜密的报告,还要在日常工作中发挥沟通的才能,倾听、提问、交谈、批评、表扬、肯定、暗示,都要求具备管理口才。

(二) 艺术口才

(1) 朗诵是对文学作品进行二度创作的语言艺术活动。郭沫若五幕历史剧《屈原》中的抒情独白《雷电颂》是一首光明的颂歌、声讨黑暗的檄文,可谓语言艺术与表演艺术的完美融合。

(2) 演讲是具有明显艺术性的社会实践活动。梁启超、周恩来、闻一多等演讲的感召力除了来自演讲者自身的信仰、意志、信念、情感以及演讲的内容所唤起的高度认同,还来自演讲者富于感染力的语言和仪态。

(3) 主持则具有更为鲜明的艺术性特征。主持的过程涉及播音、朗诵、演讲、交谈、形体表演等口才形式和艺术门类的综合运用。

(4) 辩论是对同一问题持相反观点的双方的交流和交锋。辩论者除了需要精湛的口才,还需要强大的逻辑思辨能力。辩手之间攻守配合、团队竞争对抗、交流思想、传播文化等特点使其具有相应的艺术价值。

(三) 行业口才

行业口才包括营销口才、公关口才、导游口才等。口才是个人综合素质和综合职业能力的集中体现。表达能力与沟通能力对于营销、导游、公关、工程技术等从业人员至关重要,口才虽然不是他们的专长,但却是帮助他们在专业领域获得业绩、取得成就的法宝。

 课堂实训

1.4 请用事例说明"发生在成功人物身上的奇迹,一半是由口才创造的"这句话的含义。

1.5 "两脚踏东西文化,一心评宇宙文章",林语堂兼具学者的仪表风度、才子的风范文采、智者的幽默言谈。阅读以下案例,分析林语堂的演讲哪些地方体现出了视觉美、听觉美、睿智美等。

1936年,《纽约时报》和"全国书籍出版者协会"共同举办了第一届全美书展。会上有一项活动是作家演讲,林语堂也在被邀之列……他穿了国内最普通的蓝缎袍子,走起路来衣袂飘动,还真有那么一股仙风道骨的味道。他一上台,先不说话,四下打量,气势就出来了。台下哗啦啦一片掌声,东方式的风度让西装革履的美国人甚为倾倒。接着,他不慌不忙地讲起中国人的人生哲学和生活态度。他没有拿稿子,好像句句是临场发挥,纯正的发音、地道的表达技巧、机智俏皮的口吻赢得了热烈的掌声。大家正听得入神,他却猛地收起话匣子:"中国哲人的作风是,有话就说,说完就走!"他挥一挥衣袖,背着手踱起方步,飘然而去。

三、口才与人文素养

人文素养的核心是以人为对象、以人为中心的精神,是对人类生存意义和价值的关怀。它体现了伦理道德之善、文学之情、音乐绘画之美、史学之鉴、哲学之思。要提升口才,必须从加强人文素养着手,德行是前提,才能是核心,学识是基础,情感是支撑,语言是保证。

(一)品德修养

子曰:"君子喻于义,小人喻于利。"(《论语·里仁》)育人的根本在于立德。"德才兼备,以德为先"是当今社会人才选拔和任用的重要标准。德行高的人,与人交往也会"与善仁,言善信"(《老子·道德经》)。要想具备口才,就应该提升自我的道德品质,培养高尚的道德情操,显现优良的仪表风度。

(二)人文情怀

情怀,指高尚的心境、情致和胸怀,是一种赤子之心、悲悯之情。闻一多先生具有学者的气质、诗人的情怀、民主斗士的勇敢与豪迈,还具有儒雅的绅士风度,这些都汇聚、形成了他别具一格、令人敬佩的人格魅力,产生了强大的气场,使得他的演讲具有非凡的向心力和强大的感召力。

图 1-1 闻一多

(三)学识阅历

1. 宽广的学识视野

学识丰富者不一定有口才,有口才者则往往具有丰富的学识。口才的实质是对自己所储备知识的调动和运用。古今中外的优秀演说家之所以能旁征博引、妙语惊人,是因为他们博览群书、知识宏富,并能够不断更新知识结构。

案例分析 1-1

你不能对每个人都谈同样一件事情:一个研究科学的,不会对生意经有兴趣,同样地,一个生意人,对他谈哲学的大道理,他也不一定有兴趣。这里有一个小笑话:某先生以口才见长,有人便向他求教谈话到底有什么诀窍,他说:"很简单,看他是什么人,就跟他说什么话。例如和屠夫就谈猪肉,和厨师就谈面包。"那位求教的人问道:"如果屠夫和厨师都在座,你谈些什么呢?"他说:"我谈三明治。"由上面的故事可知,为了应付社会上形形色色的人,你就得具备多方面的知识。所以就需要多读、多学。

(节选自丁慧中《我就是口才高手》)

"谈话的范围应当广泛,好像一片原野,每个人行走其中都能左右逢源。而不要成为一条单行道,只能容纳自己一个人"(哲学家培根)。学识是与他人自如地展开话题并灵活应对的前提条件。以上案例中以口才见长的那位先生能根据不同的交谈对象调整话题,并且让与之交谈的人都有兴趣,源于他精通谈话的艺术和拥有宽广的知识面。

2. 丰富的人生阅历

"世事洞明皆学问,人情练达即文章"。要想提升自己的语言修养,就要多了解世事;要想练就口才,就要加强生活积累,积极面对生活、体察生活。丰富的人生阅历使人成熟自信,并能增加话语的可信度和感染力。

案例分析 1-2

"有趣的是100年前,王国维在他的《人间词话》中写到的境界论,非常有意思。他说古今之成大事业、大学问者,必经过三种境界:昨夜西风凋碧树,独上高楼,望尽天涯路,此第一境;衣带渐宽终不悔,为伊消得人憔悴,此第二境;众里寻他千百度,蓦然回首,那人却在灯火阑珊处,此第三境。

"第一境说的是对于想要追求的事情要有点执着,所以要独上高楼,去追寻你所要看见的天涯路。说的就是兴趣。第二境是什么意思呢?就是说即使人变得消瘦了也不要后悔,还要继续下去,要努力地准备。第三境中,在不经意间,一回头,忽然发现秘诀在那里,就是机遇带来的突破。我认为这就是代表兴趣、准备、突破的三部曲,不仅在科学领域里是一个好的道路,在文学里同样是这条重要的路径。"

以上是2019年4月29日杨振宁应邀与中国科学院大学的近两千名研究生以"选择有前景的研究领域"为题分享自己的学习与研究经历的片段。杨振宁在粒子物理学、统计力学和凝聚态物理等领域作出里程碑性贡献,与李政道合作,提出弱相互作用中宇称不守恒理论,共同获得1957年诺贝尔物理学奖。正如一位大学校长用"智勇双全"赞誉杨振宁:对学问孜孜不倦,锲而不舍地探究物理的精美奥妙,是为"智";在科研路上奋斗向前,无畏无惧,突破边界,是为"勇";将中国传统文化与现代科学精神相结合创造出辉煌成就,是为"双";饮水思源,归根东篱,全心全意全情地投入科学育人、报效祖国,是为"全"。杨振宁先后在一百多所大学发表了演讲,其中"美与物理学""中国文化与科学"具有代表性,体现出他广阔的学术视野,深厚的学科素养,丰富的人文知识。

(四)语言素养

1. 语言的表现力

韩愈说:"人声之精者为言,文辞之于言,又其精也。"说话和写文章,都是话语表达活动,都需要提炼语言,强化语感,增强语言的表现力。要提高语言的表现力,应根据表达思想感情的需要,选择贴切的词语,配置恰当的句式,运用画龙点睛的修辞手法创造丰富可感的形象、情境,并阐述其中深刻的事理。

案 例 分 析 1-3

严光,字子陵,东汉著名隐士,与东汉光武帝刘秀是同学,亦为好友。刘秀即位后,多次延聘严光,但他拒不受官,隐居富春山。北宋文学家范仲淹在睦州任行政长官时曾为严子陵修建祠堂,并写下《严先生祠堂记》,其中有:"云山苍苍,江水泱泱,先生之德,山高水长。"文章写好后,范仲淹请教朋友李泰伯,李泰伯建议将"德"改为"风"。范仲淹视其为一字之师。

道德如风,春风吹,万物生长。在本案例中,"风"字比"德"字更有意蕴,更具神采,更和谐动听。

2. 语言的风格

个性是个人在一定的社会条件和教育影响下形成的比较固定的特性。俄罗斯思想家别林斯基说:"风格是在思想和形式密切融合中按上自己的个性和精神独特性的印记。"不同的人,由于生活阅历、文化素养、语言修养、语言习惯等内在因素和声音、形象等外在因素的差异,会形成不同的语言风格。有人谨言慎行,有人快人快语,有人机智幽默,有人稳重深沉。

3. 语言素养的提升

语言素养可以从以下三个方面获得提升:①系统学习语法、修辞、逻辑等方面的知识,以提高口语表达的准确性、生动性和严谨性;②系统学习副语言特征(包括音质、音量、音强、节奏、语调等)及态势语言等方面的知识,以便更好地展现精神情感风貌及个性特征;③汲取优质的语言养料,名家的口才作品、经典文学名著、其他语言艺术形式、当下鲜活的潮流语言都是永不枯竭的源泉。

> **课堂实训**

1.6 主持人在观众的期待中出场了,不料一不小心摔了一跤,台下哄堂大笑。如果你是这位主持人,如何用一句幽默的话让自己摆脱尴尬的境地?

1.7 小组"对决"——极限语速练习:某卫视主持人因主持一档音乐节目荣升为"中国好舌头",据网友统计,该主持人在47秒内连说350个字,平均每秒7.44个字。请速读以下语段(忽略标点符号),检测自己的语速:

(1) 2014年巴西世界杯是第20届世界杯足球赛。比赛于2014年6月12日至7月13日在南美洲国家巴西境内12座城市中的12座球场内举行。这是继1950年巴西世界杯之后世界杯第二次在巴西举行,也是继1978年阿根廷世界杯之后世界杯第五次在南美洲举行。

(2) 关羽问道:"前方何人?"华雄清清嗓子道:"正宗汉室董卓门下骁骑校尉中国好将领姓华单名一个雄,只要你改投我军吕布李傕郭汜华雄四大导师门下便将踏上光复汉室梦想之旅……"关羽哪里由得华雄说完,趁机便是一刀,回营发现曹操所赐的酒都没凉,不由叹道:姓华的说话真快。

1.8 列举你欣赏或喜欢的名人,谈谈你欣赏或喜欢他(她)的原因,现场模仿他(她),可以从语气、语速、表情、动作等方面模仿。

四、口才训练的途径和方法

(一) 提升相关能力

口才表现为一种综合能力。从人们的语言交际实践看,要寻求提升口才的途径,就需要从倾听能力、吸引能力、说服能力、感动能力、创造能力等方面入手。

1. 倾听能力

倾听是由听觉引发思考的过程。运用语言进行交流是一个动态、复杂的过程,说话与倾听互为前提和结果。在交流中要耐心地聆听、认真地捕捉对方传递的信息,才能作出恰当的回应,获得既定的交际效果。倾听不仅是一种能力,而且是一种修养。

2. 吸引能力

吸引他人倾听自己说话,使之听得懂、愿意听、乐于听,并且听有所得。有亲和力的人总是很注重与听众或交谈对象互动。常常提出对方感兴趣的话题,吸引听众的注意力,调节听众的情绪。吸引力不仅来自所表达的内容和方式,还来自非语言表达,诸如悦耳的声音、良好的姿态等。

1-1 口才书架

案例分析 1-4

《战国策·齐策》中有个故事:靖郭君田婴想在自己的封地薛修筑城防工事(这样的行为势必引起齐王猜疑),许多门客担心这一行为会引发齐王的不满,纷纷劝谏田婴停止筑城计划。然而,田婴对这些劝谏并不感兴趣,甚至下令不准为劝谏的门客通报。此时,有位门客请求面见田婴,保证只说三个字,多说一个字愿意接受烹刑。田婴被他的诚意打动,同意接见他。只见门客快步上前,说:"海大鱼。"然后转身就走。田婴感到困惑,追问门客还有没有其他话要说。门客回答:"您没听说过海里的大鱼吗?渔网和鱼钩都对它无能为力,但如果它离开了水,即便是蝼蚁也能摆布它。齐国就是您的水,您永远拥有齐国的庇护。如果失去了齐国的庇护,即使把薛地的城墙筑得再高,又有什么用呢?"田婴听后恍然大悟,停止了筑城计划。

这个故事反映了战国时期谋士的政治智慧。在复杂的权力结构中,他们通过简洁而深刻的比喻,通过巧妙的言辞和策略来劝谏,从而成功说服对方并化解危机。

此外,声音也是说话具有吸引力的重要因素。古希腊医生伽林曾经说过:"声音可以反映出一个人的灵魂。"还有人说,声音是人的另一张脸。好的声音不仅能吸引人而且让人由衷地对说话者产生好感、信任感。

1-2 悦耳的声音

案例分析 1-5

主持人每天早晨 7 点开始,就会准时出现在电视台经济频道早间新闻栏目里,将这档新闻节目说得生动鲜活。看到她甜美的微笑,听到她清亮的声音,就如同沐浴清晨第一缕明亮的阳光。越来越多的观众迷上了这位浑身洋溢着亲和力的年轻主持人。

新闻主持人的个性特点体现在音色、语言风格、个人观点的抒发等,早间新闻的主持人需要外表庄重大气且不失亲和力。作为公众人物,主持人应充分了解观众的审美需求,结合节目定位及内容,塑造个人形象。优秀的新闻主持人不仅个人形象与节目风格统一,还能在传递新闻信息的过程中彰显个人魅力,给受众留下深刻的印象。

3. 说服能力

有口才的人,说话并不一定滔滔不绝,而是能了解他人的想法,对症下药,一语中的。说服力要求言语行为具有明确的目的性,漫无边际地讲话,常常是浪费别人的时间,也解决不了实际问题。

4. 感动能力

讲话人以自己的真情打动、感动听者,获得以情动人的效应。白居易说:"感人心者,莫先乎情。"若要使人动心,就必须自己动情,"情动于衷而发于外",是同情心、同理心真实、自然地流露。

案 例 分 析 1-6

1837年的一天,一位老态龙钟的妇人——在美国独立战争中阵亡士兵的妻子来到林肯的律师事务所,哭诉在她领取400元抚恤金时,抚恤金分发吏竟苛刻地勒索她200元的手续费。林肯听后大怒,立即提起诉讼。林肯在法庭上辩护如下:

"现在事实已成陈迹。1776年的英雄,早已长眠地下,可是他们那老而可怜的遗孀,还站在我们面前,要求为她申冤。这位老妇人从前也是位美丽的少女,曾经有过幸福愉快的家庭生活,不过,她已牺牲了一切,变得贫穷无依,不得不向我们——享受着革命先烈争取来的自由的我们请求援助和保护,请问,我们能熟视无睹吗?"

林肯用独立战争前美国人民所经历的深重苦难和独立战争中战士历尽磨难流血牺牲的史实,叩开人们的心扉。以强烈对比的手法,描述了无助老妪年少时曾有的幸福与其令人不忍目睹的现状,极大地震撼了听众的心灵,博得了人们的同情,最终赢得了辩护的胜利。

感动能力,也指发挥非语言因素的艺术性特征传达美的能力。口才的艺术性特征能使语言表达的内容与形式产生和谐美。

案 例 分 析 1-7

他待人很谦虚,但沉着坚定。他优雅的举止、直率而从容的姿态,都显示出巨大的魅力和泰然自若的风度……他经常靠在椅背上,用富于表现力的手势来增强谈话效果。当要扩大谈话的范围,或是从中得出一般性结论时,他经常用手在面前一挥;在搁浅的争议有了结果时,他又会把两只手放在一起,十指相对。在正式会谈中,他对一些俏皮话暗自发笑;在闲聊时,他又变得十分轻松自如了,有时对善意的玩笑还发出爽朗的笑声。他开怀大笑时,两眼闪射出快乐的光芒,脸上皱纹显露,显示出这是发自内心的真正的喜悦。

(节选自《领袖们》)

这是一段回忆录中对周恩来总理言谈举止的描述。周总理在外交谈判中的音容笑貌显示出杰出的智慧和迷人的风度。运用态势语言表达思想感情,可以带来视觉、听觉的审美愉悦。

5. 创造能力

能根据表达的需要创造性地运用语言,见解新颖、观点独到,是语言创造能力的体现。

案例分析 1-8

——中国梦是追求和平的梦。中国梦需要和平,只有和平才能实现梦想。天下太平、共享大同是中华民族绵延数千年的理想。历经苦难,中国人民珍惜和平,希望同世界各国一道共谋和平、共护和平、共享和平。历史将证明,实现中国梦给世界带来的是机遇不是威胁,是和平不是动荡,是进步不是倒退。拿破仑说过,中国是一头沉睡的狮子,当这头睡狮醒来时,世界都会为之发抖。中国这头狮子已经醒了,但这是一只和平的、可亲的、文明的狮子。

(节选自《习近平在中法建交50周年纪念大会上的讲话》)

总书记的讲话中引用了拿破仑关于"中国是一头沉睡的狮子"的比喻,又对这个比喻加以创造性发挥,精辟地指出中国已然是一头睡醒的狮子,是一只"和平的、可亲的、文明的狮子",展现了可信、可爱、可敬的中国形象,比喻使用既贴切又新颖。

(二)掌握训练方法

1. 刻苦磨炼法

天道酬勤,勤能补拙。古今中外这些慷慨激昂的演讲家、能言善辩的雄辩家、善于应酬的交际家的成功大都归因于他们对演讲与口才的热爱、学习和钻研。他们知耻而后勇、知难而上、孜孜以求,直至达到娴熟。到今天,他们的事迹和经验仍垂范于后学。

案例分析 1-9

诗人、学者闻一多也不是天生的演讲家,梁实秋这样描述在清华的闻一多:"他不善演说,因为他易于激动,在情绪紧张的时候满脸涨得通红,反倒说不出话。"闻一多1919年在清华读书的时候就热爱演讲并刻苦训练,他曾在日记中写道:"今日演讲课练习又渐疏,不猛起直追恐便落人后。""演讲降到中等,此大辱奇耻也。"有一天,他到钟台练习演讲8遍,第二天又"夜外出习演说12遍";5天以后,又在天寒地冻的深夜,到清华园工字厅北面土山上的凉亭里,对着湖水,迎着呼啸的北风,用坚定低沉、富有感情的声音练习演说,直到严寒刺骨才返回宿舍。回到宿舍后仍不罢休,又"温习演说5遍"。

卓越口才无不是靠一丝不苟、刻苦训练才获得的,正如华罗庚所言:"勤能补拙是良训,一分辛苦一分才。"

1-3 赤子之心

2. 其他常用方法

(1) 速读法：口齿伶俐、吐字清晰、发音准确。

(2) 背诵法：字正腔圆、培养语感、出口成章。

(3) 复述法：专注倾听、梳理内容、组织语言。

(4) 描述法：条理清晰、生动形象、善用修辞。

(5) 模仿法：揣摩特点、惟妙惟肖、学习创新。

丰厚的人文底蕴是基础，扎实的基本功是保障，必要的技巧是促进，成功的欲望产生内驱力。打好基础，具备深厚的人文素养，唯其如此，口才训练才能"为有源头活水来"。

课堂实训

1.9 口号，文字简练、意义鲜明，供口头呼喊之用，带有强烈的鼓动宣传色彩；口号应该别出心裁、别具一格。请赏析2014年第20届世界杯足球赛各球队的官方口号：

德国：一个国家，一支球队，一个梦想！

阿根廷：不只是一支球队，我们是一个国家。

荷兰：真正的男人穿橙色！

巴西：注意！第六次来了！

喀麦隆：雄狮就是雄狮！

澳大利亚：袋鼠军团，让我们跳入史册！

科特迪瓦：象群，向巴西进发！

1.10 学习小组派代表现场介绍一道家乡的美食，请同学评价美食色香味达到的指数，根据"指数"评价介绍者的说话吸引力。

1.11 "脱口秀"训练：以小组为单位抽取话题，如我最得意、喜欢、庆幸、后悔、快乐、难忘的事等，派代表进行2分钟说话，要求语言有感染力和吸引力，让人耳目一新。

延伸阅读

谈 话

纪伯伦

当你们不安于思想的时候，你们开始说话。

当你们无法继续栖身于心灵的孤寂，你们将转而栖息于唇舌，而声音成为一种娱乐与消遣。

在许多言谈中，你们的思想几乎一半被扼杀。

1-4 沉默的节奏

因为思想是一只属于天空的鸟,在语言的牢笼中它或许能展翅,却不能飞翔。

你们当中有些人因害怕独处而变得饶舌。

独处的沉寂向他们揭露他们赤裸的自我,于是他们逃逸。

有些人夸夸其谈,却缺乏知识与见地去阐述一个他们自己并不理解的真理。

有些人心中拥有真理,却从不付诸言语。

在这些人的胸中,精神生活在沉默的节奏里。

当你在路边或集市上遇到你的朋友,让你内在的精神启动你的双唇,引导你的喉舌。

让你声音中的声音对他耳朵中的耳朵言说。

因为他的灵魂将保留你心灵的真理。

犹如葡萄酒,当颜色被忘却,杯子也不复存在时,它的滋味仍将被铭记。

 课后任务

1. 学者周国平说:"沉默是一口井,这井里可能藏着珠宝,也可能一无所有。"请谈谈你对这句话的理解。

2. 一位脱口秀节目主持人在她的传记中说:"如果我不是一个痴迷阅读的人,那我就不是今天的我"。谈谈你对这句话的理解。

1.2　口才与思维能力

思维是人脑借助于语言对客观事物的概括和间接反应的过程;语言是以语音或字形为物质外壳(形态),以词汇为构建材料,以语法为结构规则(规律)的用于交际和思维的符号系统。语言能帮助人类进行思维,思维能力是语言表达水平的决定性因素之一。对于口才及演讲训练而言,提升思维能力是促进表达能力的重要途径。

 训练导引

➢ 训练目标

1. 了解思维的含义,以及思维与语言表达的关系。
2. 掌握三种思维方式在表达中的应用方法与技巧。
3. 培养创新思维能力,勇于实践敢于开拓。

➢ 课前准备

1. 每个小组准备5个益智而有趣的脑筋急转弯题目,开展课堂提问抢答活动,比比哪个小组得分最高。
2. 小组推荐一人讲述思维与口才的故事,或者讲述自己的亲身经历,并说明两者的关系。

情境导入

解缙是明朝有名的文士,被誉为"明朝第一才子"。他才思敏捷,能言善辩,有关他的奇闻逸事也流传甚广。相传有一次解缙与永乐皇帝在花园游玩,皇帝突然命解缙以鸡冠花作诗,解缙略一思索,起句道:"鸡冠本是胭脂染。"一语刚落,只见皇帝从身后取出所执白鸡冠花,说:"不是胭脂红,是白的。"解缙随机应变,当即又吟:"今日为何淡淡妆?只因五更贪报晓,至今戴却满头霜。"解缙应对如流,联想奇妙且用语不凡,皇帝听了甚为高兴。

解缙能在皇帝故意刁难的情况下随机应变,从容应对,与他敏捷的思维密不可分。一个人思维水平的高低往往对其口才能力具有关键性作用。思维敏捷的人,在口语交际中能更灵活自如地应对各种情况,达到交际目的。相反,思维不清晰、反应迟钝的人,用再多的言语,也很难把一个简单的道理表达清楚。所以戴尔·卡耐基说:"我们一生中说话都是出乎自然,从未费心细想言辞。我们随时都在思想着,等到思想明澈时,言

语便如我们呼吸的空气,不知不觉地流出。"

一、语言与思维能力

(一) 思维的含义

思维是人类认识客观世界的方式之一,是指在表象、概念等感性认识的基础上,运用比较、判断、分析、推理、综合等方式认识现实世界的一种精神活动。

(二) 思维与语言的关系

语言和思维有着非常密切的关系。语言是人类最重要的交际工具。通常情况下,人们会用语言来表达自己的思想和意愿,在用语言交流时,也必然会以思维作为交流的基础。没有经过思维的语言表达,只能是文不对题、胡言乱语。不借助语言,既不能很好地思考,也不能准确快捷地表达意愿。德国语言学家洪堡特认为,语言是形成思想的工具,思维和语言活动是不可分割的统一体。他在论语言的民族性时曾说:"语言把思维和感觉当作对象予以表达,但语言同时也伴随着思维和感知的运动。"可以这样认为,语言是思维的外在条件,是思维得以表达的物质工具,思维则是语言表达的基础。两者相互依存,密不可分。

思维是人脑的功能。思维能力也是全人类所共有的,没有民族性,却有个体差异性。思维能力的强弱影响个人的语言表达能力。一个思维能力强的人,语言表达敏捷、缜密而又明确;思维能力较弱的人则言语迟钝、凌乱,语意不明。言为心声,要想具备雄辩的口才,首先应该重视思维能力的训练,开发智力潜能。

(三) 思维的分类

思维的分类有不同的标准,与口语表达能力相关的思维一般可以分为形象思维、逻辑思维和创造性思维三个大类,它们从不同的角度影响着语言表达能力。

课堂实训

1.12 怎样理解"语言是思想的载体,思想是语言的灵魂"?

1.13 以时下某一个新闻热点为题进行说话训练,简述内容并表达自己的观点。要求观点明确、有理有据、层次清晰、语言简练。

1.14 敏捷思维能力训练:快速说出下列问题的答案,看谁的答案多。

(1) 报纸的用途有哪些?

(2) 最爱看的电影有哪些?

(3) 蟑螂存在的好处有哪些?

二、形象思维与口才

(一) 形象思维的含义

形象思维也叫作直感思维,是一种直观的思维活动,即在对外界事物直接感知的基础上,以直观形象或表象为内容,运用想象、联想等方式来认识事物本质的一种思维方式。

(二)形象思维的特点

1. 形象性

形象思维以直观感知的表象为内容,反映的是人或事物的具体形象,具有具体性和生动性,可以被直接感知。形象思维能使表达者的语言更丰富、生动、直观、形象,带给听者切身的感受。

2. 广泛性

想象和联想都是在储存于大脑中原有表象的基础上进行的思维活动,能够最大范围地将相关或不相关的事物联系起来重新认知或加以创新。人们在思考问题时,广开思路、多方联系,方能举一反三、触类旁通,也才能做到言之有物、言之有理。

3. 创新性

形象思维不仅能对大脑中的表象进行联系加工以及再现,还能根据表达主题的需要对材料进行整合,使旧有形象材料合成新形象。在口语交际中运用形象思维往往能收到不同凡响的效果。

(三)形象思维在口才训练中的运用

1. 想象思维法的运用

想象是指人脑对直接感知到的客观事物以及存储在大脑中已有的表象、信息进行加工改造,创造出新形象新事物的思维活动。想象力丰富的人更容易抓住事物间的联系,利用模仿、组合、变形等手段创造新事物。爱因斯坦曾经说过:"想象力比知识更重要。"在口语表达中,想象可以引发思维的跳跃和谈话内容的有效转换,给人以形象直观的感受。

案 例 分 析 1-10

刘备三顾诸葛亮于隆中,得见以后问兴汉之计,诸葛亮在分析了天下形势之后,对刘备说道:

"将军既帝室之胄,信义著于四海,总揽英雄,思贤如渴,若跨有荆、益,保其岩阻,西和诸戎,南抚夷越,外结好孙权,内修政理;天下有变,则命一上将将荆州之军以向宛、洛,将军身率益州之众出于秦川,百姓孰敢不箪食壶浆以迎将军者乎?诚如是,则霸业可成,汉室可兴矣。"

刘备曰:"善!"于是与亮情好日密。

诸葛亮先根据当时天下形势指出曹操和孙权的优势,再说巴蜀之地的条件适合成就帝业,然后运用想象思维,描绘了刘备占有荆州及巴蜀之后的美好愿景,并据此提出实现复兴汉室的理想。这一番运用想象思维的话语,让刘备看到了希望,终于下定决心西图巴蜀。

2. 联想思维法的运用

联想是指人脑由某些已有的表象、概念而想起与之相关的其他表象、概念的思维活动。人们对客观世界的认识作为表象储存在人脑里,联想则是联系这些表象的纽带,它可以使有联系的或没有联系的,甚至毫不相关的表象通过接近、相似、对比、因果等关系重新联系起来。如看到水上的树叶想起小船(相似联想),看到乌云想起下雨(因果联想),等等。

对口语表达来说,联想思维有助于串起表达主题所需要的各个表象和概念,理清表达思路,拓宽范围。对辩论者而言,运用联想思维则有助于抓住对方表述中的薄弱环节并找到反驳的方法。

案 例 分 析 1-11

陈相见孟子,道许行之言曰:"滕君则诚贤君也;虽然,未闻道也。贤者与民并耕而食,饔飧而治。今也滕有仓廪府库,则是厉民而以自养也,恶得贤?"

孟子曰:"许子必种粟而后食乎?"曰:"然。""许子必织布而后衣乎?"曰:"否。许子衣褐。""许子冠乎?"曰:"冠。"曰:"奚冠?"曰:"冠素。"曰:"自织之与?"曰:"否。以粟易之。"曰:"许子奚为不自织?"曰:"害于耕。"曰:"许子以釜甑爨,以铁耕乎?"曰:"然。""自为之与?"曰:"否。以粟易之。"

"以粟易械器者,不为厉陶冶;陶冶亦以其械器易粟者,岂为厉农夫哉?且许子何不为陶冶,舍皆取诸其宫中而用之?何为纷纷然与百工交易?何许子之不惮烦?"

曰:"百工之事固不可耕且为也。""然则治天下独可耕且为与?有大人之事,有小人之事。且一人之身而百工之所为备,如必自为而后用之,是率天下而路也。故曰,或劳心,或劳力;劳心者治人,劳力者治于人;治于人者食人,治人者食于人;天下之通义也。"

(节选自《孟子·滕文公上》)

孟子在反驳农家时并没有直接否定对方观点,而是运用了联想思维法,从许行的食联想到穿,再联想到用,再联想到陶匠和铁匠等手工业者,以许行的理论和行为自相矛盾反驳了许行的主张和观点,再进一步得出自己的理论。这一段辩论堪称经典,展示了孟子的雄辩之才。

想象和联想是人们最基本的思维方式,就像人的两条腿,推动着人类认知的不断进步。具备丰富的想象力和联想力是拥有良好口才的思维基础。

 课堂实训

1.15 根据下面的提示或场景,即兴说话或续说故事,要求有新意,时间至少1分钟。

话题一:外星人到访

话题二:原始人狩猎

情景一:多年以后,我又回到了那棵树下……

情景二:李白从唐朝穿越到今天……

1.16 运用联想思维,将下列不相关的事物联系起来。

(1) 粉笔—海鸥

(2) 雨水—绘图仪

(3) 阳光—大白鲨

(4) 聆听贝多芬《命运交响曲》的开头部分,描述听此乐曲时自己想象的情景。

(5) 聆听小提琴协奏曲《梁祝》片段,发挥想象,叙述乐曲所表现的故事情节。

三、逻辑思维与口才

(一) 逻辑思维的含义

逻辑思维又叫抽象思维,是指人们在认识客观世界的过程中运用概念、判断、推理等方式反映事物本质和规律的思维活动。和形象思维不同,逻辑思维是前后连贯而不跳跃的,每个环节都是确定而不模糊的,是有根据、有条理而不随意的。逻辑思维是一种理性思维方式,它将认知初级阶段通过直接感知获得的有关事物的表象信息抽象成概念,运用这些概念对事物进行判断,并按一定逻辑关系进行推理,从而获得新的认识。通过逻辑思维,人们才能认识事物的本质和规律,因此,逻辑思维是认知的高级阶段。

(二) 逻辑思维的基本形式

1. 概念

概念是反映客观事物本质属性的思维形式。人们在认识事物的过程中,把事物共有的本质特点加以抽象概括,形成概念。概念具有内涵和外延,也就是含义和适用范围。比如"笔",就是人们将各种不同的笔进行比较,抛开颜色、形状、大小等表面特征,将其共性加以抽象概括,最后得出笔是"写字画图的工具"这一概念。

2. 判断

判断是人们对客观事物的存在、性质以及事物之间的关系进行肯定或否定的思维形式,是在对事物进行概括的基础上作出的断定。判断是由概念构成的,把多个概念联系起来,对事物予以肯定或否定,就构成了判断。

3. 推理

推理是指人们根据一个或几个已知的判断推导出未知的判断,或由一个或几个前提推导出新的结论的思维形式。其作用是从已知到达未知,还可以获得通过感知经验不能获得的知识。

(三) 逻辑思维的特点

1. 推理性

思维的逻辑性体现为对现有的认知材料进行加工、分析、推理,得出对事物或现象的新的认识或结论。在口语表达中,说话人根据现有的语言材料,运用逻辑思维进行分析推理,作出判断得出新的结论。唯其如此,才能做到条理清晰,论证有力。

2. 深刻性

逻辑思维是将复杂的事物表象抽象化,并透过这些表象理解和抓住事物的本质,把握事物发展的过程和规律,所以通过逻辑思维获得的认识比感性认识更抽象、更深入,也更高级。这种深刻性体现在口语表达中,就是能做到提纲挈领、言简意赅、一语中的,用简洁的话语表达复杂深奥的道理。

3. 严密性

逻辑思维是一种分析性的、连贯性的思维活动,每一个环节都要求准确无误、前后一致,否则无法得出正确合理的结论,因此这一活动过程也必然是明确而又严密的。在口语表达中,内容条理层次清楚,前后连贯一致,无懈可击,正是逻辑思维严密性的体现。

(四) 逻辑思维在口才训练中的运用

1. 归纳演绎法的运用

归纳是从众多个别的经验或事物中,概括出其共有的本质特征或规律,是从个别到一般。演绎则是从一般到个别,以已有的反映客观规律的知识为前提,推导出未知的个别性的结论。在口语表达中,归纳演绎法的运用具体体现为事例法,从几个事例中归纳出结论,或从道理中引出几个事例来增强说明力。

案 例 分 析 1-12

臣闻吏议逐客,窃以为过矣。昔缪公求士,西取由余于戎,东得百里奚于宛,迎蹇叔于宋,来丕豹、公孙支于晋。此五子者,不产于秦,而缪公用之,并国二十,遂霸西戎。孝公用商鞅之法,移风易俗,民以殷盛,国以富强,百姓乐用,诸侯亲服,获楚、魏之师,举地千里,至今治强。惠王用张仪之计,拔三川之地,西并巴、蜀,北收上郡,南取汉中,包九夷,制鄢、郢,东据成皋之险,割膏腴之壤,遂散六国之从,使之西面事秦,功施到今。昭王得范雎,废穰侯,逐华阳,强公室,杜私门,蚕食诸侯,使秦成帝业。此四君者,皆以客之功。由此观之,客何负于秦哉!向使四君却客而不内,疏士而不用,是使国无富利之实而秦无强大之名也。

(节选自李斯《谏逐客书》)

李斯列举秦四位国君任用客卿创下辉煌成就、走向兴旺发达的事例,从中归纳出客不负于秦的结论,用事实指出逐客之策是错误的。文中列举的事实翔实有力,结论无可辩驳,很有说服力。

2. 比较思维法的运用

比较就是通过对两个或两个以上同类或不同类的事物进行比较,找出其共同点或不同点,进而更好地认识事物本质的一种方法。在口语表达中,运用比较思维法,可以很好地突出自己所表达内容的特色,给人留下深刻印象。

案例分析 1-13

晏子为齐相,出,其御之妻从门间而窥其夫。其夫为相御,拥大盖,策驷马,意气扬扬甚自得也。既而归,其妻请去。夫问其故。妻曰:"晏子长不满六尺,身相齐国,名显诸侯。今者妾观其出,志念深矣,常有以自下者。今子长八尺,乃为人仆御,然子之意自以为足,妾是以求去也。"其后夫自抑损。晏子怪而问之,御以实对。晏子荐以为大夫。

(节选自司马迁《史记·管晏列传》)

车夫的妻子运用了比较思维,将车夫的行为和晏子的行为作了比较,突出了车夫的骄傲自满、目光短浅,以此劝诫,说理性强,使车夫改过自新。

3. 因果思维法的运用

因果思维就是指认识事物时,探求其原因和结果之间关系的一种思维方法,也就是根据事物产生的原因推出结果,或者根据结果反推原因的一种方法。这种思维方法有利于找到事物之间的前后必然联系,以此来论证观点,使口语表达有理有力。

案例分析 1-14

亲爱的朋友们,奥运会已经远远超越了体育赛事本身——它不再是单纯的比赛,也不再是每个城市对外进行美好形象的宣传手段,它是人类为崇高价值观而举办的盛大庆典。奥运会代表着人类本质的精髓:相互尊重。奥运会是人类为了展现自身的不断发展,以及在奋斗的过程中所展现出来的个人力量与责任的盛大庆典。奥林匹克精神的核心,即几个世纪以来奥运会力求传颂的精神,就是合作、尊重和成就感。

但是没有必要为了胜利而不惜一切代价,因为这样导致的结果是没有意义的。而荣誉感、自豪感、公正感和尊重才应该受到广泛的推崇和重视。

所以,亲爱的听众朋友们,今天你们在离开这儿时脑海中应该有一种想法,我希望它可以浓缩于这句名言之中——曾经同泽麦特里乌斯·维凯拉斯一同呼吁现代奥运复兴的皮埃尔·德·顾拜旦的一句名言:

"愿快乐和友谊常驻人间;希望它经由奥运的圣火传至久远,使国与国、民与民之间增进理解,使人类更加富有激情、更加勇敢、更加纯洁。"

(希腊原外交部长多拉 2007 年在北京大学英杰交流中心的演讲)

因为奥运会的意义已经远远超过了比赛本身,奥运会已经具备了代表人类荣誉、自豪、公正和尊重的价值,所以更应该被现代每一个人理解和热爱。正是这种因果思维法的运用,使多拉的演讲更具有说服力。

4. 分析综合法的运用

分析是在认知过程中将事物分解为各个部分,分别进行研究考察的一种方法,而综合则正好相反,是将事物的各个部分整合为总体进行考察的一种方法。这种思维有助于深刻剖析事物,使论证丝丝入扣,可靠而有力。

5. 归谬法的运用

归谬法,是一种利用对方观点反驳对方的间接反驳方法。先假定对方的观点正确,然后再顺其思路进行推导,据此得出明显荒谬的结论,从而推翻对方的观点。归谬法适用于辩论活动。利用对方的观点反驳对方,让对方措手不及,无法再次反驳。

课堂实训

1.17 对以下材料进行分析判断。

19 世纪一位英国改革家说,每一个勤劳的农夫,都至少拥有两头牛。那些没有牛的,通常是好吃懒做的人。因此他的改革方式便是由国家给每一个没有牛的农夫两头牛,这样整个国家就没有好吃懒做的人了。

这位改革家明显犯了一个逻辑错误。下列选项哪些与该错误相类似?

(A) 天下雨,地上湿。现在天不下雨,所以地也不湿。

(B) 这是一本好书,因为它的作者曾获诺贝尔奖。

(C) 你是一个犯过罪的人,有什么资格说我不懂哲学?

(D) 因为他躺在床上,所以他病了。

(E) 你说谎,所以我不相信你的话;因为我不相信你的话,所以你说谎。

四、创造性思维与口才

(一)创造性思维的含义

创造性思维也叫创新思维,是指人们在认知事物的过程中,在原有认知的基础上开创新的认知领域、形成新的认知成果的思维活动。它是在形象思维、逻辑思维的基础上,以求新性、探索性、综合性为主要特征的高级思维活动。创造性思维是推动人类社会不断发展进步的重要手段,社会中不断出现的新事物、新发明,无一不是创造性思维的成果。

(二)创造性思维的特征

1. 跨越性

创造性思维并不按原有的思路和方式逐步推进,往往带有很强的跨越性,总是表现出对常规思维的突破、省略,甚至是打乱。具有跨越性思维的人在交流沟通时更容易引导话题的走向,能更快地打破僵局,获得主动权。

2. 批判性

创造性思维不固守常规,具有创造性思维的人对固有的知识和规则不盲目遵从,敢于用科学的批判精神进行质疑、独立思考,发现并分析问题,最终创造性地解决问题。具有批判性思维的人,在表达中不容易受到他人思想或观点的左右,能坚持自己的观点,同时也更容易发现对方表达中的问题和不足,并找到应对之法。

3. 独创性

创造性思维最突出的特点就是具有独创性,能在旧有的认知中有新的发现,或者突破旧有的认知,获得独特的、前所未有的成果。具有独创性思维的人,往往能表达出新的观点和思想。

(三)创造性思维在口才训练中的运用

1. 发散思维的运用

发散思维是指以一个问题为中心,沿着不同的方向、不同的角度进行思考,以寻求更多更好的答案或解决方法。思考方式具有多向性和发散性,思维的范围更广,创造力也更强,如"一题多解""一物多用"等。

案例分析 1-15

我梦想有一天,这个国家会站立起来,真正实现其信条的真谛:"我们认为真理不言而喻,人人生而平等。"

我梦想有一天,在佐治亚的红山上,昔日奴隶的儿子将能够和昔日奴隶主的儿子坐在一起,共叙兄弟情谊。

1-5 我有一个梦想

我梦想有一天,甚至连密西西比州这个正义匿迹,压迫成风,如同沙漠般的地方,也将变成自由和正义的绿洲。

我梦想有一天,我的四个孩子将在一个不是以他们的肤色,而是以他们的品格优劣来评价他们的国度里生活。

今天,我有一个梦想。我梦想有一天,亚拉巴马州能够有所转变,尽管该州州长现在仍然满口异议,反对联邦法令,但有朝一日,那里的黑人男孩和女孩将能与白人男孩和女孩情同骨肉,携手并进。

今天,我有一个梦想。

我梦想有一天,幽谷上升,高山下降;坎坷曲折之路成坦途,圣光披露,满照人间。

(节选自马丁·路德·金《我有一个梦想》)

马丁·路德·金一连用了四个排比句阐述自己的、全体民众的,乃至于全人类的梦想,梦想政府实现诺言,给予黑人真正的自由与平等。马丁·路德·金在演讲中多次运用发散思维列举美国的诸多地名来兼顾全体,从而代表了民众的声音,赢得了民众的掌声。

2. 聚敛思维的运用

与发散思维相对应的是聚敛思维。聚敛思维是指在解决问题的过程中,尽可能多地收集有效信息,利用已有的知识和经验将种种相关信息逐步引导至条理化的逻辑序列中去的思维方式,犹如"百川归海"。

3. 逆向思维的运用

从辩证法的角度来看,任何事物都包含着既对立又统一的两个方面。在日常生活中人们受到常规思维的影响,以固定的方式思考,只看到事物的一个方面。逆向思维则要求突破常规思维方式,反过来思考,关注到事物的另一方面,这样往往能得到一些创新性的结果。如人们耳熟能详的"司马光砸缸"的故事,其他人都想着如何将落水小孩救出"水",司马光却想到了让"水"离开小孩,采用了与其他人不同的思维方法,成功营救了小孩。

案 例 分 析 1-16

齐王使使者问赵威后。书未发(启封),威后问使者曰:"岁亦无恙耶?民亦无恙耶?王亦无恙耶?"使者不说(通"悦",高兴),曰:"臣奉使使威后(奉使命出使到威后这里来),今不问王,而先问岁与民,岂先贱而后尊贵者乎?"威后曰:"不然。苟无岁,何以有民?苟无民,何以有君?故有舍本而问末者耶?"

(节选自《战国策·齐策四》)

在当时"刑不上大夫、礼不下庶人"的等级社会里,人们互相问候时一定是先把身份高贵的放在前面,可赵威后却采用逆向思维,不问君王而问百姓,国以民为本,民以食为天,逻辑清晰,灵心慧舌,体现了赵威后以民为本的治国思想。

4. 灵感思维的运用

灵感思维也叫顿悟思维,是指在思维运行中,受到其他事物的启发或触发,闪现出思维的火花,忽然找到解决问题的办法的一种思维活动。这种思维虽然是以突发性、短暂性的形式出现,但却是以长期积累、长期探索的过程为基础的,可以说是必然性和偶然性的统一。在口语表达中,灵感思维往往表现为急中生智、灵机一动的智言妙语,帮助人们找到话题的突破口,也可以化解危机和尴尬。

案 例 分 析 1-17

汉武帝对群臣云:"《相书》云:'鼻下人中长一寸,年百岁。'"东方朔忽大笑,有司(官吏)奏不敬。朔免冠云:"不敢笑陛下,实笑彭祖面长。"帝问之,朔曰:"彭祖年八百,果如陛下言,则彭祖人中长八寸,面长一丈余矣。"帝亦大笑。

(选自明代浮白斋主人《雅谑》)

在故事中,东方朔灵机一动,由汉武帝"鼻下人中长一寸,年百岁"推算出八百岁的彭祖人中长八寸,而脸面足有一丈多长。此言一出,汉武帝也觉得荒谬,当即明白了所谓人中长就能长寿一说是不可信的。汉武帝晚年迷信长生术,言辞敏捷的东方朔擅长察言观色,常常以机智风趣的话语直言切谏。

课堂实训

1.18 发散思维训练:请说出下列物品的用处,越多越好。

砖块 筷子 山竹 仙人掌 鼠标 篮球 袜子

1.19 聚敛思维训练:请将下列词语组合成一段有意义的文字(可以先挑选其中3个词语,然后逐渐增加数量)。

风筝 创可贴 太阳黑子 手机 孙悟空 向日葵 火锅 琵琶 潜水 宝莲灯 黑客帝国 榕树 二锅头 武当山 刺猬 榴梿

1.20 逆向思维训练:对下列论题请反其意而论之。

(1) 自力更生(从"自力更生不值得提倡"角度进行论述)

(2) 愚公移山(从"不应该提倡愚公移山"角度进行论述)

(3) 良药苦口

(4) 勤能补拙

(5) 三人行必有我师

(6) 知足常乐

(7) 守株待兔

1.21 请运用创造性思维的几种形式谈论下面的话题(一人发言，两人质疑)。

(1) 未来打字会代替书写。

(2) 假如我穿越到隋朝当农民。

(3) 我的未来不是梦。

 延伸阅读

苏格拉底的辩才

苏格拉底在雅典以雄辩著称。一次，一位名叫欧提德穆斯的青年人向他请教什么是善与恶。就这个问题，他们进行了一次十分有趣的对话。

欧：请问您，什么是善？什么是恶？您能告诉我吗？

苏：您说，盗窃、欺骗，这样的行为是恶吗？（反问）

欧：当然是啊！把这样的行为也说成是善，我可从来没听说过。

苏：盗窃敌人的武器，欺骗敌人也是恶吗？

欧：这个不能算是恶，不过，我说的是朋友，没有说敌人。

苏：您说盗窃对朋友来说是恶，那么假如您的朋友打算自杀，您盗窃了他准备用以自杀的剑，使他自杀不成，这也算是恶吗？

欧：……（无以对答）

苏：您说欺骗朋友是恶，如果在战争中，军队统帅为了鼓舞士气，告诉士兵们，援兵就要到来，结果士气大振，打了一个非常漂亮的胜仗，可实际上并没有援兵到来，这种欺骗是恶吗？

欧：……（瞠目结舌）

苏：您说欺骗朋友是恶，一个小孩子生了病，又不肯吃药，他的母亲欺骗他说，药是很好吃的，哄他吃了，救了他的命，这种欺骗又是怎么回事呢？

欧：哎呀，苏格拉底先生，您别说了，我对我刚才的话也已经丧失信心了。

 **课后任务**

1. 苏格拉底与青年人辩论时运用了哪些思维方式？请予以评析。

2. 复习与思维能力相关的理论知识，绘制思维导图，归纳思维能力与口才的关系要点。

3. 阅读《三国演义》中"诸葛亮舌战群儒"一节，试分析诸葛亮"舌战"中运用的思维方式及其特点。

1.3　口才与心理素质

心理素质是人所具备的生理、心理、社会三种素质之一,是在生理的基础上,通过教育、环境以及社会实践,逐渐形成和发展起来的较为稳定的心理机能,也是人类社会中个体成长发展的重要基础。心理素质包括情感、信念、意志力、韧性、兴趣等,这些心理素质从不同角度影响着口才能力,提升心理素质的水平将为口才及演讲能力的提高打下坚实的基础。

 训练导引

➤ 训练目标

1. 了解心理素质的含义及其分类,了解心理素质与口才之间的关系。

2. 理解不同心理素质的特点和表现及其在口语表达中的作用。

3. 掌握在口语表达中培养良好心理素质的方法。

4. 培养自信自强、乐观开朗、认真勤奋的品质。

➤ 课前准备

1. 课外观看电影《国王的演讲》,小组讨论影片中主人公在最开始时存在的问题以及最后取得成功的原因。

2. 每个小组推荐一位同学,谈谈自己在口语表达中遇到的心理障碍以及克服障碍的经验。

3. 每个小组收集一些心理训练的方法,在全班进行介绍。

 情境导入

英国国王乔治五世的二儿子艾伯特王子因患有严重的口吃,无法在公众面前发表演讲,这令他接连在大型仪式上出丑,也让最喜欢他的父亲大失所望。艾伯特的妻子伊丽莎白为了帮助丈夫,到处寻访名医,但是传统的方法总不奏效。虽然艾伯特对语言治疗师罗格稀奇古怪的招法并不感兴趣,但是,他发现自己在聆听音乐时朗读莎翁剧作竟然十分流利。这让他开始信任罗格,并配合治疗,慢慢克服了心理障碍。不久,乔治五世驾崩,艾伯特临危受命,成为乔治六世。他面临的最大挑战就是在公众前发表鼓舞人心的演讲。在罗格医生的帮助下,在妻子的深情鼓励中,面对危急的国际局势,艾伯特终于发出了流畅的声音,演讲获得了成功。

这是一部根据史实改编的电影。乔治六世作为国王,有着与许多普通人相似的困境,就是在面对公众时不能流畅有力地表达,甚至说话结结巴巴。童年生活的阴影和极度的不自信,成了他演讲时最大的心理障碍。在口语表达中,心理素质起着非常重要的作用。人的心理素质不是与生俱来、一成不变的,可以通过后天的训练而不断提升和完善。想要具备优秀的口才,必须培养良好的心理素质。

语言和心理素质之间也有着密切的关系。语言是思维的工具,也是人们表达内心情感体验的工具。在口才训练中,当众表达是促进良好心理素质形成和提升的必要手段。反之,心理素质也深刻地影响着表达。如果说思维决定着语言表达的内容,那么心理素质就影响着语言表达的效果。良好的心理素质可以使表达者充满自信、思维活跃、语言流畅,达到满意的交际效果;心理素质不好的表达者往往自卑、怯场、紧张,结结巴巴、语无伦次。语言表达和心理素质是相互影响的关系。

在口才训练中,需要着重提升情感素质、信念素质、意志力素质等几种心理素质。

一、情感素质与口才

人类的情感丰富多样,包括喜、怒、忧、思等多种表现形式,它是人们在与客观世界接触中由客观事物引起的生理反应和体验。《心理学大辞典》将"情感"解释为"人对客观事物是否满足自己的需要而产生的态度体验"。在口语表达中,情感素质是第一影响因素,它是表达者在面临交际时产生的第一种反应和体验。成熟而稳重的情感会让表达者自信而沉着,轻松自如地面对交际环境,把握交际主动权。影响口语交际的情感主要有恐惧、勇气两个方面。

(一)恐惧

恐惧感是人际交往中常见的一种心理状态,指的是人在公众场合说话时产生的畏惧心理,比如担心自己表达不畅、形象不好、着装不得体等。有的人在与家人、朋友交流时口若悬河,但到了正式场合却紧张不安、语无伦次,这也是恐惧心理的表现。这种当众表达的恐惧心理有以下几种表现:

1. 高度紧张

有的人在正式说话之前或说话过程中会产生紧张心理,表现出心慌不安、情绪不稳等状态,甚至一度冷汗淋漓。紧张是每个人都会产生的体验,适度的紧张有利于集中注意力,调动自身积极因素进行充分的准备,并保证说话时有良好的精神状态。但过度紧张就会产生畏惧心理并出现怯场的现象,甚至连准备好的内容也全都忘掉,造成不敢开口或无法继续表达的结果。

2. 举止失态

当人过度紧张时,甚至会出现举止失态的情况。如在正式说话前不安地走动,上台之后表情僵硬、面部肌肉抖动、手足无措,常用无意识的小动作来掩饰内心的紧张和慌乱等,这些失态行为往往会让表达效果大打折扣。

3. 表达困难

恐惧心理还会造成语言表达的困难,如在台上表达和思维不能同步,说话就会不流畅;或是所说非所想,不知所云;或是口头禅太多,语无伦次,前言不搭后语,甚至出现面红耳赤、口干舌燥的状况。这些情况都会让表达者很难流利、清晰地表达思想,难以实现口语交际的目的。

(二) 勇气

勇气是人们在面对困难或危险时的一种积极主动的心理状态,是一种勇往直前的气魄。在口语交际中,勇气可以使表达者敢于直面内心的恐惧,达到应变自如的境界。勇气因人而异,但对个体而言并不是一成不变的,是可以通过以下途径训练并培养的:

1. 正视恐惧,接受失败

不是每个人生来就能自如地面对公众,绝大部分人都对公开讲话产生过恐惧。美国心理学家曾在3 000人当中做过一次心理测验:你最担心的事是什么?令人吃惊的是,约占40%的人认为最令人担心也最令人痛苦的事是在大庭广众之下讲话,而对死亡的恐惧才排在测验结果的第6位。所以,会产生这种恐惧是人之常情。恐惧带来的失败也是每个人在口才训练中必然经历的。没必要害怕,也没必要感到羞耻。

2. 加强训练,不断完善

克服恐惧还需要实际演练,积累经验,把握临场的主动性。在日常生活中要抓住登台机会多尝试,或者在练习中创造机会。只有在亲身体验中找到了感觉,有了底气,才有勇气。这种练习可以遵循从小范围到大范围、由易到难的原则,先从几个听众、小空间开始,渐渐扩展到大量听众、大空间,逐渐积累当众讲话的勇气。

3. 积极应对,正确引导

回避在练习中出现的各种情绪是不明智的,最好的方法是积极面对并正确引导。在面对恐惧或紧张时,将注意力从最担心的方面转到有把握、有勇气的方面来,从小小的成功开始积累勇气,并不断尝试一点点克服恐惧。将恐惧转化为勇气,需要不断练习,还要有持之以恒的决心。

案 例 分 析 1-18

英国著名的戏剧家萧伯纳也是一名出色的演讲家,可他年轻时是个非常胆怯的人,别人请他去做客,他要磨蹭20多分钟才壮起胆子走到别人家门前。在朋友邀他去参加的学术辩论会上,他结结巴巴、语无伦次的发言也受到了嘲笑。

当意识到自己不敢大胆讲话这个缺点后,萧伯纳决心把缺点变成优点。他认为只有当众练习，才能真正学会演讲。为此，他制订了一个演讲训练计划。他先是勇敢地报名加入一个辩论学会，每星期都坚持当众演讲。刚开始，别人都把他当成一个"小丑"取笑，甚至轰他下台，但他始终坚持演讲完毕再下台。他一次次地向自己挑战，内心里总是一遍遍地高喊："我不怕出丑！"

慢慢地，他变得胆大起来，演讲也流利多了。此后，每逢有公众讨论的聚会，不管是在教堂、学校，还是在公园、码头、市场；不管是在挤满上千听众的大厅，还是在只有寥寥几人的地下室，他都踊跃参加。在此后的12年中，萧伯纳的演讲次数达到了1 000多次，几乎在全伦敦的每个地方都能看到他慷慨陈词的身影。

萧伯纳正视自己的恐惧，积极应对，以超人的勇气坚持下来，从一个自卑怯懦的青年成长为出色的演讲家。

课堂实训

1.22　课堂活动：小组成员去向其他小组介绍自己，介绍时间控制在3分钟以内，内容越全面越好。尽量做到有条有理、大方从容、声音洪亮。听的同学可以提问，帮助介绍者克服内心的恐惧。

1.23　上台谈一谈自己对克服恐惧和培养勇气的看法，介绍自己的经验教训，或者说说自己的困惑，与台下的同学交流，时长控制在1～3分钟。

1.24　课堂游戏：每个小组派两名同学上台进行《我来比画你来猜》游戏，表演的人表情尽量夸张和丰富，计时2分钟，看哪个小组猜对最多。

二、信念素质与口才

信念就是人们对内心认为正确的观点的一种坚持，是支配自己行为的一种心理倾向。信念是行为的基础，能激发人们包括体力、精力、智力等内在的各种潜力。在演讲前的准备中，确立坚定的信念也有利于克服恐惧及其带来的紧张、慌乱等情绪。在口语表达中，信念常常表现为自卑和自信，信念不坚定的人表现出自卑，信念坚定的人则表现出自信。

（一）自卑

自卑是人们内心认为自己或自己的环境不如别人的一种不能自助和软弱的情感。自卑感并不是部分人所特有的现象。奥地利心理学家阿弗雷德·阿德勒就曾经指出："所有人在开始生活的时候，都具有自卑感，因为儿童的生存都要完全依赖成年人。"所以，有自卑感并不奇怪，关键在于后期能否克服它。在口才训练中产生自卑心理的原因主要有以下几个方面：

1. 对自己的能力没有信心

很多人的临场恐惧源于对自己能力的不自信,担心能力不足会让自己出丑丢脸。这种能力包括学识修养、语言表达能力、临场应变能力、思维能力等诸多方面。和别人比较时,总认为自己的能力差,这种心态是自卑产生的主要原因。

2. 对自己的外在表现没有信心

在一般的认识里,上台说话或演讲的人须有好看的长相、体面的着装和恰当的举止,但正是这种过于看重外在形态的观点让很多人失去了上台说话的勇气。注重外在形态是必要的,但应把重点放在自己内在的气质、表达的内容以及表现的方式上。

3. 未能发现自己的优势和长处

自卑是通过自己与他人比较突显出来的,自卑的人常常会拿自己的短处去和他人的长处比,越比对自己越没有信心,甚至连自己的长处都看不到了。学会发现自己的优势和长处是克服自卑心理的首要前提。

案 例 分 析 1-19

十几年前,他从一个仅有二十多万人口的北方小城考进了北京的大学。上学的第一天,邻桌的女同学第一句话就问他:"你从哪里来?"这个问题让他感到不适。因为在他的逻辑里,出生于小城市,就意味着小家子气,没见过世面,肯定会被那些来自大城市的同学瞧不起。就因为邻桌的问话,他一个学期都不敢和同班的女同学说话,甚至在拍照时,他总是下意识地戴上墨镜,以掩饰自己的内心。他,现在是中央电视台知名节目主持人,经常对着全国几亿电视观众侃侃而谈,他主持节目给人最深的印象就是从容自信。他的名字叫白岩松。

白岩松意识到,如果想要改变自己,就必须勇敢面对内心的自卑。在大学期间,他通过刻苦学习不断提升播音技巧,逐渐建立起自信。进入央视后,白岩松面临更大的挑战和压力。他曾因发音不准被罚款,但他没有放弃,而是通过每天深夜练习来克服困难。

白岩松的经历告诉我们,自卑并不可怕,关键在于是否愿意面对并努力改变。他通过自我反思、刻苦努力,逐渐克服了自卑,最终成为出色的主持人。这个故事也提醒我们,自信是可以通过努力培养的,而勇敢面对自己的不足是走向成功的第一步。

(二) 自信

莎士比亚说:自信是走向成功的第一步;缺乏自信是失败的主要原因。自信就是发自内心对自我能力、品质、气质等的肯定和信任,自信是自我评价的一种积极态度。口语表达中,要战胜自卑,需要提升对自我的评价。有了足够的自信,就能有良好的情绪、饱满的精神,在演讲中就能张弛有度、灵活自如、才思敏捷、表达流畅。在口语表达训练中,可以通过一些基本的方式提升自信。

1. 态度积极

自信心不是一朝一夕就能获得的,在日常生活中养成一种积极的态度和生活方式有助于提升自信。如经常发掘自己的长处,多肯定自己,走路时挺胸阔步,学会正视他人,主动与人交谈等。

2. 充分准备

自卑的产生是源于对自己的不信任,认真准备、胸有成竹则有利于增强自信心。这种准备包括多个方面:登台讲话的各个环节要设计合理,内容要准确翔实有条理,着装仪表大方得体,动作自然从容,意外情况的应变处理要恰当有效等。

3. 反复演练

临场前的练习是战胜自卑最有效的方法之一。当演讲内容已经准备好时,就需要反复练习了,经过模拟排练,发现自己的不足,然后有针对性地克服,并看到自己的进步,每一次小的改进都会提升自信。

案例分析 1-20

德摩斯梯尼天生口吃,嗓音微弱,还有耸肩的坏习惯。在常人看来,他似乎没有一点当演说家的天赋。为此,德摩斯梯尼付出了超过常人几倍的努力,进行了异常刻苦的学习和训练。

据说,他把《伯罗奔尼撒战争史》抄写了8遍,通过大量阅读,研究历史学家的文体和风格,提升文学修养。他虚心向著名的演员请教发音的方法,为了改进发音,他把小石子含在嘴里,迎着大风和波涛练习朗读,在陡峭的山路上攀登以增强肺活量。他在家里装了一面大镜子,每天对着镜子练习演说,为了改掉说话耸肩的坏习惯,他在左右肩上各悬挂一柄剑练习。

通过多年的刻苦努力,德摩斯梯尼的演说技巧达到了极高的水平。他通过研究前代演说家的演讲风格,结合自己的实践,形成了独特的演说风格。他的演说不仅逻辑严密、论证有力,还善于运用修辞手法和情感表达,使听众深受感染。他刻苦努力、反复练习演说的故事也激励了无数人。

课堂实训

1.25 课堂活动:男女生分成两个小组,随机从两小组中分别选取一人结为搭档,互相向对方介绍自己的优点和长处,时间约3分钟。

1.26 介绍一位你喜欢的人物,找出他/她的不足之处,并说一说自己和他/她相比,有哪些优势。

1.27 详细罗列自己口头表达方面的优势以及存在的不足,并分析其成因。

三、意志力素质与口才

意志力是人们为了达到目标而采取行动克服各种困难的一种心理品质和心理潜能。善于运用这种潜能的人更容易产生行动的决心,从而具有坚定的意志、顽强的精神,不惧困难,勇往直前,直到实现目标。

那些著名演说家、主持人的口才都不是一蹴而就的,"宝剑锋从磨砺出",他们都经历过了一个长期磨炼的过程,而坚持不懈的努力就是意志力的体现。口才训练进步缓慢,缺乏坚定的意志、半途而废是主要原因。在口才训练中,可以通过下面的几种方式来强化意志力。

(一)专注训练

专注训练是一种通过特定方法和练习来提升注意力集中能力的训练方式。它在学习、工作、个人成长和心理健康等多个领域都有重要的作用。专注训练在口才训练中的应用主要体现在专注训练可以帮助演讲者在表达时减少思维的跳跃和混乱,使语言更加连贯、清晰。例如,冥想或注意力训练游戏,可以增强大脑对语言表达的控制能力,避免在演讲中出现卡壳或表达不清的情况。

(二)分解目标

口才训练是一个过程,包含多个环节,而且口才的提升也是一个循序渐进的过程。例如,训练一开始先字正腔圆地朗读,再声情并茂地朗诵;先情理交融地演讲,再针锋相对地辩论。采取先易后难、先持稿后脱稿、先小范围后大范围等方式,逐个实现阶段性目标。每天进步一点,小小的成功能让人信心倍增。

(三)积极暗示

面对挫折和困难,积极的自我心理暗示十分有效。积极暗示可以帮助个体建立积极的自我认知,增强自信心。例如,通过反复对自己说"我可以做到""我有能力解决这个问题",可以让潜意识接受这种积极的信息,从而在面对挑战时更加自信。

(四)百折不挠

训练绝不是一帆风顺的,怕吃苦、懒惰、挫折感、失败感等消极情绪常常会考验学习者,这时需要的就是百折不挠的韧性,就像弹簧一样,能承受得住压力,也能弹得起来。

(五)辅助练习

增强口才训练的意志力还可以采用一些辅助性的练习方法。心理学家博伊德·巴雷特曾经提出一套锻炼意志的方法,其中包括从椅子上起坐三十次,把一盒火柴全部倒出来然后一根一根地装回盒子里。他认为,这些练习可以增强意志力,以便今后去面对难度更大的挑战。类似的方法如每天半小时慢跑、每天阅读十页书、每天练两页字等,坚持下来,收获的不仅是练习的内容,还有极强的意志力。

案例分析 1-21

戴尔·卡耐基是美国著名的演讲家。然而很多人却不知道,卡耐基和普通人一样,并没有演讲的天赋,他也备受胆怯的折磨。

1904年,卡耐基在美国密苏里州华伦斯堡州立师范学校就读。他一连参加了12次演讲比赛,却接连失利了12次。卡耐基并没有选择沉溺在失败的情绪中,而是发奋振作,决心重新挑战。1906年的一个上午,他准备参加第13次比赛。赛前,他向一名教授请教如何演讲成功。教授只赠给他一句话:猫捉老鼠的时候,它的全部精神都集中在老鼠身上,它可没有多余的精力去注意自己。卡耐基在心中反复咀嚼教授的这句话,终于,他悟出了一个道理——要"忘我"地去演讲。

卡耐基又一次满怀信心地走上演讲台,全身心投入到了演讲中。当台下响起雷鸣般的掌声时,他才意识到演讲结束了。他以《童年的记忆》为题的演讲,获得了此次比赛的最高奖——勒伯第青年演说家奖。

卡耐基面对12次的失败,以极强的意志力坚持挑战自我,并掌握了正确的方法,终于获得了成功。

课堂实训

1.28 自信讲话训练:登台进行2分钟左右的发言,发言题材不限。准备内容包括出场登台、招呼用语、发言时的动作表现、着装仪表、退场的方式和用语等。

此外,欲望素质与口才也有着密切的关系。在口才训练中,欲望素质常常表现为两个方面:一是兴趣,二是成就感。训练口才是为了满足表达的需要,是人们表达自己的意愿、实现自我价值的途径之一。当人们在说话、演讲、辩论中表现良好时,会获得他人的认同,由此而获得一种满足感,对表达产生兴趣。也正是对这种满足感和兴趣的追求,促使人们不断地提升口才水平。

课堂实训

1.29 谈一谈口才能为自己的学习、工作、交友带来什么样的好处。

1.30 课余时间观看公开课《减轻公共演讲焦虑》,谈谈自己的体会及收获。

 **延伸阅读**

自设场景练口才

"我喜欢演讲,因为我爱上了那种站在舞台上、当着所有人的面儿、直抒胸臆的感觉,演讲给我自信,演讲锻炼了我的心理素质和应变能力,演讲对我人生的发展进步起到了巨大的推动作用。"这是央视主持人撒贝宁曾经说过的一番话。确实,凭着出众的口才,他一路进入央视《今日说法》栏目,担任各大晚会主持。那么,他是怎样成为一个有口才的人的呢?

不经过一番艰苦实践,哪能取得成功?从小就对主持有着浓厚兴趣的撒贝宁深谙此道。为了练习口才,11岁那年的暑假里,他用一个多星期的时间在家策划了一台"晚会",从节目创作到会场布置,从主持开场白到中间串联词,撒贝宁可谓煞费苦心,准备得相当充分。这天,要正式"演出"了,撒贝宁的父母下班回来,刚一进家门便被眼前的一切惊呆了,只见家里的客厅布置得像个晚会现场,还有用纸片剪成的小草、篮球等一些道具。撒贝宁和妹妹一人手持一个麦克风对他们说:"爸爸、妈妈,你们好!你们辛苦了!"撒贝宁请他们两人坐到已安排好的位置上,紧接着,他像电视里的主持人一样向"观众"——爸爸妈妈报幕……他们兄妹俩一会儿演小品,一会儿说相声,一会儿朗诵,整个"晚会"持续了近40分钟,直到撒贝宁过够了"主持瘾"。

通过这一次自设场景的"实战"练习,撒贝宁收获不小,不仅锻炼了胆量,还有效提高了口头表达能力,也积累了"现场"主持和演讲的经验。也就在这一年秋季开学后不久,经过历练的撒贝宁勇敢报名参加了全市小学五年级语文竞赛,并获得了第一名的成绩。

(节选自《看撒贝宁如何自设场景练口才》)

课后任务

1. 复习本任务内容,掌握口才与心理素质的基础理论,归纳二者的关系。

2. 根据所学内容,针对自己在口才训练中的优势和劣势,为自己制订塑造成功心理素质的口才训练方案。

1-8 勤学苦练

1.4 口才与礼仪修养

我国素有"礼仪之邦"的美称,讲"礼"懂"仪"是中华民族的优良传统。清代教育家颜元说过:"国尚礼则国昌,家尚礼则家大,身有礼则身修,心有礼则心泰。"

礼仪既是交往活动的重要内容,又是道德文化的外在表现形式。言谈礼仪在人们相互认识、相互沟通、相互合作中有着非常重要的作用。

  训练导引

➢ 训练目标

1. 了解礼仪的含义,遵循人际交往的礼仪原则。

2. 掌握言谈礼仪系统中各类用语的使用技巧,注意言语表达的禁忌。

3. 掌握人际交往礼仪中会面礼仪、电话礼仪、网络礼仪的技巧并能运用到工作和生活中。

4. 讲文明、懂礼仪,立德修身,明礼至善。

➢ 课前准备

1. 小组收集古今中外关于"礼"的名言名句或者相关故事。

2. 小组收集校园里大学生不讲礼仪的现象,课堂上讲述并分析。

3. 小组推荐一人示范日常生活中应该注意的礼仪事项,如打招呼、打电话等。

情境导入

1-9 《水浒传》中的见面礼仪

只见那马上年少的官人纵马前来问道:"这位带枷的是甚人?"林冲慌忙躬身答道:"小人是东京禁军教头,姓林,名冲,为因恶了高太尉,寻事发下开封府,问罪断遣,刺配此沧州。闻得前面酒店里说,这里有个招贤纳士好汉柴大官人,因此特来相投。不期缘浅,不得相遇。"那官人滚鞍下马,飞近前来,说道:"柴进有失迎迓。"就草地上便拜。林冲连忙答礼。那官人携住林冲的手,同行到庄上来。那庄客们看见,大开了庄门,柴进直请到厅前。两个叙礼罢,柴进说道:"小可久闻教头大名,不期今日来踏贱地,足称平生渴仰之愿。"林冲答道:"微贱林冲,闻大人贵名,传播海宇,谁人不敬?不想今日因得罪犯,流配来此,得识尊颜,宿生万幸。"柴进再三谦让,林冲坐了客席;董超、薛霸也一带坐了。跟柴进的伴当,各自牵了马,去院后歇息,不在话下。

脍炙人口的《水浒传》是中国古代白话文小说的代表作,小说人物对话多采用明快、洗练、个性化的口语。第九回柴进与林冲相见的对话中多用自谦恭敬之词,表达了英雄好汉之间惺惺相惜、相见恨晚的情谊。虽然语言随时代发展变化,但表达尊重的言辞理应得到重视和传承。

一、礼仪概述

（一）礼仪的含义

1-10 古代"三礼"

从《说文解字》对"礼"的解释来看,礼起源于我国古代事神致福的种种仪节,随着人类文明的发展和社会的进步,现代社会与"礼"相关的最常见的词有三个,即礼貌、礼节、礼仪。

礼貌,是指人们在相互交往过程中仪表仪态、言谈举止谦虚恭敬的表现,是以风俗、习惯和传统固定下来的相应规范。

礼节,通常是指人们在交际场合,相互表示尊重、友好的惯用形式。它实际上是礼貌的具体表现形式,也是某些特定的礼仪制度的规范体现。

礼仪,是对礼节、仪式的统称,是人们在长期的社会实践中逐渐形成并约定俗成的一种敬重他人、美化自身、维系社会生活的行为规范和准则。

礼貌是礼仪的基础,礼节是礼仪的基本组成部分,礼仪实际上是由一系列具体的表现礼貌的礼节构成的。对个人而言,礼仪是一个人思想水平、文化修养、能力水平的外在表现;对社会和国家而言,礼仪是精神文明建设的重要组成部分,是衡量文明程度和道德风尚的标志。

案例分析 1-22

颜渊问仁,子曰:"克己复礼为仁。一日克己复礼,天下归仁焉。为仁由己,而由人乎哉?"颜渊曰:"请问其目?"子曰:"非礼勿视,非礼勿听,非礼勿言,非礼勿动。"颜渊曰:"回虽不敏,请事斯语矣。"

（节选自《论语·颜渊》）

在这段记述中,孔子回答了颜渊请教的何为"仁"和如何"行仁"两个问题,指出要以爱人之心为出发点,自觉按照礼的规定来约束自己,不合于礼的不听、不看、不说、不动。仁是内在的,礼是外在的,二者融为一体,才能做到内外兼修。

图 1-2 孔子

（二）礼仪的原则

1. 尊重原则

尊重是人际交往最基本的原则,是礼仪的感情基础,它包含自尊和敬人两个方面。人与人、国与国之间只有彼此尊重,才能保持良好的人际、国际关系。

2. 自律原则

自律是礼仪的基础和出发点,是指在内心形成一种自觉自愿的力量,从而实现自我要求、自我约束、自我对照、自我检查、自我教育和自我管理。

案 例 分 析 1-23

某日,学者许衡外出,天气炎热,口渴难忍。路边有棵无主梨树,行人争相去摘梨解渴,唯独许衡不为所动。有人问他为何不摘梨解渴,他答:"不是自己的梨,不可以摘。"那人笑其迂腐,许衡正色道:"梨虽无主,我心有主。"

"慎独"是指在闲居独处无人监督之时,也要坚守内心的道德准则。许衡是元代著名理学家,注重自律,始终保持自己高洁的品行。

3. 真诚原则

真诚原则强调在人际交往中要以真诚、真实的态度对待他人,避免虚伪和做作。真诚原则是礼仪的核心,它要求人们在交往中真实、尊重、言行一致,并适度表达自己的想法和感受。真诚不仅能够赢得他人的信任和尊重,还能帮助我们建立健康、稳固的人际关系。在日常生活中,践行真诚原则,可以让我们的人际交往更加和谐、自然。

4. 平等原则

尊重交往对象,对所有交往对象都一视同仁,给予同等程度的礼遇。不可骄傲自大,自以为是,不可厚此薄彼,以貌取人。

5. 从俗原则

从俗原则是指在社交交往中,应尊重不同国情、地域、民族和文化背景下的风俗习惯和禁忌,做到"入乡随俗",与大多数人的习惯做法保持一致。这一原则强调避免因个人的自以为是或忽视他人习俗而引发误会或矛盾,体现了对不同文化的尊重和理解。

二、言谈礼仪的构成

言为心声、行为心表,言谈反映一个人的道德品质、思想水平、知识修养,言谈也是礼仪规范的重要载体。

(一)称谓语

称谓,是对彼此的称呼。亲切、准确、恰当的称呼不仅能体现自身的文化素养和对对方尊重的程度,更能使关系融洽、增进感情,促使交际的成功。

1. 尊称与谦称

尊称也叫敬称,是对对方表示尊敬的称呼。最常见的尊称是第二人称代词"您""贵方""阁下""尊夫人"等,尊称通常前加"贵""高""令""大"等字。谦称用于称呼自己和自己的亲属。通常前加"鄙""敝""卑""小""家""舍"等字。

尊称与谦称常用词见表1-1。

表1-1 尊称与谦称常用词

时间	对象	尊称与谦称常用词
传统	对他人	贵姓、贵公司、贵国、高足、高论、高见、令堂、令尊、令兄、令郎、大驾、大名、大作
	对自己	鄙人、鄙意、鄙见、敝人、敝姓、敝处、卑职、小人、小弟、晚生、不才、愚
	对亲属	家严、家慈、家兄、家姐、舍弟、舍妹、舍侄、舍亲、小儿、小女、小婿
时下	职务称呼	张经理、李书记、陈主任、王校长
	职称称呼	王教授、赵工
	行业称呼	李医生、张律师、刘会计、杨老师
	泛尊称	警察同志、秘书先生、大使夫人、先生/女士

案 例 分 析 1-24

张大千要从上海返回四川老家，临行前好友为他设宴饯行，并邀请了梅兰芳等人。宴会开始时大家请张大千坐首席，张大千风趣地说："梅先生是君子，应坐首席；我是小人，应陪末座。"梅兰芳和众人听了都不解其意。张大千解释说："不是有句话讲'君子动口，小人动手'吗？梅先生唱戏是动口，我作画是动手，我理该请梅先生坐首席。"满堂来宾听后为之大笑，并请两个人并排坐了首席。

张大千自称"小人"，尊称梅兰芳为"君子"，既表现了豁达胸怀和谦虚美德，又营造了宽松和谐的交谈氛围。

2. 敬辞与谦辞

人们在日常交际和书信往来中经常运用敬辞与谦辞。

敬辞，也称"敬语"，是表示尊敬礼貌的言辞，通常前加"高""贵""华""敬""奉""恭"等字。

谦辞，也称"谦语"，是表示谦虚的言辞，通常前加"愚""拙""贱""敢""见""过"等字。常用敬辞与谦辞见表1-2。

表1-2 常用敬辞与谦辞

敬辞	高寿、高就、贵庚、贵恙、贵干、华翰、华诞、敬贺、敬请、奉陪、奉还、恭迎、恭候
谦辞	愚见、愚兄、愚意、拙荆、拙著、拙笔、贱内、贱恙、敢问、敢请、敢烦、见教、见谅、过奖、过誉

3. 雅语

在一些正式场合以及有长辈在场的情况下，雅语常用来替代那些比较随便甚至粗俗的话语。首先表现在称谓的雅化上,如用"阁下"或"足下"来称呼对方,比直接呼"你"更为正式。其次,还表现在对某些行为举动的说法上,如把吃饭称为"用餐""用膳",把倒酒称为"斟酒",把上厕所称为"净手""方便""去洗手间"等。在待人接物中,招待客人端茶时应说"请用茶",假如先于别人结束用餐,应向他人说"请慢用"。雅语的使用不是机械的、刻板的,只要言辞彬彬有礼,就能给人留下有修养的好印象。

(二) 礼貌用语

人际交往中,需要用语文明且礼貌得体。礼貌用语的使用不仅能体现良好的个人修养,还有利于营造融洽气氛。交谈时应使用一些约定俗成的礼貌用语,如"您""请""谢谢""对不起""没关系"等。

案 例 分 析 1-25

有个年轻人骑马赶路,忽见一位老汉路过,他便在马上高声喊道:"喂!老头儿,离客店还有多远?"老汉回答:"五里!"年轻人策马飞奔,急忙赶路去了。结果一气跑了十多里,仍不见人烟。他暗想,这老头儿真可恶,说谎骗人。他一边想着,一边自言自语道:"五里,五里,什么五里!"猛然,他醒悟过来了,这"五里",不是"无礼"的谐音吗?于是拨转马头往回赶。追上了那位老人,急忙翻身下马,亲热地叫声"老人家"。话没说完,老人便说:"客店已走过了,如不嫌弃,可到我家一住。"

见了陌生的长者,一定用尊称,特别是有求于人的时候,比如"老人家""大叔""大娘""老先生""老师傅""您老"等,不能随意喊"喂""嗨"等。

1. 问候语

在公共场合相见时,应根据场合、时间、对象的变化来询问安好或表达关切之意。

问候初次见面的人,可以说"您好""很高兴认识您""见到您非常荣幸",也可以说"久仰""幸会"等。

问候亲友同事,用语可亲切一些、具体一些。如"好久不见""去哪儿""最近忙什么""身体怎么样""家人都好吧"。

问候多人时,可以选择统一问候,比如"大家好""各位上午好"等。也可以尊者为先,先长后幼,先女后男,先疏后亲。还可以由近及远,先问候与本人距离近者,再依次问候其他人。1972年周恩来总理在欢迎美国总统尼克松的招待会上这样称呼来宾,"总统先生,尼克松夫人,女士们,先生们,同志们,朋友们"。这种称谓客气、周到,出言有序,显示了外交家的风度,堪为学习的典范。

2. 请托语

在请求他人帮忙或是托付他人代劳时,应使用"请稍候""请让一下""劳驾""拜托"

"借光""请关照""请您帮我一个忙"等礼貌的请托语。

3. 致谢语

在感谢他人的好意或是帮助时,一般使用"多谢""非常感谢""让您费心了""上次给您添了不少麻烦"等感谢语。

4. 道歉语

向他人赔礼道歉是一种交际补偿,常用"抱歉""对不起""请原谅""请多包涵""失陪了""失礼了""不好意思""真过意不去""真是对不住了"等。

(三) 赞美语

赞美别人,可以表现坦诚的自我,可以打破谈话的僵局,可以消除紧张心理。使用赞美语是一种重要的社交技巧,能够增进人际关系、提升他人的情绪和自信心。在使用赞美语时,要确保赞美真诚、具体、适时、适度,并根据对方的性格和文化背景选择合适的赞美方式。同时,避免过度使用赞美语,保持自然和真诚。通过这些技巧,你可以更有效地表达赞美,提升人际关系的质量。

(四) 拒绝语

当他人提出了自己不能接受或无法满足的要求时,应态度诚恳、直截了当地予以拒绝,并把原因讲清楚,以消除误解、抱怨。除了这种直接拒绝的方式,还可以委婉拒绝,就是在拒绝他人时尽量避免直接说"不"。这样的表达更容易被接受,也在更大程度上顾全了对方的颜面,但拒绝意图仍然要明确。

1. 拖延拒绝

适当地给对方以希望,让别人体会到你的真心,同时又给对方台阶下,减轻遗憾和失望的感受。

案 例 分 析 1-26

玄德曰:"先生所言,诚为高见。但备身为汉胄,合当匡扶汉室,何敢委之数与命?"州平曰:"山野之夫,不足与论天下事,适承明问,故妄言之。"玄德曰:"蒙先生见教。但不知孔明往何处去了?"州平曰:"吾亦欲访之,正不知其何往。"玄德曰:"请先生同至敝县,若何?"州平曰:"愚性颇乐闲散,无意功名久矣;容他日再见。"言讫,长揖而去。

(节选自罗贯中《三国演义》第三十七回)

刘备在第一次拜访诸葛亮的途中,恰巧遇见了诸葛亮的好友崔州平,刘备想邀请崔州平一同建功立业。但人各有志,崔州平淡泊名利,不求功名,更愿意过隐居的生活,便果断拒绝了刘备。

2. 沉默拒绝

在面对难以回答的问题时,在别人不怀好意要求你做什么时,可以一言不发,不予理睬,不予答复。

3. 暗示拒绝

通过身体姿态、表情或借用其他媒介表达拒绝之意。一是通过一些动作给出信号,比如暗示身体不适,有转动脖子、用手指捏眼睛或揉太阳穴等漫不经心的小动作;二是把目光转向别处,或频频看表,或问"您是否还要添茶",或催促家人做饭、催小孩睡觉等。

4. 幽默拒绝

面对热情而真诚的请求,如果直接拒绝会拂逆了对方的好意,幽默拒绝更易于让人理解和接受。

**  1-27**

启功先生是我国著名的书法家,向他求学、求教的人非常多,导致他住的小巷终日脚步声和敲门声不断。他无奈地自嘲:"我真成了动物园里供人参观的大熊猫了!"有一次他患了重感冒起不了床,又怕有人敲门,就在一张白纸上写了四句:"熊猫病了,谢绝参观;如敲门窗,罚款一元。"

启功先生名望高,前来求学、求教之人络绎不绝,即使病了也常有不知情的访客来打扰。直截了当拒绝有违其为人处世的准则,于是他采用了特别幽默的方式予以婉拒。

5. 转移话题式拒绝

在不便直接或是马上拒绝时,可采取转移话题、答非所问、寻找借口等方式把对方说话的焦点转移开。这样既不会使拒绝者被动,也不会伤对方的自尊心,又使对方领会到拒绝之意。

案 例 分 析 1-28

孟子谓齐宣王曰:"王之臣,有托其妻子于其友而之楚游者。比其反也,则冻馁其妻子,则如之何?"王曰:"弃之。"曰:"士师不能治士,则如之何?"王曰:"已之。"曰:"四境之内不治,则如之何?"王顾左右而言他。

(节选自《孟子·梁惠王下》)

孟子问齐宣王:"您手下的大臣受朋友之托,替朋友照料家眷,却冻饿朋友妻儿该怎么办?"齐宣王答:"断交!"孟子又问:"为官一任却不能管好下属该怎么办?"齐宣王答:"撤职!"孟子再问:"身为君王,却不能治理好国家该怎么办?"如果依照推论,答案应该是"废黜",但齐宣王察觉了孟子的用心,他东张西望,把话题引到别处。故事中孟子的言谈暗藏机锋,而齐宣王也不乏狡黠。

 课堂实训

1.31 说出与下列词语意思对应的敬辞或谦辞。

初次见面——　　　　很久不见——
请人批评——　　　　请人指点——
请人原谅——　　　　麻烦别人——
求人帮忙——　　　　求人方便——
托人办事——　　　　祝贺喜事——
赞人见解——　　　　看望别人——
宾客来至——　　　　送客出门——
陪伴朋友——　　　　中途先走——
等候客人——　　　　请人勿送——

1.32 尊称谦称的恰当使用能更好地表达诚意，使交流更顺畅。但有些场合过犹不及，请分析以下故事中使用不当的尊称谦称。

有一个人去拜访朋友，他穿了一件很讲究的新袍子，可是主人不在家，他只好坐下来等候。忽然，一只老鼠爬了出来，打翻了近旁的油瓶，油泼到了他的新袍子上，弄得他油渍满身。他心里正十分恼火，而这时，主人回来了。于是，他压住火气，强笑着道："鄙人坐在贵室的宝梁下面，因一时疏忽，惊动了尊鼠，尊鼠跑动时打翻了令油瓶，里面的贵油，洒在了小可的敝衣上面，因此，鄙人在尊驾面前露出了丑态，请尊驾海涵、海涵！"

1.33 每5人为一组，确定一名被赞美对象，小组其他人依次对他（她）进行赞美。完毕后互评赞美语是否得当，被赞美者致谢并说明自己的感受。

1.34 很多人知道怎样奉承，很少有人知道怎样赞美。请问赞美和奉承之间有何异同？

1.35 根据你的经验，你认为还有哪些拒绝方法适用于推托他人的不合理请求？

三、言语表达的禁忌

人们通过语言交流思想、传达信息、增进了解，但因地域、民族、文化、历史、方言的差异，有一些表达祸患和粗俗的词语不能随便说出口，存在一定的避讳和禁忌。

（一）表达尊重

1. 称谓禁忌

在中国传统文化中，对祖先和长辈的称谓避讳是一种重要的礼仪规范。避讳最初是为了在祭祀中避免直呼祖先的名字，以示敬畏。这种习俗逐渐发展为一种社会规范，

不仅适用于祖先,也适用于长辈和权威人物。避讳的核心原则是"为尊者讳,为亲者讳,为贤者讳",即对尊长、亲人和贤者的名字要尽量避免直呼。虽然现代社会中避讳的习俗有所淡化,在人际交往中,出于尊敬,也不宜直呼其名,一般常以先生、女士、老师、师傅等相称。

2. 年龄禁忌

民间对某些特定年龄阶段存在特殊观念,如儒家存在一个岁数忌讳,即 73 和 84 岁。传说孔子活到 73 岁,孟子活到 84 岁,因此人们认为这两个岁数是人生关口,连圣人都难以逃避。百岁常常用来指人寿之极限,所以问某个人的岁数时,是忌讳说百岁的。虽然年龄禁忌缺乏科学依据,但一些地区至今仍保留并遵循。

(二) 趋吉避凶

1. 灾祸词语禁忌

民间有"说凶即凶,说祸即祸"的畏惧心理以及趋吉避凶的文化传统,因而禁忌提到凶祸一类的字眼。其中一类是词语本身有凶祸之意,另一类是本身没有凶祸之意,只是其读音与凶祸词语谐音。

因为忌讳死亡,人们关于"死"的委婉说法有很多,如过世、牺牲、老了、不在了、走了。广东话不说"气死我了""笑死我了",而说"激生我""笑生我"。数字"4"在一些亚洲国家被视为一个不吉利的数字,因其与"死"字谐音。

2. 破财词语禁忌

民间认为财运关系到人们的切身利益,尤其在经济活动中,有关"破财"的词语禁忌也有不少体现。例如,过去许多地方春节期间都有卖财神画的小贩走街串巷上门推销。卖财神画不能说"卖",而要说"送",买财神画也不能说"买",要说"请",否则就是不恭,得不到财神的保佑。如果不想买也绝不能说"不要",只能说"已经有了",否则就得罪了财神,会破财。四川一带过去忌讳说"舌"字,因为"舌"谐音"折本""折财"的"折",为此把"猪舌"叫作"猪招财",把"牛舌"叫作"牛招财"。

(三) 避俗就雅

"避俗就雅"是指避免使用低俗或不文雅的语言,而选择更加高雅、得体、富有文化内涵的表达方式。这种表达方式不仅能够提升语言的艺术性,还能体现说话者的修养和品位。具体体现为避免使用低俗或粗俗的语言、避免使用过于直白或简单的词汇和使用文雅的替代词。

四、人际交往礼仪与口才

(一) 会面礼仪

介绍,是人们在社会活动中与人沟通、相互结识的常见形式,是建立联系必不可少的手段。得体的介绍能缩短陌生人之间的距离,增进彼此的了解和信任。

1. 自我介绍

自我介绍的内容一般包括姓名、职务、学习(工作)单位、住所、籍贯、特长与兴趣爱好等,有时还需介绍经历和年龄,可根据交际的场合、目的、时限和需要来恰当选择。

自我介绍的要领有控制时间、内容适度、讲究措辞、注意态度。内容和语言上实事求是,谦虚诚恳。说话要留有余地,目光亲切,神态自然。另外,幽默、自嘲、活泼、优美的语言也更容易让人接受并给对方留下深刻印象。

案 例 分 析 1-29

一位电视节目主持人这样进行自我介绍:"我一直以自己的名字为荣,估计全国都找不出一个重名的,这样容易让人记住;个头不算太高,但已够标准;长得不算漂亮,但气质不差;声音不算响亮,但很有磁性;性格不够完美,但始终乐观开朗,也还颇有人缘……这就是我。"

主持人的自我介绍虽然简单但很有辨识度,其中不乏幽默自嘲,第一句话很容易让人记住她名字的特点,后面四个"不"和"但"的并列,也让人印象深刻。

2. 介绍他人

介绍他人以尊者先知为原则,应先把主人介绍给客人、把男士介绍给女士、把晚辈介绍给长辈、把下级介绍给上级。

介绍内容尽量选择双方都感兴趣的话题,从而使双方结识。比如介绍两个在异地工作的老乡认识,可以说:"他在××公司工作,是你老乡,你们可以好好聊聊。"除了姓名、工作单位,还应对介绍内容有所侧重,以促进了解。例如:"这位是我同学,他也喜欢绘画,你们应该谈得来。"另外,给被介绍人一个简单中肯的评价,能给对方留下更深的印象。

3. 集体介绍

当被介绍者其中一方或者双方人数在两人以上时,需要进行集体介绍。

集体介绍时,基本原则还是尊者先知。当被介绍者双方地位、身份大致相当时,应先介绍人数较少的一方,在介绍其中某一方时也应该先介绍位尊者。若被介绍者两方地位、身份存在差异,其中地位、身份高的一方人数少或只有一人,也应先向其介绍另一方。此外,还应注意不要使用易产生歧义的简称,首次介绍要准确地使用全称。

作为被介绍者也应遵守相应的礼仪。当得知对方的信息时,应问候对方并复述其姓名并进一步记住对方姓名。因为两人互相认识时,姓名代表了一切。卡耐基说:在交际中最简单、最明显、最重要、最能得到好感的方法,就是记住他人的名字,使他人有受到重视的感觉。是否能记住别人名字和相关信息,决定了交往范围的大小甚至是事业的成败。

(二) 电话礼仪

1. 固定电话

在接听电话时,礼貌问候,音量适中,语气亲切、柔和。通话完毕应等待对方(主叫方)挂断电话。

在拨打电话时,应选择恰当的时间,公事尽量选择在对方上班10分钟以后和下班10分钟之前拨打电话。在接通电话后应向对方问好并自报姓名,通话内容简单明了。挂断电话时话筒应轻放。

2. 移动电话

在教室、医院、电影院、图书馆、会议室、法庭等需要保持安静的公共场所,即使不关闭手机,也应将手机调至静音或将铃声调成振动。

在驾车、飞机起落、油气站、化工厂、医院有关检验室等需要确保绝对安全的地方,应该禁用手机,以防无线电信号造成干扰或引起爆炸。

在电梯、车厢、餐厅、楼梯、路口等人群集中的地方接打手机,应控制音量,避免大喊大叫妨碍他人。

(三) 网络礼仪

随着网络的发展,QQ、微信等网络聊天工具得到了迅速普及,各类社交媒体平台也成了网民发表言论的聚集地,网络礼仪显得越发重要。

1. 文明礼貌

文明交流,遇到争论或观点不一致时,不应用攻击性、侮辱性、谩骂性的语言伤害他人。内容应该健康,表达应该得体。

2. 诚恳尊重

网络交流也应诚恳待人,尊重他人隐私,不随意发布和透露未经他人允许的个人信息及图像资料等。

3. 不随意传播

不得发布虚假消息或泄露国家、单位机密,不非法招揽客户,不链接任何不良网站的内容并传播,不制造、不传播谣言和病毒。

课堂实训

1.36 汉语中的谐音禁忌语非常丰富,如船家忌说"翻",所以"帆"叫作"篷","幡布"叫作"抹布"或"云转布",请列举你所知道的禁忌语并说明禁忌的原因。

1.37 请为自己作一个实事求是、让人难忘的自我介绍。其中包括用一句幽默的或个性化的话解释自己的名字。

1.38　情境模拟训练：李明在××电气公司综合部负责接待工作，公司派他去机场迎接前来公司进行技术培训的技术专家王刚，见到王刚后李明应怎样进行自我介绍？回到公司会议室，公司总经理张建、技术部工程师刘洋与王刚相见，李明应怎样为他们作介绍？

1.39　互联网给来自天南地北的人们提供了在线交流的平台，由于空间的虚拟性，人们只能"观其言，知其行"。在网络聊天时哪些不恰当的言语行为会有损自己的形象？

延伸阅读

礼记·曲礼（节选）

礼，不妄说人，不辞费。礼，不逾节，不侵侮，不好狎（xiá，亲近而态度不庄重）。修身践言，谓之善行。行修言道，礼之质也。礼闻取于人，不闻取人。礼闻来学，不闻往教。

道德仁义，非礼不成；教训正俗，非礼不备；分争辨讼，非礼不决。君臣、上下、父子、兄弟，非礼不定。宦学事师，非礼不亲。班朝治军，涖（lì，同"莅"，治理）官行法，非礼威严不行。祷祠祭祀，供给鬼神，非礼不诚不庄。是以君子恭敬撙（zǔn）节（节制），退让以明礼。

鹦鹉能言，不离飞鸟；猩猩能言，不离禽兽。今人而无礼，虽能言，不亦禽兽之心乎？夫唯禽兽无礼，故父子聚麀（yōu，泛指母兽）。是故圣人作，为礼以教人。使人以有礼，知自别于禽兽。

课后任务

1. "鹦鹉能言，不离飞鸟；猩猩能言，不离禽兽。今人而无礼，虽能言，不亦禽兽之心乎？"请谈谈你对这几句话的理解。

2. "礼尚往来。往而不来，非礼也；来而不往，亦非礼也。"请举例说明这几句话的内涵。

3. "富贵而知好礼，则不骄不淫；贫贱而知好礼，则志不慑。"请结合当今社会现象分析这一观点的深刻含义。

项目拓展——应用文写作素养

当你撰写一份申请书陈述请求,编辑一则会议纪要确保团队协作,或是起草一封投诉信维护权益时,应用文写作能力就是你的核心竞争力。这些看似程式化的应用文,实则处处考验着你的思维缜密度、逻辑清晰度以及价值传递力。

应用文写作的核心在于用最精准的文字搭建起沟通的桥梁、交流的通道。应用文写作绝非掌握格式模板那么简单,而是要通过系统化的训练、假以时日的磨砺提升应用文写作素养。

要做到这点,需要你成为"素养复合体":既要具备扎实的理论修养,让文字有根有据;又要保持端正的写作态度,让每份文稿都经得起推敲;更要锤炼结构化思维能力,把复杂问题拆解成清晰脉络;最终凭借自己的写作素养和写作能力,完成让伙伴高效协作、让上级一目了然、让客户心生信任的文案、文稿。

请扫描下方二维码进行自主学习,并将"课堂演练"的内容记录在下方:

应用文写作素养

精进不辍
——大学生口才基础巩固项目

LILUN DAOHANG PIAN

你是否想过，运用科学发声，让自己的声音更有穿透力、更悦耳？你是否渴望掌握标准的普通话，让表达更加清晰流畅，无惧地域差异？你是否意识到，肢体动作、面部表情，能极大地增强语言的说服力和感染力？

在口语交际中，语音要给人以听觉美，表达要富有文采，举手投足要带来视觉美。人们从人际交往及演讲中不仅获得见识的增广，而且获得在听觉、视觉、想象空间等多方面的审美愉悦。在本项目及其相对应的实践任务中——

你将通过科学发声、普通话、表达方式、态势语、倾听与交谈的训练，精进不辍，巩固口才基础。

你将练发声、读经典、讲故事、说道理、做访谈，打磨并完成2—6号口才作品。

你将就自己的作品请老师予以点拨，请同伴给以点评，加上自己的反思审视，汇总完成《口才基础综合评价表》。

口才，是沟通的桥梁，是展示自我的舞台。每一分努力，都将化作你未来成功的基石。要具备口才，成为一个优秀的演讲者，除了精进不辍夯实口才基础，别无他途。希望你勇敢地迈出脚步，去学习、去实践，用声音和姿态，去打动每一个听众的心！

2.1 科学发声训练

为什么歌唱家唱出来的歌曲余音绕梁,给人以美的享受?为什么主持人的声音听起来那么悦耳动听?为什么有的人讲话时间不长却口干舌燥、嗓音嘶哑?这些都与是否掌握科学发声的要领有关。除了掌握正确的发声技巧,还应该从说话的音量、节奏、重音、停顿等方面进一步修饰声音,使自己的声音在口语表达中更具魅力。

训练导引

➢ 训练目标

1. 了解普通话科学发声的原理及修饰声音的方法。
2. 熟练掌握科学发声的技巧并运用到朗读、演讲、交谈中。
3. 培养朴实明朗、刚柔并济的表达风格。

➢ 课前准备

1. 小组推荐一首知名歌手演唱的歌曲,并介绍该歌手的嗓音特色。
2. 小组推荐一段主持人或演员演播的视频片段,在课堂进行模仿表演。
3. 准备餐巾纸、饮用水等,以备课堂练习时使用。

情境导入

王小玉便启朱唇,发皓齿,唱了几句书儿。声音初不甚大,只觉入耳有说不出来的妙境:五脏六腑里,像熨斗熨过,无一处不伏帖;三万六千个毛孔,像吃了人参果,无一个毛孔不畅快。唱了十数句之后,渐渐地越唱越高,忽然拔了一个尖儿,像一线钢丝抛入天际,不禁暗暗叫绝。哪知他于那极高的地方,尚能回环转折。几啭之后,又高一层,接连有三四叠,节节高起。恍如由傲来峰西面攀登泰山的景象:初看傲来峰削壁千仞,以为上与天通;及至翻到傲来峰顶,才见扇子崖更在傲来峰上;及至翻到扇子崖,又见南天门更在扇子崖上;愈险愈奇。那王小玉唱到极高的三四叠后,陡然一落,又极力骋其千回百折的精神,如一条飞蛇在黄山三十六峰半中腰里盘旋穿插。顷刻之间,周匝数遍。从此以后,愈唱愈低,愈低愈细,那声音渐渐地就听不见了。满园子的人都屏气凝神,不敢少动。

清末小说家刘鹗在小说《老残游记》第二回中描写了王小玉令观众神魂颠倒的说书技艺。美妙动听的音色,高亢清亮、宛转悠扬的演唱,令她的演出极具艺术魅力。如果能将唱歌的嗓音技巧用于说话,进行科学的发声训练,不但可以使声音清晰饱满、圆润,而且有助于保护嗓子。科学发声训练,主要从气息控制、共鸣调节、吐字归音、声音修饰四个方面着手。

一、气息控制

唐代《乐府杂录》:"善歌者,必先调其气……既得其术,即可致遏云响谷之妙也。"意大利男高音歌唱家卡鲁索也说:"在所有学习歌唱的人中,谁掌握了正确的呼吸方式,谁就成功了一半。"其实,唱歌也好,说话也罢,甚至很多运动(如瑜伽),都跟气息的调节息息相关。古人认为"气动则声发",意思就是气息是发出声音的动力,更是各种声音技巧的"能源"。同时,把握住"气托声出、以声传情"的要领,对于气息调节至关重要。

(一) 呼吸步骤

喉头和声带是发声运动中的振动器官,犹如管乐器中的哨嘴和簧舌,起着发声的作用。声带位于喉腔中部,由声带肌、韧带和黏膜组成,两片声带左右各一。当人呼吸时,喉头放松,声带自然分开,气息畅通无阻地从声门进出;当人说话时,声带向喉管中间靠拢,当靠拢到一定程度时,声带受气流的冲击产生振动而发声。说话时把手指轻轻放在喉部,可以感觉到明显的振动,这种振动就来自声带。

要保持发声稳定,需要保持相应的体态,尽量做到:身正立稳,重心保持在腰和下肢之间;肩平颈正,两眼平视前方,脸和颈部肌肉放松,下巴微收。

1. 吸气

吸气时双肩放松,两肋打开,随即胸腔也有舒张感,体内空间增大,气息自然吸入。最好用鼻子吸气,可以保持咽喉湿润;要比平常自然呼吸时吸得深、吸得多,腰部有扩张感、腹部有紧张感;吸气的量根据发声的需要进行调节。

可以通过意念"闻花香"来练习吸气:想象自己面前有一束芬芳的鲜花,双肩自然下垂,慢慢吸入香气,胸腹部都吸满了气息,感到沁人心脾。整个吸气过程要做到自然、平稳、深入。

2. 呼气

呼气和发声是交替进行和完成的。呼气时要借助上腹部的力量把气推到胸腔,然后从胸腔到鼻腔呼出来。为了有效地控制气息,呼气应保持和吸气时一样的感觉,腰腹部相应收紧。呼气的要领一是平稳:本着快吸慢呼的原则,深吸一口气,然后慢慢地、均匀地呼出。二是持久:保持一段时间,一般要求一口气呼气发声持续 30～40 秒。

可以用意念"吹灰尘"来练习呼气:假设你面前的桌子上布满灰尘,用一口气把灰尘从前到后、从左至右吹干净,但不能让尘埃扬起。整个呼气过程要做到均匀、有力、通畅。

3. 补气

说话时，要不断地输送气息，才能使发声持久不间断。气息对于朗读和说话具有支撑作用，由于生理的限制和情感表达的需要，补气成为必不可少的环节，应根据表达的需要在说话过程中灵活补气。补气的时间由长到短，补充的量由大到小，依次分为换气、偷气、抢气、就气几种情况。换气时气息保持均匀，换气到位，不能时有时无，不能因为换气改变呼吸方式；偷气是指在句中或句末停顿时无声地吸气；抢气是指在句中或句子之间急促地吸气，有时带有声音；就气是指利用肺部内余气进行补充，并不进气。为了保证语意的连贯，补气时一定要找好气口，语速快则气口少，反之则气口多。

（二）常见的呼吸方法

1. 胸式呼吸法

胸式呼吸法是一种主要依靠胸腔扩张和收缩来完成的呼吸方式。吸气时，双肩上抬，气息吸得浅且少，气息进得快去得也快。发声时，音域狭窄，声音缺乏色彩变化，有生硬的感觉，适合日常说话和一些中等强度的发声需求。

2. 腹式呼吸法

腹式呼吸法指通过横膈肌的上下移动，带动肺部扩大或收缩进行呼吸的方式。这种呼吸法吸入的气流较多，深度较深，但也相应拉长了气息输送的距离。声带得不到相应的压力，影响声音的亮度，发声往往显得深、重、低、沉。

3. 胸腹联合式呼吸法

胸腹联合式呼吸法兼具胸式呼吸和腹式呼吸两者之长，扩大胸廓的同时又使横膈肌下降，增加了呼吸深度和吸气量。胸腔、横膈肌、腹肌联合控制气息，呼吸活动范围大、伸缩性强、有力度、有弹性，有利于操纵和支持声音，也为气息平稳、均衡地呼出提供了条件。胸腹联合式呼吸法的要领是：气息下沉，两肋打开，膈肌下降，小腹微收。常用以下训练方法练习：

（1）慢吸慢呼。慢慢吸足气，感觉到腰腹之间充气膨胀，气入丹田，收住小腹。保持几秒后，轻缓呼出。可以在呼气的时候加入以下练习：选择发音响亮的音节组成的人名，如 xiǎo huì("小蕙"的拼音)，从远处呼喊，一声声渐渐远去；或者数 1、2、3、4……嘴上用力，不紧张、不憋气，不跑气换气，数得越多越好；发"a"的延长音，声音由低到高、由小到大、由近到远、由弱到强，气息通畅自如，口腔、喉部放松，气流集中到硬腭前发出。

（2）快吸慢呼。当看到一则意想不到的消息时，人们会不由自主地发出"啊"的一声，发声时短促地吸一口气，然后保持气息继续默读，这正是常见的快吸慢呼的状态。吸气时快速短促，并保持住气息，再缓缓呼出，配合声音，平稳均匀。可以通过发一个稳定的音进行练习，如快速吸气后大声发出"巴—拔—把—罢，低—答—底—大"，逐渐改变声音的高低、强弱、快慢并调节好气息。也可以通过夸大"上声"来练习，如一口气夸大延长念"请你赶紧往北走找跑马场老李"。

此外,快吸快呼、慢吸快呼等形式也可以用来进行气息训练。气息调节应把握"深、通、匀、活"四字要领,注意气息和内容的结合。明白了气息控制的原理后,通过细心体会、反复琢磨思考、持之以恒的练习,成效自现。气息训练不能局限于单纯的字词音节,还需要在朗读和说话过程中灵活运用、加深体会。

课堂实训

2.1 吹纸练习:准备一张薄纸(餐巾纸),将其自然垂直于嘴部前方9厘米左右,身体直立,深吸一口气,控制气息均匀呼出,使纸向前飘起,保持纸飘起的高度,逐渐延长每次的时间。

2.2 绕口令练习:要求连续快读,一气呵成或适当换气。

➢ 出东门,过大桥,大桥底下一树枣,拿着杆子去打枣儿,青的多,红的少。一个枣儿,两个枣儿,三个枣儿,四个枣儿,五个枣儿,六个枣儿,七个枣儿,八个枣儿,九个枣儿,十个枣儿;十个枣儿,九个枣儿,八个枣儿,七个枣儿,六个枣儿,五个枣儿,四个枣儿,三个枣儿,两个枣儿,一个枣儿。

2.3 诗文练习:注意气息的连贯通畅、强弱控制。

➢ 怒发冲冠,凭栏处、潇潇雨歇。抬望眼,仰天长啸,壮怀激烈。三十功名尘与土,八千里路云和月。莫等闲,白了少年头,空悲切。　靖康耻,犹未雪;臣子恨,何时灭?驾长车,踏破贺兰山缺。壮志饥餐胡虏肉,笑谈渴饮匈奴血。待从头、收拾旧山河,朝天阙。(岳飞《满江红》)

2-1 科学发声

二、共鸣调节

为什么有的人说话声音穿透力特别强,而有的人说话声轻音弱,不易听清?人体的共鸣腔包括口腔、鼻腔、咽腔、喉腔,它们在发声中起主要作用,胸腔、头腔等发挥次要作用。气息冲击声带,声带颤动产生微弱的原声,经过共鸣腔的加工形成人耳听到的语音。各个共鸣腔是互相联系的统一整体,声音在共鸣腔的联动效应中得以扩大和美化。善于进行共鸣调节和控制的人,语音清晰、圆润,音量大,音色丰富。

(一)口腔共鸣

口腔是形成语音的最重要的共鸣腔,是产生中音区的主要共鸣器官。口腔的活动(主要是唇舌)可以塑造不同的腔体形状,进而通过共鸣造字发声。口腔共鸣的主要作用是使声音明亮、集中,使字音清晰、饱满。口腔共鸣的要领如下:

1. 打牙关

打牙关,就是打开上下大牙齿(槽牙),给口腔共鸣留出空间。可以用手触摸耳根前臼齿的位置,检查是否打开牙关。以开带闭,以宽带窄,是打开牙关的重要方法。在元

音中,a 音的开口度最大,可单练如下音节:

lā(拉)　lái(来)　lán(兰)　lǎo(老)　làng(浪)

2. 提颧肌

提颧肌是发声训练中口腔控制的核心动作之一,对于加强口腔前部的共鸣和唇部的力量很有帮助。可以结合微笑表情练习,微笑着说话,嘴角微微向上翘(不要咧嘴角),同时感觉鼻翼张开了,这样可以使发出的声音更清亮。但需注意力度,避免表情失真。

图 2-1　微笑说话

3. 挺软腭

挺软腭可以加大口腔后部的空间,改善共鸣,并缩小鼻腔入口,避免鼻音过重。可以通过半打哈欠体会挺软腭的状态。

4. 松下巴

松下巴的目的仍然是打开口腔,使口腔咬字时不致变扁。可用手扶住放松而微收的下巴,使其固定,然后缓缓抬头以打开口腔,再缓缓地低头以闭合口腔来体会下巴放松的感觉。

松下巴和打牙关是相辅相成的,而提颧肌和挺软腭是互相依存的。在发音时双唇集中用力,放松下巴,打开牙关,喉部放松,提颧肌、颊肌、笑肌、嘴角上提,在打开口腔的时候,同时注意唇的收拢,这些都有助于口腔共鸣。

(二) 鼻腔共鸣

鼻腔共鸣是通过软腭升降进行调节的。当软腭下垂,鼻腔通路打开,气流从鼻腔透出,声音在鼻腔产生共鸣,就发出了标准的鼻辅音 m、n 和 ng。适量的元音鼻化(气流从口腔和鼻腔同时呼出)可以增加音色的明亮度,过多的鼻化会使整个语音面貌大打折扣。可以通过手捏鼻孔不出气发"a"音与加入鼻腔共鸣发"a"音比较,体会鼻腔共鸣。

(三) 胸腔共鸣

胸腔共鸣是基本共鸣。它是指声带振动激起气管内空气柱振动,传送到肺再扩及整个胸腔引起整个后脑及其以下腔体的共鸣。说话和唱歌都离不开胸腔共鸣。胸腔共鸣过多,会使音色发闷,影响字音的清晰度;过少,则音色显得单薄、飘浮。闭上嘴巴,发"嗯"音,带上深情的感觉,低低地哼唱,可以体会胸腔共鸣。

 课堂实训

2.4　口腔共鸣训练:

词语练习

澎湃　碰壁　拍打　喷泉　品牌　冰雹　拍照

平静　抨击　批评　宣纸　挫折　菊花　捐助

哗啦啦　轰隆隆　咣啷啷　呼噜噜

班门弄斧　满园春色　反唇相讥　藏龙卧虎　山高水低　开天辟地

花前月下　乔迁之喜　小家碧玉　百炼成钢　波澜壮阔　翻江倒海

绕口令练习

➢ 白石塔,白石搭,白石搭白塔,白塔白石搭,搭好了白石塔,白塔白又大。

诗词、歌曲练习

➢ 碧玉妆成一树高,万条垂下绿丝绦。不知细叶谁裁出,二月春风似剪刀。(贺知章《咏柳》)

➢ 不要问我从哪里来/我的故乡在远方/为什么流浪/流浪远方/流浪//为了天空飞翔的小鸟/为了山间轻流的小溪/为了宽阔的草原/流浪远方/流浪//还有还有/为了梦中的橄榄树/橄榄树/不要问我从哪里来/我的故乡在远方/为什么流浪/流浪远方/为了梦中的橄榄树(《橄榄树》三毛词)

2.5　鼻腔共鸣训练:

词语练习

妈妈　买卖　弥漫　出门　戏迷　分秒　人民　头脑　困难　南宁　温暖

诗词练习

➢ 兰之猗猗,扬扬其香。众香拱之,幽幽其芳。不采而佩,于兰何伤?以日以年,我行四方。文王梦熊,渭水泱泱。采而佩之,奕奕清芳。雪霜茂茂,蕾蕾于冬,君子之守,子孙之昌。(电影《孔子》插曲,根据韩愈《猗兰操》改编)

2.6　胸腔共鸣训练:

字词练习

夸张发声体会:好　百　米　走

朗读:暗淡　反叛　散漫　武汉　计划　到达　发展　出嫁

诗词练习

➢ 老夫聊发少年狂,左牵黄,右擎苍,锦帽貂裘,千骑卷平冈。为报倾城随太守,亲射虎,看孙郎。　酒酣胸胆尚开张,鬓微霜,又何妨?持节云中,何日遣冯唐?会挽雕弓如满月,西北望,射天狼。(苏轼《江城子·密州出猎》)

台词练习

➢ 生存还是毁灭,这是一个值得考虑的问题。默然忍受命运的暴虐的毒箭,或是挺身反抗人世间的无涯的苦难,通过斗争把它们扫清,这两种行为,哪一种更高贵?死了;睡着了;什么都完了;要是在这一种睡眠之中,我们心头的创痛,以及其他无数血肉之躯所不能避免的打击,都可以从此消失,那正是我们求之不得的结局。死了;

睡着了；睡着了也许还会做梦；嗯，阻碍就在这儿；因为当我们摆脱了这一具朽腐的皮囊以后，在那死的睡眠里，还将要做些什么梦，那不能不使我们，那不能不使我们踌躇顾虑……这样，重重的顾虑使我们全变成了懦夫，决心的赤热的光彩，被审慎的思维盖上了一层灰色，伟大的事业在这一种考虑之下，也会逆流而退，失去了行动的意义。且慢！美丽的奥菲利娅！——女神，在你的祈祷中，不要忘记替我忏悔我的罪孽。（《哈姆雷特》，朱生豪译）

三、吐字归音

吐字归音是我国传统戏曲声乐艺术中关于咬字方法的术语，意思是吐字清楚，归音到位。一个音节的发音过程可分为"出字""立字"和"归音"三个阶段。普通话的吐字归音是指一个汉字的发音过程，这个过程从出字（即吐字）开始，经过立字再到归音。发音过程有头有尾，形成一个两头小中间大的"枣核"形。声母、韵头为一端，是出字；韵腹为核心，是立字；韵尾为一端，是归音。例如"快（kuài）"字，发音的三个阶段依次是 ku-a-i。

（一）吐字归音的基本要求

1. 出字要求

出字是指音节中声母和韵头（介音）的发音过程，是"咬字"的阶段。其基本要求是：

（1）准确清晰：声母发音部位要准确，弹发有力，确保字头清晰可辨。

（2）叼住弹出：声母发音要迅速、有力，如同"叼住"后"弹出"，避免拖沓。

（3）快速过渡：声母与韵头（介音）要迅速结合，过渡自然，避免断开。

2. 立字要求

立字是指韵腹（主要元音）的发音过程，是音节中最响亮的部分。其基本要求是：

（1）拉开立起：韵腹发音要饱满、充实，口腔开合度要大，声音要"立得住"。

（2）声音圆润：韵腹是音节的核心，发音时要圆润、响亮，气息支持要稳定。

（3）声调结合：韵腹是声调的主要体现者，要与声调结合，形成抑扬顿挫的效果。

3. 归音要求

归音是指音节发音的收尾过程。其基本要求是：

（1）弱收到位：字尾要弱收，肌肉由紧渐松，口腔由开渐闭，避免用力过猛。

（2）趋势鲜明：归音要干净利索，趋向鲜明，不可拖泥带水。

（3）收音归韵：字尾要归到正确的韵母上，确保音节完整，避免"虎头蛇尾"。

吐字归音要求字正腔圆，每个音节都要发音准确、清晰，避免含糊不清；连贯自然，在语流中，各个音节要过渡自然，避免生硬断开；在保持清晰的基础上，根据语境和情感需要，赋予语音丰富的表现力。

(二)吐字归音要领

1. 咬准字头(出字)

出字准确有力,叼住弹出。要想让吐字变得清晰,发声时就要第一时间让人识别出所读的字,这就要求对字头的处理清晰明了、干净利落。在出字时,嘴唇要有力并且将力量都放在字头上,形成一种将音叼住然后将其弹出的感觉。其中"叼住"强调发声时咬字的力度要大,口部肌肉具有些许的紧张感,用一定的力量来阻气。应将这些力量集中在一条线上进行发力,增加声音的集中度。同时,不能将字咬得过紧,这样会使整个字的发音过于沉重,显得笨拙;也不能将字咬得过松,这样会使发音太弱,导致整个音节听起来模糊,影响整体朗读效果。

2. 吐清字腹(立字)

字腹拉开立起,圆润饱满。处理字腹时要在保证口型正确的基础上进行气息填充,做到字腹发音饱满与充实,这也就是通常所说的立字。在发音时应努力将口腔开到最大,使发出来的音是整个过程中最丰富也最响亮的,让其与元音之间有明显的差异。整个发音的过程应该是滑动完成的,以保证前后连接流畅,尤其是在复合元音的韵母中,这种滑动性更加明显。

3. 收住字尾(归音)

字尾弱收到位,趋向鲜明。归音讲究快且完整,即不要拖泥带水故意拉长音,也不要只读半截字,在保持字音朗读的完整性的情况下及时收住,不影响下一个字的朗读。字尾在一个音节的发音进程中处于口腔由开渐闭、咬字器官肌肉由紧渐松的阶段。弱收是指字尾的发音渐弱趋正的进程,但在趋正的进程中要保持发音动作完好,保持字音结束的趋向。到位指尾音应归到的方位,舌位的动程要有明显的趋向,咬字器官应有一个渐闭的进程。

课堂实训

2.7 词语练习

来龙去脉 高瞻远瞩 慷慨激昂 阳关大道 相安无事 光明磊落 包罗万象

2.8 绕口令练习

➢ 巴老爷有八十八棵芭蕉树,来了八十八个把式要在巴老爷八十八棵芭蕉树下住。巴老爷拔了八十八棵芭蕉树,不让八十八个把式在八十八棵芭蕉树下住。

➢ 三山撑四水,四水绕三山;三山四水春常在,四水三山好村庄。

➢ 石榴树,结樱桃,杨柳树上结辣椒。吹着鼓,打着号,拉着大车抬着轿。木头沉水底,石头上边飘。小鸡叼了个饿老虎,老鼠捉了个大花猫,说的都是颠倒话,你说可笑不可笑。

➢ 谭家谭老汉,挑蛋到蛋摊,卖了半担蛋;挑蛋到炭摊,买了半担炭,满担是蛋炭。老汉往家赶,脚下绊一绊,跌了谭老汉。破了半担蛋,翻了半担炭,脏了新衣衫。老汉看一看,急得满头汗,炭蛋完了蛋,怎吃蛋炒饭。

2.9 诗词练习

➢ 半亩方塘一鉴开,天光云影共徘徊。问渠那得清如许,为有源头活水来。(朱熹《观书有感》)

➢ 葡萄美酒夜光杯,欲饮琵琶马上催。醉卧沙场君莫笑,古来征战几人回。(王翰《凉州词》)

➢ 西风烈,长空雁叫霜晨月。霜晨月,马蹄声碎,喇叭声咽。雄关漫道真如铁,而今迈步从头越。从头越,苍山如海,残阳如血。(毛泽东《忆秦娥·娄山关》)

四、声音修饰

人类用语言进行交际,除了发出表示一定意义的字词,还有一些伴随而出的语音形式,如说话的音量、节奏、重音、停顿以及伴随说话的笑声、叹息声等,这些都是伴随有声语言而出现的特殊语音现象。

掌握了科学的发声技巧,可以使发音更加纯正,更加圆润饱满,但是并不能满足于此。歌手用好嗓音征服观众,教师用好嗓音吸引学生,他们的好嗓音来自对声音的自我训练。

案 例 分 析 2-1

李老汉说书,操一口河南腔,或紧或慢,或高或低。紧张处口若吐珠,噼噼啪啪,一气呵出几十个字;缓慢处拖腔拿调,只一个音就能拖上半分钟;高音时声震房梁,墙上的渣都会掉落;低音时细若蚊吟,若隐若现,掩耳专注才能听清楚。

听书的人个个如醉如痴,或拍手叫好,或唉声叹息,或噤若寒蝉,或抹泪哭泣。

《说书人李老汉》选自张景祥《一代匠人》,此书为"中国民间艺人生存实录",该文中的李老汉"改变了村里延续了几十年的生活"。其说书技艺之高超从他说书时充沛的语势、独特的语调、气息的调控,特别是村里人听书时的痴迷状态可见一斑。

如果要想使自己的发声更富有变化,感情色彩更丰富,更具美感,就应该从音量、节奏、重音、停顿等方面修饰自己的声音。

(一) 控制语速和节奏

语速分为快速、中速、慢速三种。丘吉尔说,口语表达艺术中占第一的就是口语的节奏。根据表达的需要,对语速快慢、语调抑扬、语音轻重、音节停顿进行有效和巧妙的调节、控制安排,就会形成口语节奏的主旋律。教师在讲课时,特别注重语速快慢相间,错落有致。快,有如滔滔急流,奔腾汹涌;慢,有如潺潺的溪水,汩汩流淌,能够给人以音乐美的艺术享受。

在平静的语境中,常常用中速说话;在处理紧急公务或是表达激烈的感情时,常常用快速说话;而在庄重严肃、哀悼等场合,则应该用慢速表达。说话的节奏还可以分为低沉型、高亢型、轻快型、凝重型、舒缓型、紧张型等。在口语实践中,可以根据表情达意的需要灵活地调整、转换语速和节奏。

(二) 使用不同语调

在口语表达中,一句话的词汇意义加上语调意义才算是完整的意义。语调的运用可以强调或传达某种语气和语意。

在交谈、演讲、谈判、辩论、答记者问等口语表达中,恰当地使用各种语调能够精准地传情达意,营造气氛,有效地促进公关目标的圆满实现。

(三) 恰当运用停顿技巧

停顿,是语句或词语之间声音上的间断顿歇。停顿的恰当运用能够:集中听众的注意力,有效控制现场;造成某种悬念,增添话语的波澜;使话语富有新意,达到理想的表达效果。

(四) 有效掌握语句的重音

戏剧家斯坦尼斯拉夫斯基说:"重音就像人的食指,指示着节奏中或句子中最重要的词。"为了引起听话者的注意,朗读、演讲或说话时语句中某些词语念得比较重,一般用增加声音的强度来体现。处理重音的方式多种多样,可以通过控制声音的强弱、高低、虚实和速度的快慢等变化来体现重音。如:

(1) 重读:他不是不会,而是不肯。("不会""不肯"要说得响亮有力,以表明情况)

(2) 高读:——让暴风雨来得更猛烈些吧!("更猛烈"发音部位靠前,声带拉紧,发出较高的声音,以表现高昂的斗志和迎接胜利的激情)

(3) 轻读:冬天过去了,微风悄悄地送来了春天。("冬天"和"春天"两个词,要降低音高,加大气息,有力地吐出,以表达回味和向往)

(4) 慢读:漓江的水真静啊,静得让你感觉不到它在流动;漓江的水真清啊,清得可以看见江底的沙石;漓江的水真绿啊,绿得仿佛那是一块无瑕的翡翠。("静""清""绿"要用较慢的语速、拖长声音念,以突出桂林山水醉人的美)

(五) 掌握好说话的音量

音量,也可以称为声音的响度。一个人声音的自然响度与其性别、年龄、身体状况、发声习惯等有着密切的关系。在口语表达中,应根据时间、场合的不同对音量加以控制,做到收放自如。例如,在日常谈话中视情况不同可采取轻柔或中等音量;在公共场合打电话应压低声音,切忌高声大嗓;在正式场合讲话、发言,为强化表达的说服力和感召力,应以增加音量将声音送达最远处的听众为宜。

(六) 笑声的运用

笑声,是伴随有声语言而发出的表情声音。在交流过程中,恰当运用笑声,可以传达出友好亲切的信息,可以消除紧张、缓和气氛,使人感觉轻松欢乐。

案例分析 2-2

有女郎携婢,拈梅花一枝,容华绝代,笑容可掬。生注目不移,竟忘顾忌。女过去数武,顾婢曰:"个儿郎(这小子)目灼灼似贼!"遗花地上,笑语自去。……方伫听间,一女郎由东而西,执杏花一朵,俯首自簪。举头见生,遂不复簪,含笑拈花而入。

(节选自蒲松龄《聊斋志异·婴宁》)

小说开头,一个手拈梅花风姿卓荦的少女形象跃然纸上。蒲松龄以简洁的笔触,将婴宁爱花、美丽、纯真的特点全面写出,尤其是婴宁的笑容、笑语极富感染力。

课堂实训

2.10 书信朗读:

亲爱的孩子:八月二十日报告的喜讯使我们心中有了说不出的欢喜和兴奋。你在人生的旅途中踏上一个新的阶段,开始负起新的责任来,我们要祝贺你、祝福你、鼓励你。希望你拿出像对待音乐艺术一样的毅力、信心、虔诚,来学习人生艺术中最高深的一课。但愿你将来在这一门艺术中得到像你在音乐艺术中一样的成功!发生什么疑难或苦闷,随时向一两个正直而有经验的中、老年人讨教(你在伦敦已有一年八个月,也该有这样的老成的朋友吧)。深思熟虑,然后决定,切勿单凭一时冲动:只要你能做到这几点,我们也就放心了。(《傅雷家书》)

2.11 朗诵对白:

罗密欧:姑娘,凭着这一轮皎洁的月亮,它的银光涂染着这些果树的梢端,我发誓——

朱丽叶:啊!不要指着月亮起誓,它是变化无常的,每个月都有盈亏圆缺;你要是指着它起誓,也许你的爱情也会像它一样无常。

罗密欧:那么我指着什么起誓呢?

朱丽叶:不用起誓吧;或者要是你愿意的话,就凭着你优美的自身起誓,那是我所崇拜的偶像,我一定会相信你的。

罗密欧:要是我的出自深心的爱情——

朱丽叶:好,别起誓啦。我虽然喜欢你,却不喜欢今天晚上的密约;它太仓促太轻率、太出人意料了,正像一闪电光,等不及人家开一声口,已经消隐了下去。好人,再会吧!这一朵爱的蓓蕾,靠着夏天的暖风的吹拂,也许会在我们下次相见的时候,开出鲜艳的花来。晚安,晚安!但愿恬静的安息同样降临到你我两人的心头!(莎士比亚《罗密欧与朱丽叶》)

> **延伸阅读**

冰鉴·声音鉴
曾国藩

人之声音,犹天地之气,轻清上浮,重浊下坠。始于丹田,发于喉,转于舌,辨于齿,出于唇,实与五音相配。取其自成一家,不必一一合调,闻声相思,其人斯在,宁必一见决英雄哉!

声与音不同。声主"张",寻发处见;音主"敛",寻歇处见。辨声之法,必辨喜怒哀乐;喜如折竹,怒如阴雷起地,哀如击薄冰,乐如雪舞风前,大概以轻清为上。声雄者,如钟则贵,如锣则贱;声雌者,如雉鸣则贵,如蛙鸣则贱。远听声雄,近听悠扬,起若乘风,止如拍琴,上上。"大言不张唇,细言不露齿",上也。出而不返,荒郊牛鸣;急而不达,深夜鼠嚼;或字句相联,喋喋利口;或齿喉隔断,喈喈(jiē,禽鸟鸣声)混谈:市井之夫,何足比较?

音者,声之余也,与声相去不远,此则从细曲中见耳。贫贱者有声无音,尖巧者有音无声,所谓"禽无声、兽无音"是也。凡人说话,是声散在前后左右者是也。开谈多含情,话终有余响,不唯雅人,兼称国士;口阔无溢出,舌尖无窕音,不唯实厚,兼获名高。

> **课后任务**

1. 曾国藩认为"声与音不同",试分析二者的"不同"体现在哪些方面。
2. "辨声之法,必辨喜怒哀乐",请问喜怒哀乐之声各有何特点?
3. 京剧艺术家程砚秋说丹田呼吸法就是"气沉丹田,头顶虚空,全凭腰转,两肩轻松",请结合气息调节理论及自身实践谈谈你的理解。
4. 在播音课程里,有"情取其高,声取其中,气取其深"的说法,结合本任务所学内容分析这句话的含义。

2.2 普通话训练

语言学家周有光把方言称为"母亲语言",把民族共同语称为"教师语言"。在建设中国特色社会主义新时代的历史进程中,大力推广、积极普及全国通用的普通话,有利于克服语言隔阂,促进社会交往,对社会主义经济、政治、文化建设具有重要意义。2024年,全国第二十七届推广普通话宣传周的主题是"加大推普力度,筑牢强国语言基石"。

 训练导引

➢ 训练目标

1. 了解普通话的含义,理解推广普通话的意义,加大国家通用语言文字推广力度。

2. 认识普通话语音系统的构成,掌握普通话声韵调及音变的发音要领,掌握普通话水平测试应试要领。

3. 积极推广普通话,热爱国家通用语言文字。

➢ 课前准备

1. 收集家乡流传的民谣或打油诗并制作成演示文稿,在课堂上诵读。

2. 介绍一位歌手并演唱其代表作,演唱时吐字发声清晰且字正腔圆。

3. 收集一则简短新闻播报视频,课堂上模仿新闻播报。

情境导入

作家老舍在1955年10月召开的"全国文字改革会议"上发言说:记得在小学读书的时候,北京城里满族人和汉族人虽然都说北京话,可是稍有不同。举一个例子:汉族人管祖母叫奶奶,满族人却管祖母叫太太,而管母亲叫奶奶。在那个年月,语言的不完全一致加深了彼此的隔阂。后来,入了中学,同学中常常闹意见,吵架拌嘴。主要的又是语言作怪。大家的口音不一,词汇不一致,这就产生了偏见和误会。一来二去,四五十个同班的学友就按语音的不同分成了几个小集团。以小见大,由前边举的两个例子可以推想到一个国家或一个民族,语言的统一或分歧实在是一件关系着国家、民族团结的大事。

对于我国这样一个幅员辽阔、人口众多,拥有多民族、多语言、多方言的国家而言,推广民族共同语非常必要,这有利于增进各民族各地区的交流,维护国家统一,铸牢中华民族共同体意识。

一、普通话的定义

1956年2月6日,国务院向全国发布了《关于推广普通话的指示》,从语音、词汇、语法三个方面对普通话进行了科学的定义:"以北京语音为标准音,以北方话为基础方言,以典范的现代白话文著作为语法规范"。

(一)语音

"以北京语音为标准音",指的是以北京话的语音系统为标准,其内容是声母、韵母、声调及其结合规律和音变规律等,但不包括北京话里所有的地方音。比如,"忒(tè)"念 tuī 或 tēi 就属于北京方言。有一些词在北京话里存在两种读音,比如"教室、复杂、质量、比较"中的"室、复、质、较"应该读成去声而不是上声。

(二)词汇

"以北方话为基础方言",指的是以北方话地区普遍通行的说法为准,同时从其他方言中吸取必需的词语。如果同一种事物在北方话地区有几种不同的名称,普通话一般吸收使用地区比较广、词义相对明确的词语。比如"红薯"一词,在北方话地区还有"红苕""红芋""山芋""番薯""甘薯""白薯""地瓜"等多种说法,但"红苕"等词语都未进入普通话词汇。非北方话地区的某些方言词很有表现力,北方话里没有相应的同义词,这样的词语也被吸收到普通话词汇中来,像"垃圾""尴尬""噱头"等词在普通话中经常出现。

(三)语法

"以典范的现代白话文著作为语法规范"这个标准包括三个方面:"典范"就是非一般的、具有广泛代表性的;"现代白话文"需要排除五四以前的早期白话文;"著作"是指以书面语而不是以口语为标准,因为这些著作中的书面语经过加工和提炼、广泛流传、影响很大、代表性强,为遵循和巩固语法规范提供了标准。

语音、词汇、语法方面的标准,对于学习普通话来说是不可偏废的。

二、方言与普通话推广

(一)现代汉语方言分区

汉族社会经历过漫长的发展历史,其间出现过程度不同的分化和统一,加之地域分布很广,逐渐产生了方言分歧,形成了方言分区。现代汉语各方言之间的差异主要表现在语音、词汇、语法等方面,其中语音的差异最大、词汇次之、语法相对而言较小。1988年中国社会科学院组织编写的《中国语言地图集》,根据前人的研究成果并经过相关调查,把现代汉语方言分为十区:官话大区、晋语区、吴语区、徽语区、赣语区、湘语区、闽语区、粤语区、平话语区、客家语区。其中,官话大区又分为华北、东北、西北、西南、江淮五个次方言区。官话大区的使用人口约占使用汉语人口总数的67.9%。方言工作者把汉语方言划分为"方言大区—区—片(区)—小片—点"等五个层次,说明汉语方言的多样性、复杂性。

(二)推广普通话的意义

由于历史的地理的原因,方言妨碍了不同地区人们的交流。国家在全国范围内推广普通话,具有重要的意义。

推广和使用通用性高、凝聚力强的语言,有利于提高社会交际效能、提升国家治理效能、促进经济社会发展。随着社会主义现代化强国建设全面推进,国家通用语言文字对推动高质量发展、区域协调发展和促进人的全面发展的作用愈发凸显。

(1)推广普及国家通用语言文字,有利于促进人的全面发展。语言能力是人们生产生活所必备的基本能力。普通话和规范汉字是我国法定的国家通用语言文字,在全国范围内使用人数最多、通行度最高。学习和使用国家通用语言文字,有利于扩展交际范围、提高交际效率和质量,有利于提升学习能力、提高劳动技能和就业能力,有利于获取最新的科学文化知识和各方面信息,创造幸福美好生活。推广普及国家通用语言文字,是促进人的全面发展、不断提高各族群众科学文化素质、共享发展机遇和发展成果的重要举措。

(2)推广普及国家通用语言文字,有利于推动区域协调发展。语言环境是区域经济社会发展的重要支撑。大力推广普及国家通用语言文字,有利于营造良好的语言环境,促进生产生活各要素顺畅流通,更好地引进现代化发展理念、先进生产技术和文明生活方式,更好地融入国内大循环为主体、国内国际双循环相互促进的新发展格局,推动区域经济社会加快发展、协调发展、高质量发展。

(3)推广普及国家通用语言文字,是铸牢中华民族共同体意识的重要途径。语言相通增进心灵沟通。推广普及国家通用语言文字,消除民族间、地区间的语言交际障碍,才能更加全面深入地实现各民族交往交流交融,构建各民族共有精神家园,增进各民族之间的尊重、理解和包容,进一步铸牢中华民族共同体意识,共同建设多元一体的中华文明,推动各民族共同团结奋斗共同繁荣发展。

图 2-2　第 27 届推普周海报

课堂实训

2.12　请在下表中填写各城市所在方言区的名称。

表 2-1　方言区填表训练

西安		桂林		梅县	
苏州		成都		济南	
福州		长沙		南昌	

2-3 四川民谣

2.13 朗读(或扫码听音频)下列四川民谣。

➢ 丁丁猫穿红裙,高大姐做媒人,麻子孃孃吹鼓手,斑竹丫丫抬起走,抬轿的慢点抬,看把姑娘绊下来,姑娘穿的是蹬蹬儿鞋(绣花鞋)。

➢ 月亮走,我也走,我给月亮打烧酒,烧酒辣,买黄蜡,黄蜡苦,买豆腐,豆腐嫩,买根棍,棍子一撑出了城,出了城抬头看,月亮还在头上边。

2.14 朗读老舍《济南的冬天》片段,体会作品语言的京腔京韵。

➢ 最妙的是下点小雪呀。看吧,山上的矮松越发的青黑,树尖上顶着一髻儿白花,好像日本看护妇。山尖全白了,给蓝天镶上一道银边。山坡上,有的地方雪厚点儿,有的地方草色还露着;这样,一道儿白,一道儿暗黄,给山们穿上一件带水纹儿的花衣;看着看着,这件花衣好像被风儿吹动,叫你希望看见一点儿更美的山的肌肤。等到快日落的时候,微黄的阳光斜射在山腰上,那点儿薄雪好像忽然害羞,微微露出点儿粉色。就是下小雪吧,济南是受不住大雪的,那些小山太秀气!

三、普通话语音训练

(一) 声母——字音准确的关键

在普通话里,一个字的读音就是一个音节。音节由声母、韵母、声调三个部分组成。声母是普通话音节开头的辅音。普通话有 21 个辅音声母,辅音的特点是时值短、音势弱,容易受到干扰,因此声母的发音应尽力做到咬得准、发得清,为整个音节的准确发音打下基础。有的音节开头没有辅音作声母,称为零声母音节,如"安""逸""文""月"。

1. 声母的发音

声母的发音是由发音部位和发音方法决定的。发音部位指气流受到阻碍的位置;发音方法指阻碍的方式、气流的强弱及声带是否颤动等。普通话声母的分类详见表 2-2。

表 2-2 普通话声母分类表

发音方法			发音部位										
			双唇音		唇齿音		舌尖前音		舌尖中音		舌尖后音		舌面音	舌根音	
			上唇	下唇	上唇	下齿	舌尖	上齿背	舌尖	上齿龈	舌尖	硬腭前	舌面前	硬腭前	舌根	软腭
塞音	清音	不送气	b						d					g	
		送气	p						t					k	
塞擦音	清音	不送气					z				zh		j		
		送气					c				ch		q		
擦音		清音			f		s				sh		x	h	
		浊音									r				
鼻音		浊音	m						n						
边音		浊音							l						

2. 声母辨正训练

(1) 平舌音 z、c、s 和翘舌音 zh、ch、sh(r) 的分辨。发平舌音(舌尖前音)时,舌尖不翘,对准(抵住或接近)上齿背;发翘舌音(舌尖后音)时舌尖翘起,对准(抵住或接近)硬腭前部。

发音训练:

z—	早操	簪子	紫菜	自私	增色	阻塞	啧啧
c—	操纵	沧桑	彩色	测算	词素	测字	从此
s—	塑造	颂词	素材	酸菜	色素	缫丝	色泽
r—	融入	仍然	柔软	容忍	冉冉	软弱	荣辱
zh—	主持	装饰	正式	真诚	招生	斟酌	重视
ch—	成长	彳亍	充实	长征	城市	传承	产生
sh—	硕士	设置	慎重	舒畅	市场	山水	双城

听辨训练:

酥油——输油　丝绵——失眠　私立——失利　特色——特赦
形似——形式　私营——失迎　急速——级数　四季——世纪
祠堂——池塘　推辞——推迟　词序——持续　木材——木柴
就此——白齿　辞藻——迟早　粗气——出气　村庄——春装
增兵——征兵　大字——大致　赞礼——占理　组成——主城
自产——置产　组件——主见　资源——支援　仿造——仿照

(2) 鼻音 n 和边音 l 的分辨。n 和 l 都是舌尖中音,不同的是发音方法。n 是鼻音,发音时舌尖抵上齿龈,接触面稍宽,稍微用力,开口度较小,气流从鼻腔透出;l 是边音,发音时舌尖抵上齿龈,接触面稍窄,开口度较大,舌头向前推,气流从舌头两侧流出。

发音训练:

n—	温暖	气馁	眷念	全能	电脑	叮咛	神农
	陈酿	震怒	石碾	拜年	叛逆	粉嫩	蜂鸟
l—	迷恋	马路	公里	麻辣	鼓励	质量	阔佬
	阁楼	可乐	合理	伯乐	破烂	磨炼	比例

听辨训练:

难填——蓝田　河南——荷兰　年节——连结　南山——蓝山
女客——旅客　留念——留恋　流年——榴莲　神农——神龙

(3) 唇齿音 f 和舌根音 h 的分辨。f 和 h 都是清擦音,其区别在于阻碍气流的部位,f 是上齿和下唇形成阻碍,h 是舌根和软腭形成阻碍。

发音训练:

f—	东方	天赋	能否	路费	政府	厂房	示范

h—　　华美　　滑冰　　欢快　　环顾　　婚礼　　黄钟　　辉煌

听辨训练：

饭庄——换装　浮水——湖水　发明——花名　幸福——姓胡

花展——发展　烘干——风干　婚前——分钱　徽州——非洲

课堂实训

2.15　声母的发音训练。

➤ 舌尖前音、舌尖中音、舌尖后音中的"前""中""后"具体指什么发音部位？

➤ 结合"气球""稀奇""机器"的发音，说明舌面音的发音特点。

➤ 根据图 2-3 填写发音器官名称：

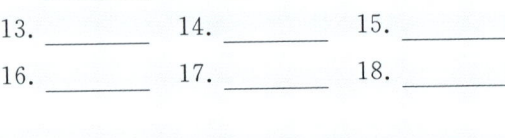

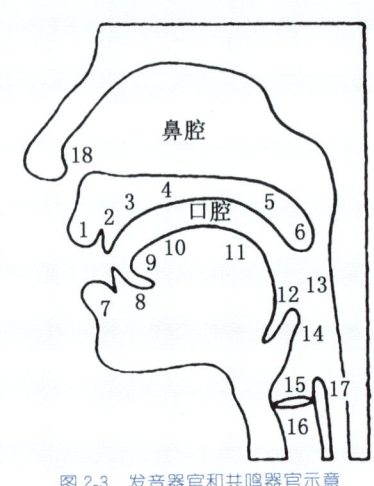

图 2-3　发音器官和共鸣器官示意

2.16　平舌音 z、c、s 和翘舌音 zh、ch、sh(r) 的分辨训练。

➤ 独怜幽草涧边生，上有黄鹂深树鸣。春潮带雨晚来急，野渡无人舟自横。（韦应物《滁州西涧》）

➤ 四和十，十和四，十四和四十，四十和十四。说好四和十得靠舌头和牙齿，谁说四十是细席，他的舌头没用力；谁说十四是适时，他的舌头没伸直。认真学，常练习，十四、四十、四十四。（《四和十》）

2.17　鼻音 n 和边音 l 的分辨训练。

➤ 掩柴门啸傲烟霞，隐隐林峦，小小仙家。楼外白云，窗前翠竹，井底朱砂。五亩宅无人种瓜，一村庵有客分茶。春色无多，开到蔷薇，落尽梨花。（张可久《折桂令·村庵即事》）

➤ 没有什么能够阻挡/你对自由的向往/天马行空的生涯/你的心了无牵挂/穿过幽暗的岁月/也曾感到彷徨/当你低头的瞬间/才发觉脚下的路/心中那自由的世界/如此的清澈高远/盛开着永不凋零/蓝莲花（《蓝莲花》歌词）

➢ 牛郎年年恋刘娘,刘娘连连念牛郎。牛郎恋刘娘,刘娘念牛郎,郎恋娘来娘念郎。

2.18 唇齿音 f 和舌根音 h 的分辨训练。

➢ 孤村落日残霞,轻烟老树寒鸦,一点飞鸿影下。青山绿水,白草红叶黄花。(白朴《天净沙·秋》)

➢ 粉红墙上画凤凰,凤凰画在粉红墙。红凤凰,粉凤凰,红粉红凤凰花凤凰。红凤凰,黄凤凰,红粉凤凰,粉红凤凰,花粉花凤凰。

(二)韵母——字正腔圆的基础

普通话有 39 个韵母,韵母主要由元音构成(鼻韵母由元音和鼻辅音构成)。元音在韵母各音素中发音响亮、时值较长。韵母的发音应尽力做到圆润饱满、归音到位,为音节发音字正腔圆奠定基础。

1. 韵母的分类

韵母按结构可以分为单韵母、复韵母、鼻韵母三类;按开头元音发音的口型,又可以分为开口韵(呼)、齐齿韵(呼)、合口韵(呼)、撮口韵(呼)四类,具体见表 2-3。

表 2-3 普通话韵母分类表

结构		口型			
		开口呼	齐齿呼	合口呼	撮口呼
单韵母		-i(前)、-i(后)、a、o、e、ê、er	i	u	ü
复韵母	前响	ai、ei、ao、ou			
	后响		ia、ie	ua、uo	üe
	中响		iao、iou	uai、uei	
鼻韵母	前鼻音	an、en	ian、in	uan、uen	üan、ün
	后鼻音	ang、eng	iang、ing	uang、ueng、ong	iong

2. 韵母辨正训练

(1) i 和 ü 的分辨。这两个音都是舌面前、高元音,其区别在于唇形的圆展不同:发 i 时嘴角咧开,唇形扁平;舌位保持不变,双唇收拢接近圆形发出 ü。

发音训练:

i— 机动　期刊　锡矿　衣服　理顺　逆袭　拟办
ü— 举动　躯干　虚夸　预防　旅舍　女篮　鱼鳔

听辨训练:

园区——延期　德语——得以　富裕——复议　旅程——里程

信誉——信义　白云——白银　泉水——潜水　金人——军人

(2) o(uo) 和 e 的分辨。o 和 e 都是舌面后、半高元音,其区别在于唇形的圆展不

同：发 o 时双唇收拢呈圆形；舌位保持不变，嘴角咧开，以微笑的表情发 e。uo 是复元音韵母，先发舌面后、高、圆唇元音 u，舌位的前后和唇形保持不变，舌位逐渐降到半高，口腔开度由大过渡到较小发 o。

发音训练：

o—	博士	播种	景颇	泼水	缄默	磨合	佛像
e—	忐忑	木讷	江浙	楼阁	抉择	黄河	学科
uo—	卓越	绰约	硕果	诺言	落英	陀螺	过目

听辨训练：

鹤立——获利　大哥——大锅　得利——夺力　客气——阔气
乐呵——漯河　剑阁——建国　遮住——捉住　闪射——闪烁

(3) in 和 ing、en 和 eng 的分辨。前鼻音尾韵母 in、en 和后鼻音尾韵母 eng、ing 的不同主要在于归音，发韵尾 n 时舌尖顶住上齿龈，口型稍闭；发韵尾 ng 时舌后部隆起，舌根尽力后缩，顶住软腭，口型稍开。两个辅音除阻时都不发音。需要注意的是两组韵母的韵腹是 i、e，在发音中占主导地位。

发音训练：

in—	拼写	宾客	泯灭	邻居	禁止	侵略	欣喜
	效颦	香槟	器皿	租赁	天津	辛勤	温馨
ing—	禀报	凭据	名字	领军	精致	清澈	兴趣
	收兵	水瓶	表明	丘陵	水晶	邀请	造型
en—	嫩绿	亘古	垦荒	痕迹	振作	晨跑	伸张
	容忍	树根	中肯	凶狠	阴森	岑参	坚韧
eng—	能够	耕耘	铿锵	恒星	郑重	诚实	升华
	频仍	变更	土坑	均衡	从政	得逞	神圣

听辨训练：

金银——晶莹　信服——幸福　辛勤——心情　贫民——平民
印象——映像　尽职——净值　金鱼——鲸鱼　寝室——请示
市镇——市政　陈旧——成就　长针——长征　人参——人生
审视——省市　真挚——争执　三根——三更　木盆——木棚

课堂实训

2.19 i 和 ü 的分辨训练。

> 又到绿杨曾折处，不语垂鞭，踏遍清秋路。衰草连天无意绪，雁声远向萧关去。
> 不恨天涯行役苦，只恨西风，吹梦成今古。明日客程还几许，沾衣况是新寒雨。

（纳兰性德《蝶恋花》）

> 山前有个严圆眼,山后有个严眼圆,二人山前来比眼,不知是严圆眼的眼圆,还是严眼圆的眼圆。

2.20 o(uo)和 e 的分辨训练。

> 山对水,海对河,雪竹对烟萝。新欢对旧恨,痛饮对高歌。琴再抚,剑重磨。媚柳对枯荷。荷盘从雨洗,柳线任风搓。饮酒岂知歌醉帽,观棋不觉烂樵柯。山寺清幽,遥临万顷烟波。(《声律启蒙》)

> 太阳从西往东落,听我唱个颠倒歌。天上打雷没有响,地上石头滚上坡。江里骆驼会下蛋,山上鲤鱼搭成窝。腊月炎热直流汗,六月寒冷打哆嗦。妹照镜子头梳手,门外口袋把驴驮。

2.21 in 和 ing、en 和 eng 的分辨训练。

> 凤凰山下雨初晴。水风清,晚霞明。一朵芙蓉,开过尚盈盈。何处飞来双白鹭,如有意,慕娉婷。　忽闻江上弄哀筝。苦含情,遣谁听?烟敛云收,依约是湘灵。欲待曲终寻问取,人不见,数峰青。(苏轼《江城子·湖上与张先同赋》)

> 天上七颗星,树上七只鹰,梁上七个钉,台上七盏灯。拿扇扇了灯,用手拔了钉,举枪打了鹰,乌云盖了星。

> 一条裤子七道缝,斜缝竖缝和横缝,缝了斜缝缝竖缝,缝了竖缝缝横缝。

(三)声调——高低升降的核心

普通话的声调可以区别词义。声调是贯穿整个音节的高低升降变化形式,普通话的音节和字基本上是一一对应的关系,所以声调也叫字调。声调主要由音高决定,但声调跟音长也有一定关系,普通话音节上声最长,阳平次长,去声最短,阴平次短。

1. 声调的特征

普通话的声调可以从调值和调类两方面来分析。调值是指音节的高低升降、曲直长短的变化形式,也就是声调的实际读法。调值主要由音高构成,声调内部从一个音高到另一个音高的变化是自然、连续的。调类是声调的种类,就是把调值相同的字归纳在一起所建立的类。五度标记法是用五度竖标来标记调值相对音高的一种方法,如图 2-4 所示。

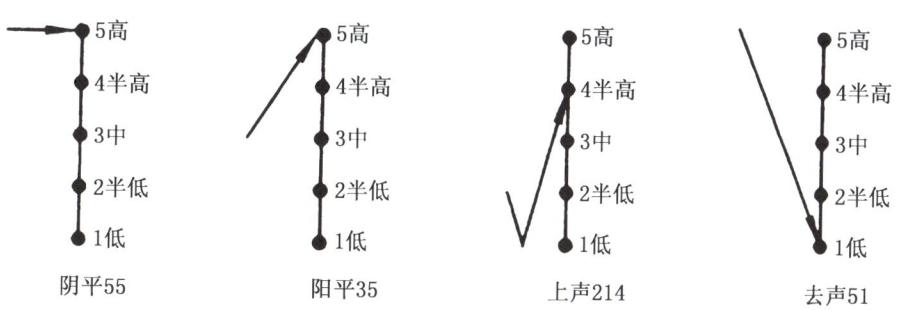

图 2-4 普通话调值五度标记图

2. 声调的发音要领

(1) 把握四声的调值。普通话的四个调类分别对应四种调值,举例见表2-4。

表2-4 普通话调类调值对应表

调类	阴 平	阳 平	上 声	去 声
调值	55—高平调	35—中升调	214—降升调	51—全降调
例字	星—空	明—察	俯—仰	灿—烂
标调	xīng kōng	míng chá	fǔ yǎng	càn làn

阴平:江—山—多—娇　春—天—花—开
阳平:同—学—团—结　豪—情—昂—扬
上声:理—想—美—好　鼓—舞—理—解
去声:奋—斗—岁—月　创—造—世—界

(2) 调节气息状态。普通话四声的发音还需注意调节好气息状态。阴平,气息平均不紧张;阳平,从弱开始逐渐强;上声,降时稳定扬时强;去声,强起到弱气通畅。例如:

巴—拔—把—罢　方—防—访—放　通—同—桶—痛　妞—牛—扭—拗
居—局—举—句　科—咳—可—课　知—直—纸—制　称—成—逞—秤

3. 声调训练

(1) 阳平训练:

阴阳— 搜集　　升旗　　心情　　跟随　　喝茶　　真诚
阳阴— 图书　　结婚　　梅花　　晴天　　围巾　　长江

(2) 上声训练:

阴上— 听讲　　三九　　书本　　思想　　夸奖　　征稿
去上— 静止　　碧海　　技巧　　授予　　祝酒　　论点

(3) 听辨调值:

礁石—教师—教室　施行—实行—时兴　机器—极其—记起　挥舞—会务—悔悟
屋檐—无言—午宴　逐一—主意—注意　微笑—微小—卫校　休戚—秀顾—休憩

课堂实训

2.22　声调训练:朗读诗词及绕口令。

▶ 读书法,有三到,心眼口,信皆要。方读此,勿慕彼,此未终,彼勿起。宽为限,紧用功,工夫到,滞塞通。心有疑,随札记;就人问,求确义。(《弟子规》)

▶ 闲来没事出城西,树木朗林数不齐。一二三四五六七,七六五四三二一,六五四,三二一,五四三二一,四三二一三二一,二一一,一个一,数了半天一棵树,一棵树长了七个枝,七个枝结了七样果,结的是槟子、橙子、橘子、柿子、李子、栗子、梨,槟子橙子橘子柿子李子栗子梨!

(四)音变——语音流里的连音变化

人们在朗读和说话时连续地发出音节,形成语流。在语流里,相邻的音节或音素相互影响,会使语音发生各种变化,这就是语流音变。普通话的语流音变包括变调、轻声、儿化和语气词"啊"的音变等。

1. 上声的变调

普通话上声音节在语流中受后一音节声调的影响常常产生明显的变调;在单独出现或处于句子末尾以及在句中语音停顿处,没有后续音节的影响时读原调,见表 2-5。

表 2-5 上声的音变规律表

原字调	举 例				变 调
上声+阴平	马车	小车	老乡	火光	半上(21)+阴平
上声+阳平	马达	小船	老年	火红	半上(21)+阳平
上声+去声	马步	小令	老道	火力	半上(21)+去声
上声+上声	马脚	小米	老酒	火把	阳平(35)+轻声
上声+轻声	马虎	小气	老实	火候	半上(21)+轻声
	跑跑	打点	想起	手里	阳平(35)+轻声
上声+上声+上声	缓减免		软懒散		阳平+阳平+上声
(上声+上声)+上声	演讲稿		展览馆		阳平+阳平+上声
上声+(上声+上声)	海产品		很美好		半上+阳平+上声

2. "一""不"的变调

(1)在去声前变阳平,例如:

一次 一样 一个 一道 一位 一类 一处 一份

不看 不送 不换 不愧 不顾 不屑 不但 不必

(2)在非去声前,"一"变为去声,"不"不变,仍念去声,例如:

一只 一天 一丝 一棵 一般 一些 一生 一心

一幅 一层 一时 一直 一同 一连 一齐 一盘

一种 一米 一口 一朵 一体 一览 一晃 一亩

3. 轻声

轻声是指音节在词语、句子中丢失了原来的调值变成了一种听起来又轻又短的调子。轻声不是一个独立的调类,而是一种音变现象。轻声在普通话里有区别词义、词性的作用,如地道,读 dì dào 时,是名词,指地下通道;读 dì dao 时,是形容词,指真正的、纯粹的。轻声还具有增强音乐性的作用,普通话除四声之外辅以轻声,使语调的变化更为丰富,产生错落有致、动听悦耳的韵律。

(1) 轻声在不同声调的音节后,调值有所不同,见表2-6。

表 2-6 普通话轻声调值表

声调	例 A	例 B	例 C	例 D	轻声调值
1	心上	风头	娇气	东边	31
2	墙上	拳头	脾气	南边	31
3	晚上	榫头	老气	北边	44
4	路上	念头	义气	右边	31

阴平、阳平、去声之后的轻声调值是短促的低降调,调值描写为31(调值下加短横表示音长较短)。例如:

阴平＋轻声　帮手　巴掌　东西　高粱　姑娘　规矩　差事　结实
阳平＋轻声　云彩　菩萨　棉花　逻辑　眉毛　名堂　裁缝　柴火
去声＋轻声　壮实　应酬　意思　帐篷　栅栏　唾沫　热闹　事情

上声之后的轻声调值是短促的半高平调,调值描写为44。例如:

体谅　点缀　眨巴　本事　打量　比方　嘴巴　首饰

(2) 轻声的发音规律。

① 叠音或重叠式名词末一音节读轻声,如:姐姐、哥哥、叔叔、星星。
② 名词、代词的后缀读轻声,如:班子、村子、风头、我们。
③ 方位名词的后一音节读轻声,如:地上、外面、家里、上边。
④ 结构助词、动态助词、语气助词读轻声,如:我的书、努力地工作、高兴得跳了起来、坐着、看了、去过、你呢、走吧、说啊、来吗。
⑤ 趋向动词作中心语的补语时读轻声,如:过来、出去、看得出、看不出。
⑥ AA式动词的后一音节,如"A一A""A不A"式动词中的"一""不"读轻声,如:听一听、想一想、去不去、看一看。

以上规律可以用"顺口溜"的形式加以归纳:叠音名词后读轻,名代后缀"子""头""们","上""面""里""边"方位词,"结助""动助""语助"轻,趋向动词"来""去"补,动词重叠"一""不"中。

更多轻声词语练习和掌握可参看《普通话水平测试实施纲要》中的《普通话水平测试用必读轻声词语表》。

4. 儿化

儿化是指在音节的末尾附加一个卷舌的动作,使韵母带上卷舌音色彩,如"开门儿"是三个汉字表示两个读音(kāi mér),儿化音节的韵母叫做儿化韵。儿化具有区别词性、词义和增加感情色彩的作用,如"画"与"画儿","金鱼"与"金鱼儿"。儿化韵的读音规律见表2-7。

表 2-7　儿化韵的读音规律表

序号	原韵母类型	儿化方式	例　词				
1	音节或音节末尾音素是 a、o、e、ê、u	在韵母后加卷舌动作	a ua uo ie u ou iou	号码儿 麻花儿 火锅儿 台阶儿 碎步儿 年头儿 抓阄儿	打杂儿； 牙刷儿； 邮戳儿； 半截儿； 没谱儿 小丑儿 加油儿	ia o e üe ao iao	豆芽儿 粉末儿 模特儿 旦角儿 口罩儿 跑调儿	皮夹儿 山坡儿 挨个儿 主角儿 蜜枣儿 开窍儿
2	韵母是 i、ü	在韵母后面加舌面、央、中不圆唇元音[ə]，再卷舌	i ü	玩意儿 小曲儿	针鼻儿 毛驴儿			
3	韵尾是 i	韵尾丢失，在主要元音基础上卷舌	ai uai	名牌儿 冰块儿	鞋带儿； 一块儿；	ei uei	刀背儿 一会儿	摸黑儿 墨水儿
4	韵尾是 n	韵尾丢失，在主要元音基础上卷舌	an üan in uen	笔杆儿 人缘儿 有劲儿 没准儿	门槛儿； 绕远儿； 脚印儿 开春儿；	ian uan en ün	照片儿 大腕儿 嗓门儿 合群儿	心眼儿 落款儿 走神儿 随群儿
5	韵尾是 ng	韵尾丢失，韵腹鼻化再卷舌	ong ing iong	胡同儿 火星儿 小熊儿；	抽空儿 门铃儿；	eng ang iang	钢镚儿 药方儿 花样儿	家凤儿 赶趟儿 透亮儿
6	韵母是 -i（前）或 -i（后）	-i（前）或 -i（后）变为舌面、央、中不圆唇元音[ə]再卷舌	-i（前）没词儿 -i（后）墨汁儿		瓜子儿 记事儿			

更多儿化词语练习和掌握可参看《普通话水平测试实施纲要》中的《普通话水平测试用儿化词语表》。

5. 语气词"啊"的音变

语气词"啊"可以表达丰富的感情，当处于句子末尾或句中停顿处时，由于受前一个音节末尾音素的影响，常常发生音变现象。在朗读和说话时正确地运用"啊"的音变规律，可以增强语感，使语气色彩丰富。语气词"啊"的音变规律见表 2-8。

表 2-8　语气词"啊"的音变规律表

序号	前一音节末尾音素	读音	写法	例　句
1	a、o、e、ê、i、ü	读 ya	"啊"或"呀"	雨好大(dà)啊！你大声说(shuō)啊！ 真口渴(kě)啊！好大的雪(xuě)啊！ 提高警惕(tì)啊！那醉人的绿(lǜ)啊！
2	u（包括 ao、iao）	读 wa	"啊"或"哇"	唱歌跳舞(wǔ)啊！他跳得真高(gāo)啊！ 她的手多灵巧(qiǎo)啊！

续表

序号	前一音节末尾音素	读音	写法	例句
3	n	读 na	"啊"或"哪"	多么蓝的天(tiān)啊！ 雨大路滑，要当心(xīn)啊！
4	ng	读 nga	啊	他们多高兴(xìng)啊！
5	-i(后)、er	读 ra	啊	发生了什么事儿(shìr)啊！是(shì)啊！
6	-i(前)	读[za]	啊	这本书你看过几次(cì)啊！

课堂实训

2.23 朗读下列语段，注意上声的变调和"一""不"的读音：

▶ 莫高窟是举世闻名的艺术宝库。这里的每一尊彩塑，每一幅壁画，每一件文物，都是中国古代人民智慧的结晶。(节选自《莫高窟》)

▶ 所以在这阴冷的四月里，任凭游人扫兴和诅咒，牡丹依然安之若素。它不苟且、不俯就、不妥协、不媚俗，甘愿自己冷落自己。它遵循自己的花期、自己的规律，它有权利为自己选择每年一度的盛大节日。它为什么不拒绝寒冷？(节选自张抗抗《牡丹的拒绝》)

2.24 朗读下列绕口令，注意轻声音节的发音：

▶ 屋子里面有箱子，箱子里面有匣子，匣子里面有盒子，盒子里面有镯子。镯子外面有盒子，盒子外面有匣子，匣子外面有箱子，箱子外面有屋子。

2.25 朗读下列绕口令，注意读准儿化词语：

▶ 进了门儿，倒杯水儿，喝了两口运运气儿。顺手拿起小唱本儿，唱一曲儿，又一曲儿，练完了嗓子练嘴皮儿。绕口令儿，练字音儿，还有单弦儿牌子曲儿。小快板儿，大鼓词儿，越说越唱越带劲儿！

2.26 在下列括号里标注"啊"的音变并朗读：

鸡啊(　)、鸭啊(　)、猫啊(　)、狗啊(　)，一块儿在水里游啊(　)！
牛啊(　)、羊啊(　)、马啊(　)、骡啊(　)，一块儿进鸡窝啊(　)！
狼啊(　)、虎啊(　)、鹿啊(　)、豹啊(　)，一块儿在街上跑啊(　)！
兔儿啊(　)、鼠儿啊(　)、虫儿啊(　)、鸟儿啊(　)，一块儿上窗台儿啊(　)！

四、普通话水平测试(PSC)简介

普通话水平测试的开展是推广普通话的重要举措。普通话水平测试是对应试人运用普通话达到的标准程度的检测和评定，属于标准参照性考试，不是语音知识的直接考核，也不是对口才的评估，但一个人的普通话水平与这两者又密切相关。

(一)普通话水平测试等级标准

国家语言文字工作部门发布的《普通话水平测试等级标准》是确定应试人普通话水平等级的依据。普通话测试等级分为"三级六等"。一级甲等为最高级别,三级乙等为进入等级的最低级别。各等级分别从语音(包括声母、韵母、声调等),词汇和语法,语调,流畅程度等四个方面进行描述,并辅以失分率的量化规定。

一般而言,一级被称为"标准的普通话",一级甲等和乙等的测试总失分率分别为3%以内、8%以内;二级被称为"比较标准的普通话",二级甲等和乙等的测试总失分率分别为13%以内、20%以内;三级被称为"一般水平的普通话",三级甲等和乙等的测试总失分率分别为30%以内、40%以内。

(二)普通话水平测试试题构成

普通话水平测试实际有4种题型,见表2-9。

表2-9 普通话水平测试题型

题 型	题 量	限 时	分 值	测查目的
读单音节字词	100个音节	3.5分钟	10分	应试人普通话声母、韵母、声调发音的标准程度
读多音节词语	100个音节(双音节词为主)	2.5分钟	20分	应试人普通话声母、韵母、声调和变调、轻声、儿化发音的标准程度
朗读短文	1篇(400个音节)	4分钟	30分	在测查应试人声母、韵母、声调读音标准程度的同时,重点测查连读音变、停连、语调以及自然流畅程度
命题说话	1个话题	不少于3分钟	40分	应试人在无文字凭借的情况下说普通话的水平,重点测查语音标准程度、词汇、语法规范程度和自然流畅程度

(三)计算机辅助普通话水平测试注意事项

当前普通话水平测试普遍采用计算机辅助测试的形式,简称为"机考"。测试中需要注意以下几点:

(1)有条不紊。严格按照"机考"提示步骤完成测试,包括:佩戴耳机、录入并核对信息、试音、完成4项考题。

(2)音量一致。试音时的音量与测试过程的音量应尽量一致;整个测试过程中音量也应尽量保持一致,以免影响录音效果。

(3)语速适中。为了使每个字的发音都清晰完整,不可读得太快,否则音节的声韵调的发音不到位,造成缺陷音增多。

(4)看清后再读。从容地读,不能漏读,不认识的字,应"猜读";尤其是换行时应放慢语速,看清后再读,不可"跳行"。

(5) 争分夺秒。当前普通话水平测试取消了备测环节,在第四题命题说话开始之前只有大约 30 秒的准备时间,在短暂的 30 秒中,要快速理清说话思路,梳理好话题内容,组织好开头一段话的语言表达,争取自然流畅地开始作答。

(6) 调整好状态。完成命题说话时,想象自己面对着朋友、同伴在说话,保持对象感;把握好时间,关注时间进度显示。应注意离题、雷同(把普通话水平测试朗读作品的内容转化为说话材料、照搬网上说话材料等情况)、无效话语、缺时都会导致扣分。

2.27 完成以下普通话水平测试模拟卷:

普通话水平测试模拟卷

(一) 读单音节字词(100 个音节,共 10 分,限时 3.5 分钟)

爬	闸	阿	坡	磨	柯	择	饿	滋	钥
帜	龄	士	而	白	买	台	裁	镁	匪
辉	老	高	衣	臊	某	斗	肘	甘	含
河	战	惨	策	粉	人	房	党	藏	丰
梗	正	城	工	冲	容	总	粒	寂	威
膝	俩	夹	爹	铁	捏	表	鸟	角	丢
柳	九	变	电	念	宾	林	鸣	停	幸
凉	饷	穷	雄	谱	府	如	诉	卦	刷
豁	挫	槐	甩	堆	团	选	川	坤	唇
推	文	况	双	矩	曲	决	缺	太	裙

(二) 读多音节词语(100 个音节,共 20 分,限时 2.5 分钟)

垂直	放射	热带	改造	疲劳	乡村	区别	吃饭	春秋	把门儿
参谋	协商	沸腾	透明	流水	兄弟	月光	正当	掠夺	心眼儿
恰好	内容	两岸	思维	困难	画家	迫害	夸张	会计	聊天儿
穷人	群众	选择	军阀	始祖	总管	脚背	举目	冷清	胡同儿
深奥	暖和	人种	民兵	状元	虽然	派出所	大惊小怪

(三) 朗读短文(400 个音节,共 30 分,限时 4 分钟)

我常想读书人是世间幸福人,因为他除了拥有现实的世界之外,还拥有另一个更为浩瀚也更为丰富的世界。现实的世界是人人都有的,而后一个世界却为读书人所独有。由此我想,那些失去或不能阅读的人是多么的不幸,他们的丧失是不可补偿的。世间有诸多的不平等,财富的不平等,权力的不平等,而阅读能力的拥有或丧失却体现为精神的不平等。

2-4 PSC 模拟测试

一个人的一生,只能经历自己拥有的那一份欣悦,那一份苦难,也许再加上他亲自闻知的那一些关于自身以外的经历和经验。然而,人们通过阅读,却能进入不同时空的诸多他人的世界。这样,具有阅读能力的人,无形间获得了超越有限生命的无限可能性。阅读不仅使他多识了草木虫鱼之名,而且可以上溯远古下及未来,饱览存在的与非存在的奇风异俗。

更为重要的是,读书加惠于人们的不仅是知识的增广,还在于精神的感化与陶冶。人们从读书学做人,从那些往哲先贤以及当代才俊的著述中学得他们的人格。人们从《论语》中学得智慧的思考,从《史记》中学得严肃的历史精神,从《正气歌》中学得人格的刚烈,从马克思学得人世//的激情,从鲁迅学得批判精神,从托尔斯泰学得道德的执着。歌德的诗句刻写着睿智的人生,拜伦的诗句呼唤着奋斗的热情。一个读书人,一个有机会拥有超乎个人生命体验的幸运人。(节选自谢冕《读书人是幸福人》)

(四)命题说话(请在下列话题中任选一个,共40分,限时3分钟)

1. 假日生活
2. 对环境保护的认识

延伸阅读

方言与官话(节选)

中央的话语就是官话。官话是古已有之的,三千年前就有,只不过那时叫"雅言",雅言也就是周王室使用的语言。因为那时五方之民,"言语不通,嗜欲不同",又都尊周王为天下共主,则相互之间要沟通,要交流,要朝聘会盟,要勾肩搭背各怀鬼胎去打这个打那个,便约定都以周王室的语言为政治外交场合的正式通用语言,这就是"雅言"。雅,就是雅正、规范。那么,谁来规范呢?诸侯们是没有资格的,有资格的只能是"天子"。同样,谁需要把话说得一本正经呢?庶民们是没有这个需要的,有此需要的只会是诸侯和大夫。所以,雅言就是官方语言,也就是官话。

不过,那时的官话称作"雅言",也还有一个原因,就是"雅"通"夏"。所谓"居楚而楚,居越而越,居夏而夏","越人安越,楚人安楚,君子安雅",雅就是夏。夏,就是华夏,也就是中原,甚至也就是中国(中央之国)。认真说来,这华夏中国的雅言,在当时也不过只是诸国国语中的一种,只因为它为"天下共主"所有,这才成了"国际通用"的官方语言。因此,等到天下一统,没什么"国际关系"了,雅言也就作废,而代之以"官话"。官话就是官场中人说的话。中央政府派到各地去的官员都要说这种话,所以叫官话。

官话之所以叫官话,还因为只有在官员当中,这种民族共同语才推行得开。这也不奇怪,想那时并无广播电视,一般民众又都猫在家里,守着祖上传下来的那一亩三分地过日子,谁也不轻易往外跑,没什么对外交流的需要。大家都是乡里乡亲的,会说土话,就足以打招呼、走亲戚、娶媳妇,拿鸡蛋换油盐酱醋的了。要想让这些普通老百姓都学会"普通话",不比让黄河水变清容易多少,也没这个必要。有此必要的,是那些必须在外边跑来跑去的人。这些人,一是官员,二是走江湖的。走江湖的,天子呼来不上船,中央政府历来管不了,管得了的只有官员。再说官员不管也不行,官员如果也说方言,皇上问起话来,也如鸡同鸭讲,那还成何体统?事实上,官场如无共同语,则政情无法通晓,政令也无法通达,那可真是国将不国。比方说,将军带兵打仗,问部下前方有没有敌人,明明有,却答之以"乌",将军以为"无",岂不糟糕?

因此,做此官,就不但要"行此礼",还得"说此话"。清廷更是明文规定:"举人生员贡监童生,不谙官话者不准送试",做官就更谈不上。这下"南蛮鴃舌之人"可就惨了。

他们只好硬着头皮学官话。中国的中央政权,从来就在北方,元、明、清三朝,更是连续在北京建都,所以官话基本上就是北方话,甚至是北京话。说吴语、湘语、赣语的还稍好些,闽、粤、客家和北方话的距离相去何止以道里计?结果便难免说得不三不四,南方人听着像北方话,北方人听着又像南方话,谁也听不明白。

 课后任务

1.阅读《方言与官话》全文,回答:

(1)俗话说:"天不怕,地不怕,就怕××(某地)人讲普通话。"这是为什么?

(2)"雅言"与"官话"的通行范围有何不同?何为"官话"?

2.谈谈你的家乡话的特点(从语音、词汇、语法等方面)。

3."推广普通话与使用方言之间的关系":A.推广普通话就是人为地消灭方言;B.推广普通话并不排斥方言;C.普通话的推广会导致方言削弱。对于上述观点你有何看法?

2.3　表达方式训练

口语与书面语是语言的两种表现形式,它们相辅相成、彼此关联,在表达方式上基本一致,都以叙述、描述、说理、抒情为主。从说话的角度来运用这些基本表达方式,除了遵循书面语的要求,还应顾及口语的特征,否则听者难以清楚地接受说话人所要表达的思想情感。本主题"表达方式训练"专指口语表达方式。

 训练导引

➢ 训练目标

1. 了解叙述、描述、说理、抒情的含义、类型和特点。

2. 掌握几种口语表达方式的基本技巧,能够根据实际需要灵活运用。

3. 掌握几种口语表达方式的要领,叙述时突出重点、条理清晰,描述时抓住细节、形象生动,说理时观点明确、逻辑缜密,抒情时把握尺度、情感真挚。

4. 培养真诚坦率、情感真挚、逻辑缜密的言语表达习惯。

➢ 课前准备

1. 以小组为单位,收集叙述、描述、说理、抒情等口语表达方式的范例。

2. 每个小组推荐一名同学介绍自己收集的范例,并比较口语表达与书面语表达的区别。

 **情境导入**

"太阳出来了,大地一片光明。"这是叙述,交代了太阳出来以后大地的变化情况。

"火红的太阳喷薄而出,万道金光洒满大地。"这是描述,有形、有色,给人以强烈的视觉感受。

"阳光是温暖的,万物的生长都离不开它,它是生命的源泉。"这是说理,客观分析阳光对生物的重要性。

"啊! 太阳终于出来了! 明媚的阳光照在心上,暖洋洋的。"这是抒情,表达主观感受,带有浓烈的个人情感。

采用不同的口语表达方式,或叙述,或描述,或说理,或抒情,侧重点不同,产生的效果也各不相同。有别于写作角度,本任务从说话的角度讨论这四种基本表达方式。

一、叙述

（一）叙述的含义

叙述，是一种把人物的经历或事物变化的过程交代清楚的表达方式。叙述是最基本、最常见的口语表达方式，其他口语表达方式诸如描述、说理、抒情等，都是在叙述的基础上各有侧重。叙述的使用范围很广，交谈、辩论、演讲、主持等都离不开它。

（二）叙述的类型

叙述有繁有简，可长可短，根据不同的分类标准可以划分为不同的类型，在口语表达中常见的叙述方式主要有以下三种：

1. 具体叙述

具体叙述要求抓住人物的主要特征或事件的主要细节，进行详尽的介绍，给人以具体生动的感觉，以达到突出重点、表现主题的目的。

2. 概括叙述

概括叙述要求把握人物或事件的全貌，进行简明扼要的介绍，给听众留下全面的印象，局部细节可以省略。

案例分析 2-3

（齐）白石出生在湖南湘潭县的农家；一亩水田，几间破屋，供应五口之家，其穷苦的情形，可以想象。他的父亲教他扶犁，"后因年小力弱转习木工；朝为工，暮归"。但是在十二岁转习木工后，他仍然好学不倦，总是在每日停工的夜晚，用松节点火读书习画，到二十七岁才正式得师指点。……以后受到同乡胡沁园的赏识，令他读书；而胡氏所藏名人书画颇多，使他增长见识，画艺大进。

（节选自《白石老人自述》）

这段话用简洁的话语就概括出了齐白石的人生经历，传达出了其勤奋习画的好学精神。

3. 夹叙夹议

夹叙夹议要求叙述者在对人物、事态叙述的同时，对该人物、事态进行分析、评论，表明自己的立场、观点和态度。

案例分析 2-4

"一百年前的今天，一颗巨星陨落了。但他是永生的。他走的时候有长寿的岁月，有等身的著作，还挑起过最荣耀的、也是最艰巨的责任，即培育良知，教化人类。他受到诅咒、受到祝福地走了：受到过去的诅咒，受到未来的祝福。先生们，这是荣誉的两种美好的形式。在他弥留之际,一边有同时代人和后代的欢呼和赞美,另一边有对他怀有深仇大恨的旧时代洋洋得意的嘘叫和仇恨。伏尔泰不仅是一个人,他是一个世纪。他行使过一个职能,他完成过一个使命……"

  这是法国作家维克多·雨果在纪念伏尔泰逝世一百周年时发表的演说,他的这段开场白高度概括了伏尔泰生活的时代及其世纪性的贡献,与此同时他用"巨星陨落"来评价伏尔泰在人类历史上的非凡地位,用"欢呼和赞美""嘘叫和仇恨"等言辞立场鲜明地表达了对人类先贤的崇高礼赞,对正义的呐喊,对良知的呼唤。这就是典型的夹叙夹议。

(三)叙述的基本要领

1. 思路清晰

就口语表达而言,思路是叙说者为了表达其思想认识而遵循的思维活动的线路,叙述时思路清晰才能使叙述具有条理性,便于听众理解和接受。

2. 重点突出

口语的留存是短暂的、稍纵即逝的。为了让听众在最短的时间内把握叙述内容的主旨,叙述者必须做到主次分明、重点突出,切忌一味地絮絮叨叨。

3. 语调多变

再精彩的内容,如果用呆板单一的语调来叙述,也会使听众索然无味。因此,叙述者必须讲究语调的灵活多变,巧妙处理声音的强弱、句调的抑扬、停顿的长短等。

课堂实训

2.28 根据诗歌提供的情节和意境展开想象,扩展成一则小故事加以叙述。

(1)清明时节雨纷纷,路上行人欲断魂。借问酒家何处有?牧童遥指杏花村。(杜牧《清明》)

(2)一叶渔船两小童,收篙停棹坐船中。怪生无雨都张伞,不是遮头是使风。(杨万里《舟过安仁》)

二、描述

(一)描述的含义

描述是用生动形象的语言,对人物、事物、场景等进行描绘和阐述的一种口语表达形式。描述能使听众产生具体直观的感受,产生如见其人、如睹其物、如临其境的真实感受。叙述着眼于人物或事态的整体勾勒,描述则更多着眼于局部、细节的生动描绘。在口语交流中,两者往往相互交融,相得益彰。

(二)描述的类型

从对象上来说,描述分为人物描述、事物描述、场景描述;从角度上来说,描述分为直接描述和间接描述;从详略上来说,描述又分为白描和细描。在口语表达中,通常采用第一种分类标准。

1. 人物描述

人物描述是对人物的肖像、语言、行动、心理等进行描述。

2. 事物描述

事物描述是对事物的特征或性质进行描述,描述对象包括动物、植物、景物、自然现象等。

3. 场景描述

场景描述是对一个特定的时间、地点、环境中众多人物活动的总体情况进行描述,常见的有劳动场景、运动场景、战斗场景、庆祝场景、送别场景等。

"在白天,站在草原上,只有轻风拂过,草轻轻地晃着,才能朦胧地看到远处的牧人和牛羊。正如诗句所说'风吹草低见牛羊'。如果你去与热情的牧民交个朋友,他一定会让你到他家做客。喝一杯奶茶,吃一些羊肉,一定会令你十二分地满意!吃完饭后你可以去草原,累了就躺在草地上休息休息,软软的。清风吹拂着你的脸,令你神清气爽。看天空,朵朵白云飘在天上,你一定会哼着熟悉的小调,十分惬意。然后你站起来,漫无目的地散步,将所有烦恼丢到九霄云外,回忆起所有快乐的记忆,就这样等到日落。你会欣赏到一个特别的景色——草原上的日落。这时你踮起脚,极目远眺会看到:远方的牧人正赶着牛羊回家;最西方的天,像是一条火红的带子,将周围染得金黄。慢慢地,太阳落山了,远处的天空只留下橘黄色。"

这是某导游给游客们介绍某大草原时的一段描述,游客听完之后都被草原的美景深深吸引了。其中导游用了大量的色彩词和形象的比喻,把草原日落的过程描绘得生动、优美、逼真,让人自然而然联想到那样一幅画面,形成鲜明的视觉印象,从而对行程充满期待。

(三)描述的基本要领

1. 形象鲜明

描述者应当牢牢抓住描述对象独特、鲜明的个性特征,加以放大和渲染,也可以根据需要对语调进行艺术加工。

2. 细节生动

文学批评家金圣叹曾说过,"一花、一瓣、一毛、一鳞、一焰,其间皆有极微。虽是微末技艺,却是顶上功夫"。古人为了画虎,在树上搭棚,日夜观察;为了画牛,把自己打扮成牛,深入牛群以便"以牛观牛"。描述者应当具备这种辨细察微的精神,着力刻画极微处的神韵,用真实、生动的细节打动听众。

3. 意境深远

描述者可以巧妙运用意象、营造氛围融入情感与哲思,并运用适当的修辞,让听众产生联想和共鸣,从而引发更深层次的思考。可借鉴中国古代诗画的留白艺术,给听众留下想象的空间。

案例分析 2-6

"她和我说,她在一所学校现场看到了她永远不会忘记的一幕,学校的主教学楼坍塌了大半,当时正在上课,几乎有100个孩子被压在了下面。全是小学生。一些似乎是消防队员的战士在废墟中已经抢出了十几个孩子和三十多具尸体,看着那些小小的,戴着红领巾却再也无法睁开眼睛的孩子,她说她突然觉得自己说话的勇气都没有了。"

"然而就在抢救到最关键的时候,突然教学楼的废墟因为余震和机吊操作发生了移动,随时有可能发生再次坍塌,再进入废墟救援十分危险,几乎等于送死。当时的消防指挥下了死命令,让钻入废墟的人马上撤出来,要等到坍塌稳定后再进入,然而此时,几个刚才从废墟出来的战士大叫又发现了孩子。"

"几个战士听见了就不管了,转头又要往里钻,这时坍塌就发生了,一块巨大的混凝土块眼看就在往下陷,那几个往里钻的战士马上给其他的战士死死拖住,两帮人在上面拉扯,最后废墟上的战士们被人拖到了安全地带,一个刚从废墟中带出了一个孩子的战士就跪了下来大哭,对拖着他的人说,你们让我再去救一个,求求你们让我再去救一个! 我还能再救一个!"

这是2008年5月14日汶川地震灾区现场一位记者的描述,她用生动形象的语言把消防战士抢救被困孩子的场景具体地描绘出来,特别是废墟坍塌前战士们拼死相救的细节描述,有声音、有动作,能激起听众丰富的想象,如见其人,如临其境,深深为之感动。

课堂实训

2.29 根据以下材料,发挥想象,为这对小姑娘作2~3分钟的人物描述,要求符合人物的年龄和性格,并突出她们的异同:

一对孪生小姑娘走进玫瑰园,不多久,其中一个小姑娘跑来对母亲说:"妈妈,这里是个坏地方!""为什么呢,我的孩子?""因为这里的每朵花下面都有刺。"不一会儿,另一个小姑娘跑来对母亲说:"妈妈,这里是个好地方!""为什么呢,我的孩子?""因为这里的每丛刺上面都有花。"听了两个孩子的话,望着那个被刺破指头的孩子,母亲陷入深思。

2.30 观赏画作《清明上河图》长卷,选择画中的一个场景进行描述,时长2~3分钟。

三、说理

(一) 说理的含义

说理,就是摆事实、讲道理、辨是非,通过对某个问题或某件事进行分析、评论,表明自己的观点、立场、态度、看法和主张。说理的目标是,通过在某个问题或某件事上的说理分析,让对方获得理解和认同。在口语表达中,说理还可以借助身姿、手势、表情来强化或补充。

(二) 说理的类型

说理的方式很多,可以由事及理,也可以举例论理,还可以类比推理等,但归根到底无外乎"立"与"驳"。在口语表达中,说理主要分为以下两类:

1. 论证式说理

论证式说理,是指按照一定的逻辑推理形式进行说理,直接表达自己的观点和主张。

2. 辩驳式说理

辩驳式说理,是指针对方的观点加以论辩和批驳,与此同时阐明己方的观点和主张。

案 例 分 析 2-7

齐景公好弋,使烛邹主鸟而亡之。公怒,诏吏欲杀之。晏子曰:"烛邹有罪三,请数之以其罪杀之。"公曰:"可。"于是召而数之公前,曰:"烛邹,汝为吾君主鸟而亡之,是罪一也;使吾君以鸟之故杀人,是罪二也;使诸侯闻之以吾君重鸟而轻士,是罪三也。数烛邹罪已毕,请杀之。"公曰:"勿杀!寡人闻命矣。"

(节选自《晏子春秋·晏子谏杀烛邹》)

晏子的这段劝谏是典型的论证式说理,他接连列出烛邹的三条罪状,环环相扣、层层递进,道出枉杀无罪之人的荒唐行径将会带来严重后果,让齐景公意识到自己所犯的错误。晏子的一番话逻辑严密、以理服人,既顾及了齐景公的面子和利益,又成功挽救了烛邹的性命,达到了劝谏的目的。

(三) 说理的基本要领

1. 观点明确

观点正确、鲜明是说理的前提,是非褒贬要泾渭分明,表达时语气要坚定而不犹豫,明确果断。

2. 逻辑严密

说理时要用语调的抑扬顿挫来展示语言链条的逻辑关系,加强表达的条理性和清晰度,从而增强说服力和感染力。

3. 语言简洁

刘勰在《文心雕龙》中说:"文以辨洁为能,不以繁缛为巧。"说理时同样,要用简明扼要的语言,传达耐人寻味的道理,不要啰唆重复,也不要拖泥带水。

案 例 分 析 2-8

陈毅任上海市市长时,一位纺织业老板对他说:"陈市长,今天工会又来要我废除抄身制。不当家不知柴米贵。工人下班有抄身婆抄身,还经常丢纱呢,如果取消抄身制度,纱厂还不被偷光!"

陈毅说:"我在法国当过工人。那个工厂大得很,老板也比你厉害得多。厂子四周筑起高墙,拉上电网,还雇了一大帮带枪的警察,对每个下班的工人从头搜到脚,那过细的劲头,使得身上连一根针也藏不住。

"但结果呢?原料、零件还是大量丢失,为什么呢?老板把工人当成会说话的工具。劳动很重,工资很少,工人实在无法养家糊口,工厂赚了钱对工人毫无好处,他为什么不拿呢?

"现在中国不同了,工人翻身当主人了。他们懂得工厂生产搞得好,新中国才能富强起来,工人才能改善待遇。你们虽是私营企业,但也是新民主主义经济的一个组成部分,一样可以有利于国,有利于民。

"所以依我之见,你应该在纺织业带头,用我的办法试试,废除抄身制,关心工人的利益,待工人如朋友、如兄弟;有困难多与他们商量着办,我相信眼前的困难会克服得顺利一点。"

老板听了陈毅这一席话,连连点头:"想想是有些道理。"于是,他决定废除抄身制。不到一个月,老板们惊异地发现,车间里每千克棉花的出纱率反而比以前提高了。

(节选自《新华副刊》,2011年6月5日)

陈毅的这段说理遵循了思维的逻辑顺序及其规律,他牢牢抓住工厂老板不相信工人、把工人当成会说话的工具这个要害,有的放矢,从正反两方面讲清了工人当家作主,主人是不会拿自家东西的道理。他通过分析比较,对对方晓以利害,使自己推荐的方法成为解决问题的唯一良方。语言严密、无懈可击,最终取得了良好的效果。

课堂实训

2.31 针对以下口语交际的情景,请用简明、得体的语言反驳其错误言论。

(1) 有人随地吐痰,别人批评他:"随地吐痰不卫生。"他貌似有理地说:"有痰不吐更不卫生。"

(2) 有人上公交车不排队,往前挤。别人批评他:"不要挤嘛,讲一点儿社会公德。"他嬉皮笑脸地回答:"我这是发扬雷锋的钉子精神,一要有钻劲,二要有挤劲。"

2.32 "老人摔倒扶不扶"一度成为社会热议的焦点话题,对此你有什么看法?

以小组为单位进行讨论,每个小组推荐一名同学阐明自己的观点,要求有理有据,逻辑严密,时间为3~5分钟。

四、抒情

(一) 抒情的含义

抒情,即表达情思,抒发情感,是通过直接或间接地抒发内心感情以打动听众、感染听众的一种口语表达方式,具有主观化、个性化和诗意化等特征。在口语表达中,情感的抒发比较直接,也比较灵活,可以通过多种形式、多种方法表情达意,它常常与叙述、描述、说理等结合运用。

(二) 抒情的类型

1. 直接抒情

直接抒情,即人们常说的"直抒胸臆",它不借助于外物或别的手段,直接表白自己的情感,以感染听众,引起共鸣,一般适用于抒发强烈而紧张的感情。这种表达是打动人心的。

2. 间接抒情

间接抒情,与直接抒情相对,是一种依附于事、依附于理、依附于景的抒情方式,把抽象的主观情感客观化、形象化,使之成为可以被听众再体验的对象。这种表达是耐人寻味的。

案例分析 2-9

"亲爱的战友们,你们要善自珍重。"

"……你们不要为我的命运怨叹,只要我知道你们都快乐,我也会快乐。我可能会被判死刑,但如果我能幸存下来,我将乐意去增进你们的光荣,我将会把我们获得的伟大成就都写下来。"

"我不能拥抱你们所有的人,但我要拥抱你们的将军。来吧!小将军,我将紧紧地拥抱你!给我鹰旗吧,我也要拥抱它!啊!亲爱的鹰旗,我希望我给你的吻会在你最近的子孙上有所回报!我要和你们告别了,孩子们。我将永远为你们祝福,我也希望你们不要忘记我。"

1814年欧洲反法联军攻陷巴黎,拿破仑被迫退位,即将被放逐厄尔巴岛,临行前他在枫丹白露同卫队告别,发表了这篇名为《我要拥抱鹰旗》的演说。全文不足400字,短短话语,饱含着深厚的情谊和对士兵们的高度赞扬。其中拥抱鹰旗、亲吻鹰旗的细节,更是唤起了听众对共同战斗岁月的回忆。

(三)抒情的基本要领

1. 情感真挚

庄子说:"不精不诚,不能动人。"从自己的生活感受和亲身体验出发,抒发内心的真挚情感,才能感染人、激励人、教育人。

2. 尺度适当

抒情必须适当地把握尺度,无论多么喜悦或多么愠怒,多么快乐或多么悲伤,都要做到不夸不饰、不虚不浮。

3. 句式灵活

口语表达中,根据抒发的感情和表达内容的不同,可以灵活地选用不同的句式,可以巧妙运用整句或散句、常式句或变式句,使抒情节奏更富变化,具有韵律美。

案例分析 2-10

这是一张张怎样的脸

作者:全维润 朗诵:刘劲、非也

这是一张张怎样的脸?
脱皮、冻伤,日晒,霜染,两颊高原红,
皲裂的嘴唇,渗出鲜血点点……

这是一张张怎样的脸?
风吹、沙卷,深深、浅浅,被紫外线强烈地照射过,
看一眼,就知道他们来自高原。

这是十九岁、二十岁、二十一岁、二十二岁、二十四岁、二十六岁、二十八岁……
一群孩子的脸,和实际年龄反差极大。

穿上军装就成了大人,年龄被他们忽略,
守边防几年,才是他们要表述的重点:
二年、三年、七年、九年……岁岁年年,永远永远!

有人说在那里躺着就是奉献,
可边防官兵还要站岗巡逻,还要出操训练,
还要跋涉冰河激流,还要翻越万仞高山,
还要与入侵者搏斗,还要用身体去抵御棍棒、石块,
即使倒下也要用鲜血为界碑上"中国"两个字描红,
你说你站立的地方,就是敌人永远不可以逾越的防线!

为祖国年轻,他们宁愿面容被苍老夺走;
为人民平安,他们无悔的青春,
正一次次经历着生死考验。

到何处去测量喀喇昆仑的高度?
哨位上,战士肩头的枪刺尖会告诉你最精准的答案。
到哪里去寻找春天里盛开的花朵?
那一张张红红的脸,就像家乡漫山遍野的杜鹃。

这一张张脸,
是世界上一流军队、一流军人无声的宣言:
一行写着忠诚,一行写着勇敢,
一行写着对父母的牵挂,一行写着对女友的眷恋……

国旗,因这一张张脸而鲜艳;
国土,因这一张张脸而享有完整的尊严。
看着这一张张边防官兵的脸
不约而同,十四亿人一齐点赞,
这是感动中国的,最美、最帅气的——脸!

这是诗意中国2024春节诗歌晚会上的一首朗诵作品。这是一首充满力量和情感的诗歌。诗歌以短句为主,辅以长句搭配,结构错落,层层推进,展现了边防战士无私奉献的崇高精神。

 **课堂实训**

2.33 请你在母亲节或父亲节来临之际,用一段话表达对父母的感恩之情,时长 2~3 分钟。

2.34 雨在不同的季节里会呈现出完全不同的情致,请你选择一个季节中的雨作为抒情对象,表达自己某种突出的感受,时长 2~3 分钟。

2.35 足球评论员黄健翔在 2006 年德国世界杯意大利对阵澳大利亚的八分之一决赛解说曾引发了广泛关注和争议。对此你如何评价,并谈谈抒情适度的重要性。

 **延伸阅读**

口才与成功(节选)
邵守义

我想给大家讲,口才和成功到底是什么关系呢?作为一个成功者来说,我看,得具有两大方面的因素:第一,主观因素;第二,客观因素。所谓主观因素,你的思想,你的道德,你的情操,你的学识,你的情感,你的阅历,等等,我看,这些都是你的主观因素。紧接着,还有你的创造力,你的创新力,你的组织能力,你的协调能力,以及你的口语表达能力,我们说,就是这个口才。这些都是一个人成功的主观因素。客观因素,我就不想和大家更多地讲述了。我想,客观因素无非是社会环境、自然条件、物资设备等,这些都属于客观因素。我们只有具备了这两方面的因素的时候,我们说,这个人就比较容易成功,或者说他能够成功。

那么,口才和成功到底是一个什么关系呢?我们可以这样说,在一些行业,在一些领域里面,一些成功的人不见得有口才;但是,有口才的人,它能助你成功,它能加速你成功,它能极大地提高你成功的概率,有时候在非常关键的时刻,它起着决定性的作用,这是绝不含糊的。刚才我们讲到了烛之武,如果他没有口才,能够说退秦军吗?诸葛亮没有口才,能够舌战群儒吗?

古代有这么一个国王,一天晚上做了梦,满嘴的牙都掉了。这个时候,他就找了两位解梦的人。这两人一来,国王就说:"满口牙怎么全掉了,到底是怎么一说?"第一个破解梦的人就说:"王,在你所有的亲属都死去以后,你才能死,一个都不剩。"这个梦给解出来了,这是第一个解梦人这么说的。这皇上一听,心里非常不高兴。第二个解梦人说:"至高无上的王,您将是您所有亲属当中最长寿的一位呀!"大家看一看,同样的内容,同样的事情,两个人就两种不同的说法。第一个把国王说生气了,龙颜大怒,杖他一百棍;然后,拿出一百个金币,奖给第二位破解梦的人。同样的事情,同样的内容,为什么一个挨打,一个受奖?这不是口才吗?受奖的这个破解梦的人,他成功了。他成功靠什么？靠他的口才。

……

　　同学们，我不想再更多地举例子，就通过上述一些例子，我们就可以看到，有了口才能使你成功。在整个人类的活动当中，不管是大大小小的事情，有了口才就会助你成功，有了口才就会加速你成功，有了口才就会提高你成功的概率，在关键时刻它会起到关键而决定性的作用。就从这点来说，朋友们，你们不觉得，口才对成功有着积极的推动作用吗？我相信，是这样的。

 课后任务

　　1.复习和总结本任务所学理论，归纳常用的口语表达方式的基本要领。

　　2.阅读《口才与成功》一文，结合文章内容分析口述时有哪些口语表达方式，谈谈你从中受到的启发。

2.4 态势语训练

在人际交往中,人们会接受和传递大量的非语言信息,其中来自身体动作的表达可谓重中之重,如果能识别理解他人的身体语言,就具备了令人羡慕的社交优势。态势语言是身体语言的组成部分,在朗诵或演讲中,人们有意识地运用眼神、表情、手势、动作等来辅助有声语言。态势语言不仅能表情达意,还具有相应的审美价值。

 训练导引

➢ 训练目标

1. 了解态势语的相关知识。
2. 掌握态势语在交谈和演讲中的运用技巧和要领。
3. 举手投足落落大方,塑造良好的个人形象。

➢ 课前准备

1. 回忆你和同学见面的情景,说出他(她)留给你的最深的印象。
2. 收集不同的国家或民族打招呼时使用的肢体语言,在课堂上进行演示。

情境导入

1946年7月11日晚上,著名民主人士李公朴因积极参加反内战、反独裁的政治斗争,被国民党特务暗杀。当时在西南联大执教的闻一多也因反内战要民主而被国民党反动当局列入黑名单。对于李公朴的惨死,闻一多悲愤交加,当他闻知西南联大学生要召开报告李公朴死难经过的大会,便毅然不顾生命危险来到了会场。在大会上,李夫人作报告时因过度悲愤泣不成声,而混在会场中的特务却在说笑、打闹,破坏会场秩序。闻一多本不打算说话,见此情景,忍无可忍,怒火中烧,立刻拍案而起,即席演讲。他愤怒地斥责反动派暗杀李公朴先生的行为。面对特务的挑衅,他握紧拳头,用力捶击桌子,情绪激动地高呼:"你们站出来!是好汉的站出来!"他直视台下的特务,眼神中透露出坚定和蔑视。

闻一多的演讲内容充满了激情和力量,而他捶击桌子的动作,不仅补充了语言的表达,还通过身体语言传递了更强烈的情感。肢体动作、眼神表情、语调节奏、空间利用和直接的情感传递等多种态势语手段,极大地增强了演讲的感染力和说服力。他

的演讲不仅是一场语言的艺术,更是一次情感的爆发,展现了他的坚定信念和无畏精神。

一、态势语概述

(一)态势语的定义

态势语是一种伴随有声语言,依靠面部表情、手势、体姿动作、服饰以及界域来辅助表达思想感情和传递信息的无声语言。

美国心理学家阿尔伯特·梅拉宾曾提出过一个"73855"公式:一条完整的信息=7%言辞+38%声音(声音语调等)+55%的表情动作等(态势语)。从梅拉宾的公式可以看出,人与人沟通过程中,态势语对于信息传达具有重要作用。

图2-5 态势语

(二)态势语的作用

1. 辅助强化口语的表达

在朗诵、演讲中,表演者通过恰当的眼神、手势、体姿动作来表情达意,可以对有声语言起到有力的强调、烘托作用。人们之间的沟通交流,不仅通过有声语言进行,还要以灵活多样的态势语来辅助。不管是无意还是有意为之,表情、手势、动作等肢体语言都始终伴随着有声口语,并且对口语表达起着辅助强化的作用。鲁迅在《关于太炎先生二三事》中这样写道:"所以直到现在,先生的音容笑貌,还在目前,而所讲的《说文解字》,却一句也不记得了。"这足以说明态势语的重要作用。

案 例 分 析 2-11

工人们常来坐在里面的凳子上,同母亲谈家事;店伙们常来坐在外面的椅子上,同母亲谈店事;父亲的朋友和亲戚邻人常来坐在对面的椅子上,同母亲交涉或应酬。我从学堂里放假回家,又照例走向西北角里的椅子边,同母亲讨个铜板。有时这四班人同时来到,使得母亲招架不住,于是她用了眼睛的严肃的光辉来命令、警戒,或交涉;同时又用了口角上的慈爱的笑容来劝勉,抚爱,或应酬。

(节选自丰子恺《我的母亲》)

丰子恺的父亲去世后,留下六个孩子、数亩薄田和一间染坊店,一家大小、里里外外都要靠他母亲操持。母亲的目光和笑容反映了她刚柔相济的性格,她以严肃的目光和亲切的笑容与各色人等打交道,体现了母亲的勤劳、慈爱、要强。

2. 部分或全部代替口语表达

在面对面交流中,有声语言起着重要作用,但有时囿于时境不能进行言语的交流。例如在安静的图书馆或嘈杂的酒吧等不方便说话的地方,面部表情、动作手势就可以发挥作用了。

"身无彩凤双飞翼,心有灵犀一点通"。如果交往双方彼此志趣相投、心灵相通,在某些特定情况下无需用言语表达,一个眼神、一个笑容就可以达到心领神会的效果。

3. 了解对方的真实想法

成语"言不由衷",意思是人们口里说出来的话,并不能代表内心的真实想法。那怎么了解对方的真实想法呢?这就是需要在人际交往中学会察言观色,观察面部细微的表情变化和手势动作,用心倾听对方的语气语调。

读懂了态势语,通过微表情、微语言、微动作来读心、识人,看到他人内心世界的瞬间动态。微表情是下意识的肌肉反应,不受大脑意识的控制,因此,通过解读微表情可以洞察一个人内心的真实想法。

 课堂实训

2.36 在公共场所观察路人,通过体型、姿态、发型、着装等分析他们的职业、性格等。

2.37 态势语言的运用可以展示演讲者的风采风度,请以名人为例说明态势语言的审美作用。

二、态势语使用的基本原则

(一)自然得体

态势语的运用应该让人感到自然、真诚、可信,绝不可矫揉造作、扭扭捏捏,否则个人形象会大打折扣。

(二)简繁适度

态势语使用过多、幅度过大会干扰口头语言的表达,过少则会使口头语言显得单调乏味。掌握好时机,简繁适度,才能起到辅助作用。

(三)富于变化

态势语不是手语,它没有确切的含义,因此在使用态势语时,不能一成不变,应该随着表达的内容和情感的变化而变化。

(四)入乡随俗

由于文化背景的差异,不同国家、民族的态势语在表意功能上会有差别,使用态势语时要入乡随俗,恰如其分融入当地的文化中,避免误会和尴尬。

案 例 分 析 2-12

打招呼是一种日常的交际行为,除了用语言表达,还可以用一些其他方式。比方中国人过去是打躬作揖,欧美人用握手、接吻、拥抱等方式,拉丁美洲有些地方的人以拍背为礼,波利尼西亚有些地方的人则是拥抱和擦背。

(节选自叶蜚声、徐通锵《语言学纲要》)

不同民族的态势语言是不同的,说话时身体姿势等伴随动作也各有特点,在和不同族群的人交往时要尊重对方的风俗习惯。

2.38 "眉目传情""察言观色"是运用非语言方式表达内心的成语,试再从古诗文或成语中举出类似的例子。

2.39 发现破绽练习:两人一组,一人手心里藏一枚硬币,将双手伸出来让另一人猜硬币在哪只手里,注意观察藏硬币一方的眼神等细微表情和动作。

三、态势语的分类及运用

(一)表情语

面部表情是通过眼部肌肉、脸部肌肉和口部肌肉的变化来表现的各种情绪状态,人们运用面部表情表达开心兴奋、惊讶恐惧、害羞惭愧、轻蔑厌恶、生气愤怒等情绪。一般来说,眼睛和口部的肌肉群是面部表情最丰富的部分。

1. 眼神

眼睛历来有"心灵的窗户"之说。在沟通交际或者在演讲朗诵过程中,都需要通过眼神更好地传递信息、表情达意,应表现出自信、真诚和活力。在演讲和交谈中,眼神的运用主要有以下几种:

(1)前视法。演讲者视线平直向前面呈弧形流转,直至视线落到最后听众的头顶。

(2)环视法。这种方法常常用在说话或演讲的开头。演讲者站在台上,眼睛从前到后,从左到右有目的地扫视一圈,既是在用眼神向听众打招呼,又能使听众关注讲话者并安静下来,从而把握住说话的主动权。

(3)虚视法。演讲者或表演者的眼睛看似在注视某个方向或某个听众,但实际上并没有真正聚焦于任何具体对象。

(4)点视法。眼睛看向某个听众,停留2~3秒,然后转向另一位听众。这样做会显得演讲者具有亲和力,既可以对认真倾听者予以肯定和赞许,也可以对注意力涣散的听众予以提醒。

案例分析 2-13

刘鹗在《老残游记》中对艺人王小玉有这样的描写:"……又将鼓槌子轻轻的点了两下,方抬起头来,向台下一盼,那双眼睛,如秋水,如寒星,如宝珠,如白水银里头养着两丸黑水银,左右一顾一看,连那坐在远远墙角子里的人,都觉得王小玉看见我了;那坐得近的,更不必说。就这一眼,满园子里便鸦雀无声,连一根针跌在地下都听得见响!"

这一段文字描写王小玉出场之后演唱之前用目光跟台下观众打招呼,其眼神灵动多情、顾盼有神,起到了很好的静场作用。

在交谈或演讲中,要注意注视的方式,杜绝不恰当的目光用语,例如:
(1) 目光游移,看天花板、窗外、资料等,不与观众交流。
(2) 过多地凝视某个观众,让对方感到压力并且忽略其他听众。
(3) 眼动头不动,显得紧张局促。
(4) 无目的、不必要的眼神变化,造成观众的疑惑不解。

2. 微笑

微笑是人类最美丽的语言,也是世界的通用语。微笑是春风,它能帮助人们走出社交的寒冬。微笑是友善的标志,它可以拉近人和人心理的距离;它可以赢得信任、得到谅解、活跃氛围。微笑的力量是巨大的。

案例分析 2-14

每日清晨5点,原一平都会准时精神焕发地抚平衣服上的褶皱,然后脸上堆起招牌似的微笑,一路和遇到的晨练人打招呼。有一个酒店老板每日早起晨练,他对这个满脸微笑、生活积极向上的年轻人有好印象,便决定从原一平手上购买保险。就这样,原一平做成了第一个保险单。在酒店老板的介绍下,原一平又接二连三接了好几个大单,最后成功地加入了明治保险公司。后来的日子里,他仍是每日对着镜子,苦练微笑,他甚至把"笑"细分为38种,并针对不同的客户,展现不同的微笑。原一平曾说,对方越冷淡,你就越要以明朗动人的笑声对待他。这样一来,你在气势上就可以占优势。此外,笑是可以传染的,你的笑声往往会感染对方,那么,余下的事情就好办了。

小职员原一平面对生活的挫折,不抱怨、不放弃,以积极的态度去面对,以微笑拉近和他人的距离并最终取得了成功。请记住这句话,从对别人的微笑中,你也会看到世界对自己的友好。

(二) 手势语

美国作家海伦·凯勒在书中写道:"我接触过的手,虽然无声,却极有表现性,有的人握手能拒人千里之外……我握着他们冷冰冰的指尖,就像和凛冽的北风握手一样。也有些人的手充满阳光,他们握住你的手,使你感到温暖。"在无意识中,手传递出了丰富复杂的情感态度。俗话说"十指连心",说明双手与大脑之间联系的紧密程度。而手势语是人们有意识地辅助口头表述的重要"工具"之一。

1. 手势语的含义

手势语是人们运用手指、手掌、拳和手臂的运动变化来传递信息表达情感的一种态势语。美国心理学家威廉·詹姆斯认为,在身体的各部分中,手的表达能力仅次于面部表情。手势的含义十分丰富,幅度最大,表现力很强。

2. 手势语的分类

按表达功能特点分:

(1) 象形手势。模拟人或事物的形状、高度等,使听众觉得形象、生动。例如:让我们将这片情谊凝聚成爱心(爱心手势)。

(2) 情意手势。表达说话人的思想情感、态度,感染力强。例如:体育比赛现场,观众为运动员加油(双手握拳,向上举起)。

(3) 象征手势。表示复杂的情感或抽象概念,引起人们的联想。例如:祖国的未来前程似锦(扬手手势)。

(4) 指示手势。指示具体的对象。例如:请注意,这是非常关键的一次机会(单手握拳,举起食指)。

按活动区域分:

(1) 上区手势。手势集中在肩部以上区域活动,手势向内、向上(手心也向上),一般表示理想、美好、仰望、积极等正能量的意味。

(2) 中区手势。手势在肩部以下到腰部的范围内活动,常用来叙事和说理,感情色彩较为平和。

(3) 下区手势。手势向外、向下(手心也向下),这种手势最后完成时是在腰部以下的范围,常表示厌恶、反对、批判、消极等情绪态度。

3. 手势语运用注意事项

手势是对有声语言的辅助表达,如果演讲者完全不使用手势,听众很难对演讲内容产生兴趣,也难以对演讲者产生信任感。但如果手势使用不当,不仅起不到积极作用,还可能引起误解,因此,要尽量避免以下不恰当的手势语:

(1) 手势过多、幅度过大、结束过快,让人眼花缭乱。

(2) 手势表意不明确,和内容不同步。

(3) 用手指指向对方或听众是不礼貌的表现。

(4) 双手交叉放在胸前,背在身后,或插在口袋里。

(5) 用手摸鼻子、捂嘴巴、挠头等无意识动作。

手势还可以分为掌式和拳式、单手手势和双手手势,在演讲或交谈过程中,可以交替使用、综合运用。顾此失彼或频繁地使用某一种手势,都不能产生手势的和谐美。没有一套放之四海而皆准的手势,因此,手势运用要准确、灵活、自然、优美,重要的是从内心出发,根据情境和表意需要,恰到好处地发挥手势语的辅助功能。

(三) 体姿语

俗话说"坐有坐相,站有站相"。体姿语是指通过身体的姿态、姿势和动作来传递信息、表达情感或态度的一种非语言交流方式。体姿语主要由站姿、坐姿、走姿构成。

1. 站姿

优美的站姿,身体舒展,看起来健康有气质,能给他人留下良好的第一印象。要想突出自信、魄力,就要昂首站立,身姿挺拔,抬头,挺胸,收腹,精神饱满。

站姿要求:头部放正,两眼平视前方,下颌微收,面带微笑,表情自然;两肩在一条水平线上,两臂自然下垂或者交叉放在身前;挺胸收腹,身体重心平稳。

在登台演讲时可以采取自然式站姿,两脚分开与肩同宽,脚尖朝前;前进式站姿,两脚一前一后,类似列队"稍息"姿势;移动式站姿,从讲台的左侧移动到右侧(观众方向),移动位置尽量与演讲内容的"时间轴"同步,对讲台有充分驾驭能力的演讲者更适合采取移动式站姿。

2. 坐姿

有一句歌词说"不动不摇坐如钟",指坐下时要端庄、稳重,给人以文雅、大方的美感。

坐姿要求:入座要轻、缓、稳,不能用力过猛,不可将凳子坐满,三分之二即可;头部要平稳,神态从容,两眼平视前方,面带微笑;双肩放松,腰部挺直,两臂自然弯曲,交握双手放在腿上或轻轻放在桌上;离座时要自然稳当,右脚向后收半步,然后站起。

男士可以两膝分开,但不超过肩宽;女性如果着裙装,需用手从后面将裙子稍稍拢一下,落座后双膝自然并拢,双脚平落在地上。

3. 走姿

"行路稳重者贵,轻佻者贱"。曾国藩认为,一个人走路的姿态可以反映其性格和品性。走路稳重的人通常做事踏实、有责任感,是值得信赖和重用的;而走路轻佻、不稳重的人往往缺乏稳重和耐心,难以承担重任。他还在书信中多次教育自己的儿子纪泽,走路一定要稳重,这不仅是一种姿态,更是一种修养和品性的体现。行走姿势具体要求如下:

(1) 从容。步伐均匀、步幅的大小应根据身高、着装与场合的不同而有所调整,节奏流畅,不能过快或过慢。

(2) 平稳。抬头挺胸,上身保持挺拔的身姿,双肩保持平稳,双臂自然摆动,手臂幅度距离身体 30~40 厘米为宜,走路时身体不可左右晃动,保持步态平稳。

(3) 端正。走路时不要左顾右盼,双脚尽量走在同一条直线上,脚尖正对前方,不能呈"内八字"或"外八字"。

案例分析 2-15

小马去一家大型企业应聘。一进门,小马高挑的身材和得体的着装就给主考官留下了不错的印象。但接下来的面试环节,她的表现令人不敢恭维:只见她随意地靠在椅子上,显得有点懒散。而且,她自从坐在那儿就没有消停过,一会儿打个呵欠,一会儿晃动一下椅子,一会儿挠挠头,一会儿摆弄摆弄衣角……主考官一脸不悦,草草问完了问题就结束了面试,小马一脸茫然地退了出来。面试的结果可想而知……

小马因坐姿不当、小动作过多导致这次面试的失败。在正式场合,正确优美的坐姿,会给人以自然大方、优雅稳重的美感,从坐下那一刻起,就给对方留下良好的第一印象。

(四) 界域语

界域语又叫体距语,指交际双方通过空间长度所产生的媒介效果。美国人类学家爱德华·霍尔认为,空间也会"说话",不同的距离传递着不同的信息,同时也表达出交际双方亲疏远近的程度(一般情况下,距离的远近和亲密关系相对应)。

经过研究,人类学家认为人际交往的距离有四种情况:

(1) 亲密距离(0~45 cm)。这种距离是为具有亲密关系的人保留的,比如夫妻、亲子、亲近的人之间,在这个距离,身体可以接触,说话的声调低而温柔。

(2) 私人距离(45~120 cm)。即双方手臂伸直可以互相接触的距离。在这个距离,人们的举止、交谈较为随意,适用于朋友、熟人或亲戚之间。

(3) 社交距离(120~360 cm)。即公务活动、磋商业务等人际交往中保持的距离,也称为"礼貌距离""安全距离"。在此范围内的,交谈一般采用较为正式的语体,音量和语速适中,需要目光接触。

(4) 公众距离(360 cm 以上至视觉和听觉所及的范围),适用于演讲、报告、集会等场合。在此距离内交际,人们要提高音量,如果向熟人打招呼要面带微笑。

人际距离传达接纳、鼓励或拒绝之意,在生活和人际交往中,学会把握恰当的距离,会使人际关系更加和谐。

案例分析 2-16

与其让员工坐在格子间里,不如让他们在大型开放式办公空间中自由走动。这种环境也适用于邻近效应——员工可以直接对话,无须借助聊天工具,绩效因此而改进。邻近效应可生动地表达为:夫妻共进晚餐,一同祈祷,一同种花养草,彼此促膝谈心。如果你希望自己受欢迎,不妨与对方拉近距离,开怀畅谈,这样彼此间的关系会得到升华。用一句话概括即是:时光慢走,感情渐深。

(节选自《了不起的身体语言:如何用好非语言技能》)

"近邻效应"是心理学的传统概念,意思是与他人相处得越久,彼此就越有可能喜欢对方。员工之间、朋友之间如果有意识地拉近彼此距离,面对面交流,增进互动,那么他们就能更好地合作,关系也会更加和谐。

(五) 服饰语

服饰语,是指人们的衣着、饰品所传递出的一系列非语言信息。俗话说,"人靠衣装马靠鞍"。服饰对第一印象的形成起着至关重要的作用。调查研究显示:"人与人初次交往,90%的印象来自服装。"服饰有着丰富的信息传播功能。

服装搭配的 TOP 原则是世界通行的着装基本原则。TOP 原则中,T 指的是时间(time),O 指的是场合(occasion),P 是指地点(place)。这一原则要求人们的服饰应力求和谐,以和谐、得体为美。

"面必净,发必理,衣必整,纽必结。头容正,肩容平,胸容宽,背容直。气象勿傲,勿暴,勿怠。颜色宜和,宜静,宜庄。"南开大学容止格言告诫学子,为了给人留下良好的第一印象,在选择服饰的搭配时,既要注重整洁,也要注重和谐。服饰绝不仅仅是衣服饰品,而是一种语言、一门艺术,一种表达自我个性和气质内涵的载体。借助服装搭配去了解一个人,往往会比语言沟通更直观。

案例分析 2-17

《红楼梦》原著没有出现具体的朝代及鲜明的历史特征,沈从文、邓云乡等名家大师经研究,确定了以宋、明两朝为基础,同时加入清代服饰细节的人物造型设计。由此,在以女儿戏为主的电视剧《红楼梦》中,我们看到的女性角色外衣样式多是以宋时的直身褙子为主,搭配绣花曳地长裙,分百褶式、围裙式、直筒式。

时代背景之外,就要根据人物的性格和情绪来具体搭配服饰了。比如,清、雅是黛玉的外在气质,服饰上相应地多偏冷色,以蓝、绿、白色居多,绣花装饰多是梅花、竹子这种代表品格高洁的植物,借用梅之高洁、兰之馨雅、竹之风骨暗喻黛玉的性格。

林黛玉进贾府,正是"天上掉下个林妹妹",可以说似天仙飞来海峤,装束自然以白色为主。又因为初来之时母丧还未结束,所以衣服上也没有太多绣花和装饰,只是毕竟与外祖母一家团聚是喜事,所以里面点缀了青莲色的上衣。白色斗篷衬得人清雅脱俗,只在斗篷下摆的位置绣了一束绿色的梅花。

(节选自央视新闻《央视87版电视剧〈红楼梦〉中人物造型和服饰之美》)

服饰能代表一个人的个性和风格,诠释着一个人的人生理念,服饰不是简单的穿衣戴帽,而是内在的外显。电视剧服化道贴合人物,可以让观众从造型和服饰就看出林黛玉是一个淡泊、雅致、有风骨的女子。

登台演讲应选择穿着令自己舒适的服装,剪裁合体,既不要太宽松也不要太紧身,上台之前务必提前将服装熨烫平整。应事先穿着准备上台的服装进行排练,以整体掌握着装与即将进行的演讲之间的协调性、适应度。

课堂实训

2.40 体姿语训练

(1) 站姿训练:把一本书放在头上,膝盖间夹一本书或者一张纸,保持抬头挺胸腹,站立3分钟。

(2) 走姿训练:双手在背后合十,指尖向上,保持这种姿势往前走(该方法可以减轻驼背现象)。

2.41 面部表情训练

(1) 说出你所知道的关于眉毛的词语,并想想它们传递出什么样的信息。

(2) 请一位学生模仿某一个同学或老师的表情,其他人猜猜被模仿对象是谁。

(3) 向同学们讲一讲你最有趣的一件事,注意表情要生动。

(4) 请学生上台,分别表演凝视、环视和虚视。

(5) 为下列句子设计恰当的表情:

① 盼望着,盼望着,东风来了,春天的脚步近了。(朱自清《春》)

② 月光如流水一般,静静的泻在这一片叶子和花上。(朱自清《荷塘月色》)

③ 忽然,我的猎狗放慢脚步,悄悄向前走,好像前面有什么猎物。(屠格涅夫《麻雀》)

④ 却看妻子愁何在,漫卷诗书喜欲狂。(杜甫《闻官军收河南河北》)

⑤ 怒发冲冠,凭栏处、潇潇雨歇。(岳飞《满江红》)

2.42 手势语训练

(1) 为下列作品设计恰当的手势:

① 歌词:白云奉献给草场,江河奉献给海洋,我拿什么奉献给你,我的朋友?

②散文:这是勇敢的海燕,在怒吼的大海上,在闪电中间,高傲地飞翔;这是胜利的预言家在叫喊:让暴风雨来得更猛烈些吧!

(2)情景训练:设想你是一名导游,向游客介绍一处风景名胜。注意面部表情、身姿动作和手势的运用。

延伸阅读

打造良好第一印象的六个方式(节选)

(一)形成第一印象最快3秒

我们对别人的第一印象是在头脑中留下了一张从头到脚的快照,这张快照常常捕捉到一些重要的真实信息。某研究让没有从事招聘经验的人观看20~32秒长度的求职者视频,然后判断是否喜欢他们、他们够不够自信。让人惊讶的是,评价结果非常接近专业面试官跟每个求职者交流了20分钟之后的判断结果。

是什么外在表现,能够反映出一个人复杂的生活历史、人格特点,能够在短时间内给人留下正确的印象?

心理学家认为,第一印象这张快照是一个整体印象,包括的内容可能有:甜美的嗓音、名贵的手表、被汗液沾湿的握手、耸起的肩膀等。以微笑为例,美国加州大学医学院心理学教授保罗·艾克曼在研究面部表情后称,人们可以在30米之外觉察到微笑。微笑让我们知道对方会积极地接纳自己,因此很难不回报对方以微笑。就在我们报以一笑的时候,大脑快照的快门早已关闭,原来,3秒钟就足以对新相识是什么人下结论了。

(二)打造良好的第一印象

(1)约束自恋倾向。你会在新朋友面前侃侃而谈新买的小车吗?心理学家瓦勒里·怀特认为这会严重破坏你给别人的第一印象:"我们有炫耀自己的冲动,但别人听了会有什么感受?"正确的做法是让别人谈谈他们自己,然后给予真诚的回应。

(2)莫被焦虑控制。即使你不熟悉某些话题,仍然可以留下好的印象。怀特认为你只要关注对方,就会减轻压力,但不要盘问新认识的人。如果你很紧张,说话就会太快,记得把语速放慢。

(3)拿出明媚心情。认知专家和心灵自助导师都建议在初次交往中"做真实的自己",但在新朋友面前,收敛一下你的坏情绪还是有必要的。你可能只是一时不快,但对方会误以为你是个终日抱怨的家伙。不良情绪会传染人,请尽量以高兴的气氛开始交往,然后才跟对方分享困扰你的问题。

(4)注意眼神接触。你想了解一个陌生人,只要盯住他的眼睛,停留一秒以上,便可破解他的身体语言。演说家尼古拉斯说,初遇对方时,注意你的眼神接触、微笑和身体姿势。如果捕捉到对方的眼睛闪着光,请对自己说"好极了",同时自然地露出微笑,你就能散发出超级好心情。

(5)与对方同步化。调整你的身体姿势和语言语调,使之适应新朋友,因为人们都会被和自己相似的人吸引。当你以对方的速度来说话时,他们自然会有反应。当新朋友点头或摇头的时候,你也学着做,立刻就能建立和睦的关系。

课后任务

1. 你同意"第一印象往往具有误导性"这个观点吗?为什么?"以貌取人"是否具有合理性?为什么?

2. 结合所学内容,谈谈面试时要有怎样恰当的走姿、站姿和坐姿?

3. 结合所学内容,谈谈登台演讲时上场、退场的走姿和演讲中的站姿有哪些要领、应注意哪些方面?

4. 观看《中央广播电视总台2019主持人大赛》,分析参赛选手在态势语使用方面有哪些特点,有什么样的风格,加以借鉴和学习。

2.5　倾听与交谈训练

莎士比亚说:"最完美的说话艺术不仅是一味地说,还要善于倾听他人的内在声音。"倾听时需要用头脑思考、用心去感悟,倾听水平是衡量一个人口才能力的重要方面。而一个善于交谈的人,通常也是见多识广、有涵养、有情趣的人。一个优秀的沟通者会在交谈中用心倾听对方的反馈,并相应地调整自己的表达方式和内容。这种相互倾听和交谈的过程,能够极大地促进沟通的效果。

 训练导引

➢ 训练目标

1. 认识倾听和交谈在言语交际中的原则和重要作用。
2. 掌握倾听和交谈的方法和技巧,能够做到接受、分析、判断和应对。
3. 培养良好的倾听和交谈习惯,提升人际沟通的能力。

➢ 课前准备

1. 分小组准备一个关于倾听的小游戏,比如"多米诺传话",思考"传话"误差产生的原因。
2. 分角色朗读《墨子·公输》,体会墨子高超的劝说艺术。
3. 阅读"情境导入"中苏格拉底劝告失恋者的对话,分析苏格拉底劝慰失恋者的方法,课堂上交流讨论。

 **情境导入**

➢ 苏(苏格拉底):孩子,为什么悲伤?

失(失恋者):我失恋了。

苏:哦,这很正常。如果失恋了没有悲伤,恋爱大概也就没有什么味道了。可是,年轻人,我怎么发现你对失恋的投入甚至比对恋爱的投入还要倾心呢?

失:到手的葡萄给丢了,这份遗憾,这份失落,您非其中人,怎知其中的酸楚呢!

苏:丢了就是丢了,何不继续向前走去,鲜美的葡萄还有很多。

失:等待,等到海枯石烂,直到他回心转意向我走来。

苏:但这一天也许永远不会来,你最后会眼睁睁看着他和另一个人走了。

失:那我就用自杀来表示我的诚心。

苏：但如果这样，你不但失去了你的恋人，同时还失去了你自己，你会蒙受双倍的损失。

失：踩上他一脚如何？我得不到的别人也别想得到。

苏：可这只能使你离他更远，而你本来是想与他更接近的。

……

这段对话展示了苏格拉底独特的言语风采。苏格拉底劝告失恋者，他从提出问题开始，用心倾听失恋者的诉说，在与对方交谈中，并不发表长篇大论，但通过循循善诱逐渐令其自缚于矛盾，最终使得对方从困境中解脱出来。

一、倾听训练

（一）倾听概述

1. 倾听的定义

广义的倾听是指接受口头及非语言信息、确定其含义和对此作出反应的过程，其中包括文字交流等方式。这是国际倾听协会对倾听的定义。狭义的倾听是指凭借听觉器官接受言语信息，进而通过思维活动达到认知、理解的全过程。听者和诉说者彼此呼应，传递信息，化解矛盾或者宣泄感情。

倾听是倾听者主动参与的过程，是耳朵、眼睛、思维、情感共同作用的过程。这就要求倾听时不仅用耳朵听，而且用眼睛观察、用头脑思考、用心灵感受。

图 2-6　倾听

2. 倾听的作用

马斯洛将需求层次分为生理需求、安全需求、归属与爱的需求、尊重需求和自我实现需求五类。尊重需求是一种高层次的精神需求。在每个人的内心深处，都有一种渴望得到别人尊重的愿望。在言语交际中，被倾听就是被尊重，尊重是一切沟通的出发点，所以倾听在口语表达中具有不可低估的作用。

（1）倾听是获取信息的主要手段。通过倾听获取的信息分两个层次，一个是对方说出来的内容，另一个是通过观察对方说话时伴随的表情、动作等非语言因素获取的更为实质性的内容。

（2）倾听是获得教益的重要途径。常言道："听君一席话，胜读十年书。"人们在听演讲、听课、听报告甚至于听他人倾诉的过程中得到知识的增广、视野的开阔、思想的启迪，茅塞顿开、豁然开朗就是倾听达到的一种境界。

（3）倾听使诉说者感到被接受、被尊重、被欣赏。倾诉者的快乐会因为被人倾听而加倍，其痛苦也会因被人倾听而减半。卡耐基说："做个听众往往比做一个演讲者更重要。专心听他人讲话,是我们给予他的最大尊重、呵护和赞美。"

(4) 倾听体现倾听者的能力和修养。倾听能力反映了一个人的接受和理解能力,倾听能力强的人,口语交际的能力也强。在人际交往中,大多数人都迫不及待地想表达自己的观点、看法和意愿,相对而言,友善的、耐心的倾听者自然会成为受欢迎的人。乐于倾听、善于倾听体现了一个人优良的文化素质、修养品格、表达能力。

3. 倾听的分类

根据状态,倾听分为以下三种类型:

(1) 单纯倾听。倾听状态一般为只听不说,除非被要求回答问题或经过允许发表观点、提出疑问等,在此过程中辅之以观察、记录、思考等。

(2) 以倾听为主,以表达为辅。正式的交流和谈话以传递信息或解决实际问题为目的,倾听状态为多听少说,比如听取发言或意见,接受开导或指导等。

(3) 倾听与言说交替进行。非正式交谈气氛轻松、形式自由,参与到交谈圈子里的人乘兴而言,言毕即听,听与说随机转换,倾听状态体现为边听边说。

课堂实训

2.43 古希腊先哲苏格拉底说:"上天赐人以两耳两目,但只有一口,欲使其多见多闻而少言。"请思考哲人话语的含义,结合相应案例谈谈自己的理解。

2.44 两人一组,创设以下情境进行表演:

(1) A向B讲述自己最近遇到的麻烦,B边听边东张西望。

(2) A向B讲述自己被好友误会的事情,B说:"我还有点事,得先走了。"

(3) A向B讲述自己心中的烦恼,B总是不停地插嘴。

请A谈谈自己当时的感受。 请据此归纳交谈中常见的不良的倾听习惯。

(二) 倾听的层次

国际倾听协会对《财富》500强企业的调查统计显示,70%的经理人都只是"勉强合格"的倾听者。可见"听"是一项亟待开发的潜能。根据影响倾听效率的行为特征,倾听由低到高分为五个层次,能够运用同理心倾听的人同时也是一个沟通效率、交流效率高出常人的人。

1. 心不在焉地听

倾听者心不在焉,充耳不闻,接收到的有效信息就极少。倾听者缺乏诚意会使讲话者认为自己不被重视,这种倾听方式,甚至会导致人际关系的破裂。

2. 被动消极地听

倾听者徒有倾听的样子,对诉说者的言说敷衍了事,对讲话内容缺乏全方位的了解。这种倾听,经常导致对讲话内容的误解,交流气氛单调、沉闷,使得双方失去真正交流的机会。

3. 选择性地倾听

倾听者积极主动地听取诉说者的言说,能够专心地注意听对方的话语内容,也能适当地回应对方,主动与对方进行互动。但会过分沉迷于自己感兴趣的或合乎自己观点的内容,对和自己意见相左的部分听而不闻。这种倾听,难以与对方共鸣。

4. 专注地倾听

倾听者能够全心全意地倾听对方的话,完整地接受信息,全方位地理解对方传递的信息。这种倾听着重于对信息的准确把握和全面接收,如果注入相应的情感因素并"感同身受",就达到了倾听的最高层次。

5. 运用同理心倾听

同理心是情绪智力理论(EQ理论)的专有名词,是指正确了解他人的感受和情绪,进而做到理解、关怀和情感上的融洽。运用同理心倾听,是用心去听,能够"耳到""眼到""口到""心到",能够通过换位思考并用自己的语言复述出对方的意思和感受。这种注入感情的倾听方式,在建立良好人际关系方面起着极其重要的作用。

合格的倾听者首先要重视倾听,其次要摒弃不良的倾听习惯,最后要提升倾听能力。一个优秀的倾听者也是一个优秀的沟通者,能够在沟通中创建一种积极、双赢的过程。

案例分析 2-18

伯牙善鼓琴,钟子期善听。伯牙鼓琴,志在高山。钟子期曰:"善哉?峨峨兮若泰山!"志在流水,钟子期曰:"善哉,洋洋兮若江河!"伯牙所念,钟子期必得之。伯牙游于泰山之阴,卒逢暴雨,止于岩下;心悲,乃援琴而鼓之。初为霖雨之操,更造崩山之音。曲每奏,钟子期辄穷其趣。伯牙乃舍琴而叹曰:"善哉,善哉,子之听夫! 志想象犹吾心也。吾于何逃声哉?"

倾听的耳朵是虔诚的,倾听的心灵是敏感的。世上能高山流水遇知音的人太少,所以才有"人生得一知己足矣,斯世当以同怀视之"的感慨。

课堂实训

2.45 朋友说"昨晚我几乎彻夜难眠。"你认为以下哪种回答表达了对朋友的同理心,并能够开启接下来的对话? 为什么?

(1)也许你该多运动一下。

(2) 你晚上一直看手机，怪不得你会睡不好。

(3) 这可不妙。

(4) 这可不妙，你有没有想过是什么原因？

(5) 我自己昨天晚上也没睡好。

2.46 根据下表中倾听者的表现填写相应的倾听效果或倾听层次。

倾听者的表现	倾听的层次	倾听的效果
"一心以为有鸿鹄将至"		接收信息不完整
"王顾左右而言他"		打断倾诉者，交谈中断
"只见树木不见森林"（听到的内容）		专注于局部，忽略整体
"感时花溅泪，恨别鸟惊心"	带着同理心听	
"忽闻水上琵琶声，主人忘归客不发"	专注地听	
"心有灵犀一点通"	带着同理心听	

(三) 倾听障碍及原因

有了倾听的愿望，还需要排除倾听的障碍，方能有效地倾听。由于倾听障碍，在口语交际中普遍存在一般沟通信息丢失的现象，部分还存在重要沟通信息丢失的现象。阻碍倾听的因素主要来自三个方面：环境、倾听者以及诉说者自身。

1. 来自环境的障碍

外界环境的某些因素会导致信息的传递无法保障，妨碍或阻止有效倾听。造成倾听障碍的环境因素包括声音、光线、温度、气味、布局等，这些都会影响人的注意力和感知能力。因此，营造或选择整洁、安静的环境，保持轻松、平和的气氛，是克服环境障碍的第一步。

2. 来自倾听者的障碍

在言语交流中，倾听者接收信息的态度和能力直接影响了倾听的效果。倾听者的情感、态度等因素又是导致倾听障碍的主要原因。

(1) 排斥异议。人们对自己的观点常常坚信不疑，在与他人交流沟通时，如果对方观点与自己不同，会选择性地倾听自己赞同的内容，对自己不同意的内容充耳不闻。这样以个人的好恶来决定倾听的内容，长此以往就会"偏听则暗"。

为了克服这一障碍，不妨先搁置自己的看法和认识，以开放、接纳的心态倾听他人，再与自己的观点进行比较。发现分歧或差异，反思他人观点的合理性和自己观点的不合理之处。

(2) 先入为主。心理治疗家卡尔·罗杰斯认为在人际交流中影响理解的主要障碍是:人们常常以自己既定的参照标准去理解对方的话。当同别人交流时,会因为先入为主的倾向而造成理解误差。要克服这一类倾听障碍,需要从思维定式中脱离出来,客观地理解通过倾听接收到的信息。好的倾听者不必完全同意对方的看法,但是一定要认真接纳对方的话语。

案例分析 2-19

某局长在下班的路上同一位老人谈话,这时跑过来一位小孩,对局长说:"你爸爸和我爸爸吵起来了!"老人问:"这孩子是你什么人?"局长说:"是我儿子。"请你回答:这两个吵架的人和局长是什么关系?

这一问题,在100名被试者中只有两人答对!在对一个三口之家提问时,父母没答对,孩子却很快答了出来:"局长是个女的,吵架的一个是局长的丈夫,就是孩子的爸爸;另一个是局长的爸爸,就是孩子的外公。"

为什么面对如此简单的问题,那么多成年人反而不如一个孩子呢?这就是定式效应。按照成人的经验,局长应该是男的,从"男局长"这个思维定式出发倾听,自然找不到答案;而小孩子没有这方面的经验,也就不受定式的限制,因而很快就给出了正确答案。

(3) 个人偏见。偏见是人们以不正确或不充分的信息为根据而形成的对其他人或群体的片面甚至错误的看法与影响。只有认识到自己的偏见及其产生的原因,并抛弃偏见,站在客观的立场上倾听,才能避免戴着"有色眼镜"理解他人的观点。

此外,倾听者的文化素质、知识水平、理解能力、生活经验、听话习惯都会对倾听效果产生直接影响。

3. 来自诉说者的障碍

作为讲诉的一方,应该从品德修养、文化素质、语言表达能力、心理素质、应变能力等方面提高自身修养和能力,尤其是要避免因口头表达原因导致的倾听障碍,比如不得要领或不知所云等。

课堂实训

2.47 "你说我听"训练:两人一组,一个人连续说2~3分钟,可以有肢体语言,另外一个人只听不插话。之后双方交换角色。结束以后双方复述自己听到的内容,向对方了解自己听到的信息是否全面准确,如有出入请分析信息错位或丢失的原因。

2.48 当他人跟你讲述时,不去打断,培养倾听的耐心。想出两三句话来邀请对方继续说下去,请举例。

(四) 倾听技巧

1. 用心关注,促进接受度

真诚的态度是有效倾听的关键,倾听者通过态势语可以达到鼓励对方讲话的目的。

(1) 专注的姿势。摆正肩膀,让自己直面讲话者。不要转向一边,给人"冰冷的背影"。适当前倾,不要玩弄手指、笔或其他物品。可以根据讲话者的动作,自然地作出回应。

(2) 眼神的交流。研究显示,作为一名倾听者,交谈中若有20%的时间没有看着对方,则表明对谈话缺少兴趣和投入度。通过眼神关注诉说者,不仅表现出对谈话的兴趣,而且能够通过非语言行为获得信息。

(3) 适当的空间距离。要根据沟通的目的选择合适的空间并恰当安排。同样,倾听者和诉说者之间的距离,应根据交谈目的予以确定。

2. 持续跟进,保持亲和力

交谈中,有效跟进的关键就是平衡好语言鼓励和保持沉默两者之间的关系。有效的跟进技巧能起到鼓励讲者的作用。

(1) 使用鼓励。谈话时,语言鼓励可以直接表达对诉说者的认可或支持。非语言鼓励则无声地传达对诉说者的尊重和鼓励,诸如笑容、点头等,还可以通过面部表情的变化来表示对对方讲述内容的理解和关注。

案 例 分 析 2-20

一天,一位朋友向陶行知先生请教,说自己的孩子把家里珍贵的手表拆了,为此他打骂了孩子,这位朋友问道:"陶先生,您是大教育家,您说对这样的孩子该怎么办?"陶行知对他说:"走,我们上你家去,见见这个小爱迪生。"

到了朋友家里,陶行知看见那个孩子正蹲在大树下聚精会神地看蚂蚁搬家。他把孩子搀起来,搂在怀里,笑嘻嘻地问孩子为什么要拆手表,孩子低声说:"我听见表里有嘀嗒嘀嗒的声音,想拆开看看是什么东西在响。我错了,不该把手表拆坏,惹爸爸生气。"陶行知说:"想拆开看看是什么东西在响,这没有错。但你要跟大人说一声,不能自作主张。来,你跟我一起到钟表店去好吗?"孩子望望爸爸,说:"去店里干什么?"陶行知说:"去看师傅修表啊,看他怎么拆,又怎么修,怎么装配,你不喜欢吗?"孩子高兴地说:"我去!我去!"

陶行知以邀请的姿态倾听孩子的内心,他听出了孩子的好奇心,在交谈中引导孩子养成好习惯,保护了孩子可贵的求知欲,同时也让这位家长受到了教育。由此可见,倾听是交流沟通中的一门重要功课。

(2)保持沉默。倾听时要尽量少插话、不抢话头。适时沉默可以让我们更专注地倾听对方的观点和感受,而不是急于表达自己的想法。

3. 适时反馈,增进互动性

倾听时适时反馈是增进互动的重要方式。语言反馈技巧有:

(1)复述(重复)。在对方说完一段话后,重复对方的关键信息,以确认你理解正确。例如:"你的意思是……对吗?"这种反馈可以避免误解,让对方感受到你在认真听,并且理解他们的观点。

(2)提问。在对方说完后,提出开放式问题以深入了解对方的观点或感受。例如:"你是怎么想到这个主意的?""这个过程中你遇到了哪些挑战?"提问可以引导对方进一步分享,增加互动性。

(3)概括及阐述。倾听者适时概括总结讲述内容,能使诉说者保持说话主题的一致性。阐述就是倾听者对诉说者所讲的内容进行较为详细的解释。该行为能够帮助诉说者澄清所讲的内容,能使交谈循序渐进、水到渠成。

课堂实训

2.49 扫描二维码倾听文段内容,完成训练。

(1)文中包含哪些地名、人名?

(2)文中包含哪些数据?

(3)文中使用了哪些修饰性词语?

(4)概述文段主要内容。

2.50 心理学家保罗·瓦茨拉维克的沟通理论认为,谈话有三个层面:事务层面、关系层面(或情感层面)和行动层面。要通过倾听领会对方话语的意思,也可以从这三个层面去练习。请分为四个小组,每个小组抽出一个成员组成新的小组进行练习。 示例:

成员一:"我刚买了一套住房。"(发送信息)

成员二:"哦,你有新房子住了。是多大面积的?"(事务层面)

成员三:"你要搬新家,真是太好了!"(关系或情感层面)

成员四:"什么时候搬家?我们要恭祝你乔迁之喜!"(行动层面)

请以"这次期末考试我挂了2科""我通过了大学英语4级""我失恋了""我找到了一个满意的工作"为例进行模仿训练。

二、交谈训练

(一)交谈概述

1. 交谈的含义

交谈是人际交往最基本的言语形式,是指由两个或两个以上的人围绕共同话题交替发言,互相承接、双向反馈、进行面对面的学习讨论,以传递信息、交流思想感情、谈心沟通的言语活动。交谈是人际交往的主要手段,随着人类社会的高度发展,交谈已成为政治、外交、科学、教育、商贸、公关等各个领域中重要的、不可缺少的一项言语活动。

2. 交谈的原则

(1) 目的性原则。

交谈可以交流信息、增长见识;可以交换意见、达成共识;可以结交朋友、加深感情。英国作家萧伯纳曾经说过:"你我是朋友,各拿一个苹果,彼此交换,交换后仍各有一个苹果;倘若你有一种思想,我也有一种思想,而朋友相互交流思想,那么,我们每个人就有两种思想了。"

图 2-7 交谈

案例分析 2-21

1986年10月12日,英国女王伊丽莎白二世应邀对中国进行为期一周的国事访问,这也是历史上第一次英国国家元首访问中国。邓小平会见了伊丽莎白二世。随同女王访华的一位工作人员回忆说:"中国之行显然让她(女王)格外开心,因为这个中国和她在英国时所听所想的,很不一样。"当女王在北京见到邓小平时,邓小平和她握手并致意,邓小平说的是"我作为一位中国的老人欢迎你的到来",女王听后高兴得哈哈大笑。

(节选自新华网《这些年,英国王室和中国有哪些互动?》)

邓小平以"一位中国老人"的身份向英国女王表示欢迎,将交谈导入轻松愉悦的氛围中,为进一步的政治会谈打下良好的基础。

(2) 对象性原则。

交谈中一定要有对象意识,交谈的话语因人而异,要考虑到对方的年龄、性别、社会地位、职业、文化水平等因素。话语应该让对方愿意接受、易于接受、乐于接受。

案例分析 2-22

樊迟问仁,子曰:"爱人。"问知,子曰:"知人。"

仲弓问仁。子曰:"出门如见大宾,使民如承大祭;己所不欲,勿施于人;在邦无怨,在家无怨。"

(选自《论语·颜渊》)

樊迟、仲弓都是孔子的学生。因二者不同的认知水平,对于同一个问题,孔子给了他们不同的回答,充分考虑了学生的理解能力。

(3) 礼貌性原则。

《礼记·曲礼》说:"礼之于人,犹酒之有蘖也。"中华民族素以"文明古国,礼仪之邦"著称于世,千百年来形成的系统的礼仪和习俗成为人们言行规范的准则。在种类繁多的礼仪形式中,交谈礼仪占有重要地位。在一定意义上,它标志着一个社会的文明程度,反映着一个人的修养和素质。得体的礼仪是人们进行有效沟通必不可缺少的桥梁,是交际谈话成功的第一步。

(4) 真诚性原则。

人是感情动物,真挚的语言所承载的信息,除了理性信息,还有感情信息。话贵情真。在交谈中,只有以诚相待才能拉近与听话者的距离,达到彼此间心理相容,营造良好的谈话氛围。如果是与长辈、领导、老师谈话,应该具有亲切感;如果是同学、同事、朋友之间的交谈,应该保持真诚的态度。

课堂实训

2.51 请列举交谈中有违礼仪的现象或细节。

2.52 请从目光、表情、体姿动作等方面罗列交谈中的"不能"(如,交谈时不能左顾右盼等)。

(二) 交谈的构成要素

交谈由说话者、听话者、主题三个要素组成。要达到施加影响的目的,就必须关注这三要素。参与交谈的人可听可说、可问可答,说话者与听话者的角色随机转换,互为听说;而交谈主题往往反映交谈的动机,制约交谈的内容和范围,关系到交谈的成败。

1. 谈话者

想成为一个善于交谈的人,应该从以下几方面着手提高自身修养和能力:

(1) 良好的品德修养。古人说:"言为心声。"没有高尚的心灵、远大的抱负与追求,一个人的言辞也难以做到"掷地金石声"。林则徐9岁时,父亲带他出游赏灯。见灯会绚丽,林父便说出一句"点几盏灯为乾坤作福",奈何百思不得下句。林则徐听到街上有鼓声,当即接道:"打一声鼓代天地行威!"心怀天下、志存高远的人,少年时便能说出如此豪情的话语。立言者,必先立身、立德。想要提高自己的交谈能力,一定要树立正确的人生观和价值观,与人为善,诚信为本,丰富自己的内涵。

(2)广博的见闻学识。"与君一席话,胜读十年书",就是说与一个见多识广、聪慧睿智的人交谈,所获得的收益甚大。"不学诗,无以言",孤陋寡闻者势必话语单调,不学无术者势必言辞浅陋,故步自封者势必观点陈旧,这几种人都不是好的交谈对象。

案例分析 2-23

1924年5月8日,印度诗人泰戈尔在北京度过了他64岁寿辰。北京学术界代表为泰翁举行了祝寿仪式。

梁启超首先登上讲台,向这位深目隆准、须发皓然的老寿星致祝辞:"泰翁要我替他起一个中国名字。从前印度人称中国为'震旦',选用这两个字含有很深的象征意味。从阴雾霾霾的状态中必然一震,万象昭苏,刚在扶桑浴过的丽日,从地平线上涌现出来,这是何等境界。'泰戈尔'原文正合这两种意义,把它意译成'震旦'两字,再好没有了。从前自汉至晋的西来'古德'(古代有道德的高僧),都有中国姓名,大半以所来之国为姓,如安世高来自安息,便姓'安',支娄迦谶从月支来便姓'支',康僧会从康居来便姓'康',而从天竺——印度来的都姓'竺',如竺法兰、竺佛念、竺法护,都是历史上有功于文化的人。今天我们所敬爱的天竺诗人在他所爱的震旦地方度过他64岁的生日,我用极诚恳、极喜悦的心情,将两个国名联起来,赠给他一个新名,叫'竺震旦'。"

这时,全场热烈鼓掌。

梁启超接着说:"我希望我们对于他的热爱,跟着这名字,永远嵌在他的心灵上,我希望印度人和中国人的旧爱,借'竺震旦'这个人复活起来!"

(节选自续冬生《第一流的交谈艺术》)

这番精彩的讲话中包含着丰富的历史文化知识和地理知识。梁启超熟悉印度文化,对"震旦"的解释娓娓道来、丝丝入扣,对佛教文化谙熟于心,对西来高僧的命名了如指掌。他为泰戈尔所取的中文名字"竺震旦"体现了两个国家源远流长的历史和国家间的友好往来。

(3)良好的语言表达能力。交谈要言之有理、言之有物、言之有序、言之成文、言之有情。

案 例 分 析 2-24

爱因斯坦创立相对论后,引起了民众广泛的兴趣,可是大家又看不懂他的学术论文。于是有一次,一群科学爱好者围住了爱因斯坦的住宅,请他用"最简单的话"解释清楚他的"相对论"。

爱因斯坦走出住宅,对大家说:"比方这么说——你同你最亲密的人坐在火炉边,一个钟头过去了,你觉得好像只过了 5 分钟。反过来,你一个人孤孤单单地坐在热气逼人的火炉边,只过了 5 分钟,但你却感觉像坐了 1 小时。——唔,这就是相对论。"

爱因斯坦以生活取例,将晦涩的理论讲解得浅显易懂。贴切、简洁、巧妙、艺术性的表达方式是提高交谈效果的关键途径。

(4) 充分的自信心。自信来自人品、学识和境界,一旦拥有了这些就会产生自信,其口头表达便拥有了激情,其言辞也能精妙不俗。

(5) 较强的应变能力。在交谈过程中,往往会遇到意想不到的情况和话题,必须迅速适应、及时反应。这就要求交谈者具备敏捷的思维能力和沉着的应变能力。

案 例 分 析 2-25

钟毓、钟会少有令誉。年十三,魏文帝闻之,语其父钟繇曰:"可令二子来。"于是敕见。毓面有汗,帝曰:"卿面何以汗?"毓对曰:"战战惶惶,汗出如浆。"复问会:"卿何以不汗?"对曰:"战战栗栗,汗不敢出。"

(节选自《世说新语·言语》)

钟毓坦诚直率,弟弟钟会更是神情自若、毫无畏惧,面对魏文帝的诘问,钟会机智应变,既表达了对皇帝的敬畏,又维护了兄长。

2. 听话者

谈话是一种双向传递信息的言语活动,双方互为发言者,也互为听众,因此交谈者不仅要善于说,还要善于听,要善于在说话者和听话者的角色之间自如转换。从某种意义上说,听比说更加重要,不会听话的人,往往也不善于说话或者说话效果不佳。

3. 话题

(1) 话题的选择。交谈的主题与话题是有所区别的。

主题是指交谈或讨论的核心内容或中心思想。它是整个交谈或讨论的主线,贯穿始终。主题较为宏观、稳定,是整个交谈的指导思想,它决定了交谈的方向和重点。主题帮助参与者明确讨论的目标和范围,使交谈更加有条理和系统。

话题是指交谈中涉及的具体内容或讨论的具体事项。它通常是交谈的切入点或具体内容。话题较为具体、灵活,可以随时变化。它可以是一个具体的问题、一个事件、一个现象,用于引导和推动交谈的进行。它可以激发兴趣、引发讨论,使交谈更加生动和具体。好的话题是交谈开始的媒介,是深入细谈的基础,是纵情畅谈的开端。交谈的话题主要包含以下几类:

① 共同感兴趣的话题。"酒逢知己千杯少,话不投机半句多"。这是最能调动交谈双方或多方积极性的话题。

② 对方关心的话题。需要注意的是,如果自己对该话题不熟悉或不感兴趣,在交谈中则可能处于被动接受状态。

③ 自己擅长的话题。俗话说"三句话不离本行"。如果选择自己擅长的话题,自己这一方就能够主导交谈。但如果交谈对象对该类话题一无所知或毫无兴趣,那么这种话题也要尽量避免。

交谈的话题范围很宽泛,但话题选择是有禁忌的。有关个人隐私的话题、非议旁人的话题、格调不高的话题、令人反感或不愉快的话题,都不宜涉及。在涉外场合,一般不要谈论当事国的政治问题,更不能随便议论他人的宗教信仰,对某些风俗习惯、个人爱好也不要妄加非议。

(2) 话题的展开。简短的寒暄后,适时地引入话题是转入深入交谈的基础。引发话题最好从具体的事物谈起,力求自然而然地展开话题、扩大话题覆盖面。

课堂实训

2.53 "看谁更生动"讲故事训练:两个学生一组讲述同一个故事,如一叶障目、郑人买履、邯郸学步等大家耳熟能详的小故事,以锻炼运用语音语调和态势语的能力,从而提高说话的感染力。

2.54 补充填空

如果见到一个5岁以下的孩子,和他讨论糖果;

如果见到一个10岁左右的孩子,和他讨论游戏;

如果见到一个18岁左右的学生,和他讨论＿＿＿＿＿＿＿＿＿＿＿＿；

如果见到一个20岁以上的男青年,和他探讨＿＿＿＿＿＿＿＿＿＿＿＿；

如果见到一个20岁左右的女青年,和她讨论＿＿＿＿＿＿＿＿＿＿＿＿；

如果见到一个初为人母的母亲,和她讨论＿＿＿＿＿＿＿＿＿＿＿＿；

如果见到一个儿孙满堂的老奶奶,就和她谈谈＿＿＿＿＿＿＿＿＿＿＿＿。

(三) 交谈技巧

交谈时,首先应该注意的是如何把自己的坦诚注入谈话之中,如何把自己的诚意传递给对方,实现沟通和共鸣。其次,委婉含蓄的表达有些时候比直言不讳更能达到沟通的目的。社交场合中,有些话不能、不宜、不便直言相告,只能婉转地表达。季羡林先生曾说:"假话全不说,真话不说全。"在交谈实践中,赞美、批评、劝说和拒绝是必备的能力和手段,坦诚和含蓄互补是进行交谈实践的大前提。

案例分析 2-26

东汉初年,光武帝刘秀的大司空宋弘举荐了博学多通的桓谭,希望桓谭能用他的学问帮助光武帝治国。可是,刘秀却让桓谭为他弹琴,因为他爱听桓谭弹奏的动听的曲调。宋弘知道了很不高兴。

一天,光武帝大宴群臣,仍叫桓谭弹琴助兴。宋弘离开席位,脱掉官帽,对光武帝谢罪说:"我推荐桓谭的目的,就是希望他能用忠正之道来辅助君主,而他呢,叫您爱上了他的音乐,这是我的罪过。"光武帝一听,脸上表情由奇怪变为惭愧。他向宋弘表示了歉意,从此再也不叫桓谭为自己弹琴了。

"扬善于公庭,规过于私室",如果宋弘在大庭广众之下直接批评皇帝刘秀沉溺于音色,必然会使其尴尬甚至恼怒。宋弘借责怪自己来讽谏刘秀,既达到了目的,又不让刘秀难堪,表达委婉得体。

1. 赞美和欣赏

心理学家认为,让一个人发挥最大能力的方法是赞赏和鼓励。在日常交际中,恰当的赞美可以使交谈对象心生愉悦,使交谈气氛更为融洽。赞美的技巧主要有以下几点:

(1) 赞美要有诚意。真诚是人际交往最重要的原则。心理学中的"镜子原理"认为,通常情况下,人们对自己有一个基本的"自我认知"。当接收到别人的赞美时,内心之中会有一个"自我认可",当听到的赞美内容符合内心的"自我认可",他们会觉得受到的赞美是真诚的;反之,会觉得对方不真诚,甚至觉得是讽刺。基于人们的这种心理,赞美要符合实际,不要过于夸大,要把握好语言的火候。

(2) 赞美要讲分寸。水满则溢,月盈则亏。人际交往中,赞美的话点到为止即可,不必刻意铺陈。同时,还需分场所、对象把握赞美的分寸,避免用之过度,过犹不及。哲学家、心理学家威廉·詹姆士说:"人性中最为根深蒂固的本性是渴望受到赞赏。"一个善于赞美他人的人更能拿到人际交往的通行证,收获朋友的爱戴、同事的认可、上司的赏识。

(3) 灵活使用赞美方式。

① 直接正面赞美,用概括性话语进行赞美。如:太好了!真棒!漂亮!太精彩了!

② 间接侧面赞美,以面带点,言在此而意在彼。如汉乐府民歌《陌上桑》中并未直接描写罗敷的外貌,而是通过行者、少年、耕者和锄者的反应,侧面烘托出罗敷的美貌。

③ 投其所好地赞美,抓住对方认为最具有价值的部分进行赞美。如:"老师,您讲课妙趣横生,深入浅出,让我受益匪浅!"而不是"老师,您讲课真搞笑!"

④ 转述他人说过的话进行赞美。如:"听您的朋友说,您是个乐于助人的人!"

⑤ 在背后说赞美的话,通过他人转述。如:"据我观察,他是个办事认真、积极肯干的人。"

⑥ 以个性化的表达方式进行赞美。拿破仑对于奉承一向很反感,有一个聪明的士兵却对拿破仑说:"将军,您是最不喜欢奉承话的,您真是位英明的人物!"拿破仑欣然接受了这个特别的赞美。

⑦ 非有声语言的目光、手势、表情等,都可以表达出赞美和欣赏。

2. 指正和批评

人们常说"良药苦口,忠言逆耳"。那么,能否做到良药不苦口、忠言不逆耳呢?

(1) 批评要诚恳。心理学家研究表明:人对"爱"往往会表现出欢迎和接纳,即使这种"爱"表达的方式是批评和责怪,内心也会倍感温暖,而不至于产生对抗和抵触情绪。在批评别人的时候,不妨说出为对方的担忧,表达出对对方的"爱"和"关怀",从而达到批评的目的。

(2) 批评要具体。赞美可以抽象,但批评一定要具体。批评要就事论事,切忌抽象概括、延伸扩展、任意拔高。批评的同时要提出建议,指明改正的途径。

(3) 批评的方式要灵活。

① 委婉含蓄地批评。以迂回间接的方法启发对方,让对方在思考之后接受批评。

② 欲抑先扬地批评。给予对方亲切的言辞和赞美,减少对方对批评的抗拒心理。

案例分析 2-27

子曰:"道不行,乘桴浮于海。从我者,其由与?"子路闻之喜。子曰:"由也好勇过我,无所取材。"

(节选自《论语·公冶长》)

在《论语》中,孔子对子路尤其严厉,多次批评子路的鲁莽。在这段对话中,孔子既赞扬他勇气可嘉,也批评他好勇过头,缺乏深思熟虑。

③ 由己及人地批评。通过自我检讨让他人受到教育,从而认识到错误及不足。

④ 幽默风趣地批评。以调侃的方式表达自己的不满意,引起对方的反省,促其改正。

案例分析 2-28

在一次盛大的晚宴上,一位年轻人趾高气扬地问萧伯纳:"您是萧伯纳先生吧?听说您的父亲只是个裁缝?"

萧伯纳微笑着说:"是的。"年轻人又问:"那……您为什么不学他呢?"

萧伯纳笑看了年轻人一眼，问道："听说你父亲是个谦谦君子？"年轻人挺了挺胸膛，高傲地说："对。"

萧伯纳接着问："那你为什么不学他呢？"

（节选自陈浩《幽默沟通学：零距离制胜的口才秘籍》）

面对年轻人的嘲讽，大文豪萧伯纳不直接回应，而是幽默地"以子之矛攻子之盾"，达到批评的目的。

3. 必要的幽默

幽默是指说话有趣且意味深长，它是智慧与知识的综合体。幽默是评价一个人社交能力的重要标准之一，是语言礼仪的高级形式。恩格斯：“幽默是具有智慧、教养和道德优越感的表现。”交谈中善于利用幽默，可以活跃气氛，缓解摩擦，促进人际关系和谐。

案例分析 2-29

一天，达尔文应邀参加一个晚宴。刚落座，邻座的一位女士想挖苦一下他，故意问道："您说人是从猿猴变来的，那么您也是？"

这时，同桌的人都饶有兴趣地看着他们。达尔文笑着说："对呀，人是猿猴变的。只不过，我是一只普通的猴子变的，而您呢，是一只迷人的猴子变的！"

其实这位女士的提问属于偷换概念的诡辩。但如果达尔文一本正经地和她讲解进化论，又不符合晚宴的气氛。于是达尔文用戏谑反驳戏谑，既得体地回答了对方的提问，又巧妙地称赞了对方的美貌。

4. 适度的沉默

"身无彩凤双飞翼，心有灵犀一点通"，这是指默契达到了一定的境界，双方不需要言语就能达到沟通的目的。交谈中适度的沉默是必要的，因为无需更多的话语就能心领神会。沉默是话语的留白，是语流的休止符。交谈中适度沉默有助于更好地倾听，捕捉到更多的细节，有助于反思自己言语表达中的疏漏，还有助于更快地找到解决问题的途径，形成清晰完整的结论。

课堂实训

2.55 模拟训练：假如你是一名销售，你怎么赞美不同性别、不同年龄的顾客（老年人、中年人、青年人、儿童等）。设置具体情境，如家电商场、电脑卖场等，两人一组，分别扮演销售人员和顾客。

2.56 在寝室，若你的室友不讲卫生，经常随地乱扔垃圾，你该如何指出他的不妥行为？如果室友经常熬夜打游戏，影响其他同学休息，你该如何规劝他？

2.57 拒绝一般可以分为四个步骤：耐心倾听、表示拒绝、说明理由、提出建议。如果遇到下列情况，该如何拒绝？请以两人为一组进行模拟训练。

（1）你买了一辆车，你的好朋友向你借车，该怎样拒绝？

（2）你的朋友因买房向你借款8万元，该怎样拒绝？

（3）一个男同学（女同学）向你表示爱意，但你并不想和他（她）建立恋爱关系，该怎么拒绝？

延伸阅读

朋 友 四 型

余光中

一个人命里不见得有太太或丈夫，但绝对不可没有朋友。即使是荒岛上的鲁宾逊，也不免需要一个"礼拜五"。一个人不能选择父母，但是除了鲁宾逊，每个人都可以选择自己的朋友。照理说选来的东西，应该符合自己的理想才对。但是事实又不尽然。你选别人，别人也选你。被选，是一种荣誉，但不一定是一件乐事。来按你门铃的人很多，岂能人人都让你"喜出望外"呢？大致来说，按铃的人可分为下列四型：

第一型，高级而有趣。这种朋友理想是理想，只是可遇不可求。世界上高级的人很多，有趣的人也很多，又高级又有趣的人却少之又少。高级的人使人尊敬，有趣的人使人喜欢，又高级又有趣的人，使人敬而不畏，亲而不狎，交接愈久，芬芳愈醇。譬如新鲜的水果，不但甘美可口，而且富于营养，可谓一举两得。朋友是自己的镜子。一个人有了这样的朋友，自己的境界也低不到哪里去。东坡先生杖履所至，几曾出现过低级而无趣的俗物呢。

第二型，高级而无趣。这种人大概就是古人所谓的诤友，甚至是畏友了。这种朋友，有的知识丰富，有的人格高超，有的呢，"品学兼优"像个模范生，可惜美中不足，都缺乏一点幽默感，活泼不起来。你总觉得，他身上有一个窍没打通，因此无法豁然恍然，具备充分的现实感。跟他交谈，既不像打球那样，你来我往，此呼彼应，也不像滚雪球那样，把一个有趣的话题越滚越大。精力过人的一类，只管自己发球，不管你接不接得住。消极的一类则以逸待劳，难得接你一球两球。无论对手消极积极，总之该你捡球，你不捡球，这场球是别想打下去的。这种畏友的遗憾，在于趣味太窄，所以跟你的"接触面"广不起来。天下之大，他从城南跑到城北来找你的目的，只在讨论"死亡在法国现代小说的特殊意义"。为这种畏友捡一晚上的球，疲劳是可以想见的。这样的友谊有点像吃药，太苦了一点。

第三型，低级而有趣。这种朋友极富娱乐价值，说笑话，他最黄；说故事，他最像；消息,他最灵通;关系,他最广阔;好去处,他都去过;坏主意,他都打过。世界上任何话题他都接得下去,至于怎么接法,就不用你操心了。他的全部学问,就在于不让外行人听出他没有学问。至于内行人,世界上有多少内行人呢?所以他的马脚在许多客厅和餐厅里跑来跑去,并不怎么露眼。这种人最会说话,餐桌上有了他,一定宾主尽欢,大家喝进去的美酒还不如听进去的美言那么"沁人心脾"。会议上有了他,再空洞的会议也会显得主题正确,内容充沛,没有白开。如果说,第二类的朋友拥有世界上全部的学问,独缺常识,那么这一型的朋友则恰恰相反,拥有世界上全部的常识,独缺知识。照说低级的人而有趣味,岂非低级趣味,你竟能与他同乐,岂非也有低级趣味之嫌?不过人性是广阔的,谁能保证自己毫无此种不良的成分呢?如果要你做鲁宾孙,你会选第三型的朋友还是第二型的朋友做"礼拜五"呢?

第四型,低级而无趣。这种朋友,跟第一型的朋友一样少,或然率相当之低。这种人当然自有一套价值标准,非但不会承认自己低级而无趣,恐怕还自以为高级而有趣呢?否则,余不欲与之同乐矣。

亲爱的朋友,你是第几型?

 **课后任务**

1. 阅读《朋友四型》,回答以下问题:

(1) 对照四种类型的特征,你认为自己在朋友的心目中属于哪一种类型?

(2) 你的朋友分别有哪些类型?如果你是鲁宾逊,你会选第三型还是第二型的朋友做"礼拜五"呢?

(3) 一个高级而有趣的人,他的言谈应该具备什么特点?通过哪些途径具备这样的特点?

2. 扫码收听《让我们倾听》一文,回答下列问题:

(1) 为什么说"在'倾听'这门功课上,许多人不及格"?倾听能力的欠缺主要表现哪些方面?

(2) 不认真倾听会有什么后果?

(3) 倾听的价值及作用体现在哪些方面?

3. 以"我想对你说"或"我想听你说"为题目,给自己的父母、同学、朋友、师长(任选其一)写一封信,讲述自己的心声。

4. 列一张表,写出你想与之关系更进一步的朋友的名字,然后写下他们的喜好。选出其中一位朋友,试着安排和他(她)一起开展或参加某个活动。

2-8 让我们倾听

项目拓展——应用文写作基础

应用文是保证人们日常生活和工作正常运转的重要工具,是人际交往中必不可少的重要文体。掌握应用文写作基础知识,是规范写作的前提。

应用文是解决实际问题、传递有效信息的专用文书。真实性、时效性、针对性、规范性是应用文的根本属性。通过分类学习,你将了解事务文书怎样协调沟通,公务文书如何上传下达,商务文书如何实现价值转化。

在写作过程中,需要确立清晰的主旨、选择典型材料、构建合理的结构、锤炼平实准确的语言。最后,反复打磨修改是提升文稿质量的必经之路。

当你通过学习夯实了写作基础,锻造了思维框架,能够把复杂问题拆解成清晰框架,用规范的语言准确表达,就能写出让伙伴高效配合、上级快速决策、客户建立信任的文稿、文案。

请扫描下方二维码进行自主学习,并将"课堂演练"的内容记录在下方:

应用文写作基础

厚积薄发

——大学生口才能力展示项目

你是否曾梦想：在朗诵中，深情演绎，让每一个字、每一句话都直击观众的心灵？在演讲台上，慷慨激昂，引领观众踏上一场思想的盛宴？在交谈间，游刃有余，用智慧点亮每一次对话？在辩论场上，思维敏捷，以理服人，展现卓越的思辨风采？在主持活动中，从容不迫，掌控全场，成为联结每一个精彩瞬间的纽带？在本项目及其相对应的实践任务中——

你将带着朗诵、演讲、辩论、主持的训练成果，站上学校文化艺术节的舞台。参与这些活动，不仅能丰富校园文化生活，更能提升个人魅力与综合素质。

你将声情并茂地朗诵、鼓舞人心地演讲、针锋相对地辩论、驾轻就熟地主持，打磨并完成7—10号口才作品。

你将请老师予以点拨，请同伴给予点评，加上自己的审视，综合分析后完成《口才能力展示综合评价表》。

口才，是展现自我、影响他人的重要工具。每一种场合，都是锤炼与提升自我的广阔舞台。勇敢地迎接挑战，持续积累经验、不断突破自我，让每一次尝试都成为迈向卓越的坚实阶梯。未来属于你们，用口才书写属于自己的荣耀篇章！

3.1 诵 读 训 练

传统语文教学非常重视诵读,古代的学子要熟读背诵"四书五经"。打下了坚实的诵读基础,才能做到"出口成章,下笔成文"。朗读和朗诵都是把书面语言转变成带有创造性的口语表述活动,二者既有联系又有区别,在表述目的、选材范围、声音形式、情感表达及态势的运用方面都各具特色。学习朗读与朗诵,能够更好地体味文学作品的精妙旨趣所在。

 训练导引

➢ 训练目标

1. 理解朗读与朗诵的区别,掌握朗读与朗诵的基本方法。
2. 能够综合运用多种技巧和表现手段进行朗读与朗诵。
3. 能够在理解作品感情基调的基础上充分表达作品的内涵。
4. 提升诵读能力,传承发展中华优秀语言文化。

➢ 课前准备

1. 为本主题所选诗歌选配相应的背景音乐,以备上课训练使用。
2. 分组朗诵:每个小组推荐一名同学朗诵一段自选篇目,鼓励集体朗诵。

情境导入

"杂交水稻之父"袁隆平工作之余的休闲方式之一就是读书。袁隆平的读书方式很特别:诵读。也就是拿到一本书后,不是默看而是大声地朗读。袁隆平的这种读书习惯是在湖北汉口博学中学读高中时养成的。从那时开始,袁隆平就发现放声朗读是一种很好的读书方法。后来,袁隆平一直采用这种方法读书,读数学、物理、化学等理科书籍他同样是沿用此法。

袁隆平参加工作后,进行杂交水稻研究时,空余时间依然保持着他的这种独特的读书方法。袁隆平说,开口诵读我们就会从感性上、从直觉上、从整体上去认识、去体验、去占有所读书籍的精髓,主动去消化和吸收;诵读还是一种"思维体操",它可使大脑皮层的抑制和兴奋过程达到相对平衡,血流量及神经功能的调节处于良好状态,能增加肺活量,使全身通畅,再投入到田间地头搞杂交水稻的研究,人的思维空前活跃,精力也格

外充沛,容易出成效。

袁隆平 80 高龄时,有时间还依然戴上老花镜对着书本大声诵读。

袁隆平的宝贵朗读经验说明,朗读加惠于阅读者的诸多方面,如加强认知、加深记忆、培养语感、锻炼思维等。终身学习需要阅读,而朗读是阅读中不可取代的一种重要方式。科学家作出了垂范,青年人还有什么理由不认真对待朗读呢?

一、朗读概述

(一) 朗读的含义

朗,即声音清晰响亮。用清晰响亮的声音把文字作品念出来,以传达其中的思想情感,这便是朗读。朗读是把文字作品转化为有声语言的一种表达手段,是具有一定创造性的言语活动,是阅读的一种方式。朗读是朗诵的基础,学朗诵,必须从朗读开始。

朗读的基本要求是忠实于原著。李商隐在《与陶进士书》中指出:"出其书,乃复有置之而不暇读者,又有默而视之不暇朗读者,又有始朗读而中有失字坏句不见本义者。"这里的"失字坏句不见本义"就是指朗读中途如果出现读错字或读破句的情况,会导致无法理解作品的真正含义。因此,朗读在忠于原著的基础上,还应该做到语音准确、吐字清晰、自然流畅,体现作品内涵。

(二) 朗读的作用

1. 加深文本理解,感知思想情感

朗读不仅能将文章中的人、事、物清晰地表述出来,还能把书面文字难以表达的深层情感抒发出来,有助于加强对文章思想情感的准确把握。

2. 培养语感,提升口头表达和写作能力

朗读过程中对于语音、文字、词语、句子的品味与琢磨,是一种潜移默化的语感训练,能积累词汇、熟悉句型、规范口语,从而提高口头表达能力。此外,经常朗读有助于厘清写作思路,提升想象力,进一步提升写作能力。

3. 有助于增强记忆力

朗读通过语调的变化塑造形象,并使之牢牢印入人们的脑海之中。朗读能加深记忆、巩固记忆,呼唤人们的感知和想象,起到联想记忆的作用。

4. 朗读是一种重要的教学手段

好的文章无不饱蘸着酣畅淋漓、强烈鲜明的爱憎感情。教学中,朗读作品的过程即被感化、被熏陶的过程。朗读好一篇文章,会让人心荡神驰、情思横溢,给人以无穷的力量。特别是青少年,可以从朗读活动中得到宝贵的教益,对其树立远大理想、坚定生活信念、振奋精神、激发斗志等会产生积极作用。

课堂实训

3.1 朗读，不仅要读声，同时还须读意、读情、读趣。根据以上要求朗读下诗。

诗经·周南·桃夭

桃之夭夭，灼灼其华。
之子于归，宜其室家。

桃之夭夭，有蕡其实。
之子于归，宜其家室。

桃之夭夭，其叶蓁蓁。
之子于归，宜其家人。

二、朗读要领

（一）停顿

停顿是朗读中声音的暂时停止。这一方面是生理上换气的需要，更重要的是言语表达的需要。停顿可以帮助读者和听者理清语句的结构、辨明语义、分辨语气。例如：

哥哥丢了妹妹爸爸妈妈急得团团转。

如果上面的例子不加以适当的停顿，很容易造成语义混乱。不同的停顿位置，表达的语义不同。例如：

哥哥丢了/妹妹/爸爸妈妈/急得团团转。
哥哥丢了妹妹/爸爸妈妈/急得团团转。

这几句话停顿的位置不同，表达的意思就不一样。

停顿根据作用的不同可分为三种类型，即语法停顿、逻辑停顿和心理停顿。

1. 语法停顿

语法停顿是反映一句话里面的语法关系的。一般来说，用标点符号所表示的停顿与段落之间的停顿都属于语法停顿，停顿的时间长短与标点符号大致相关。句号、问号、感叹号后面的停顿要比分号、冒号长；分号、冒号后的停顿则比逗号长；逗号后的停顿比顿号长；段落间的停顿比句子间的停顿长。例如：

她一手提着竹篮。/内中一个破碗，/空的；//一手拄着一支比她更长的竹竿，/下端开了裂：///她分明已经纯乎是一个乞丐了。（鲁迅《祝福》）

2. 逻辑停顿

逻辑停顿是由内容决定的。一般来说，逻辑停顿的位置及其作用和标点符号是一致的，但有时为了加强语气、阐明观点或表达情感，在没有标点符号的地方也要进行停顿。如："几十万年前/由伟大的自然力堆积成功的/黄土高原的外壳"，为表达清晰，这一长句中间停顿两次，这样的停顿属于逻辑停顿。

3. 心理停顿

心理停顿是由朗读者的心理状态决定的，这种停顿包括强调停顿和感情停顿，停顿的地方没有标点。强调停顿是为了强调某一内容而采取的停顿，如"——这时你会真心佩服昔人所造的两个字/'麦浪'"。感情停顿则完全是由朗读者的感情表达所决定的。例如：

周/总理，我们的/好/总理，你在哪里啊，你在哪/里？（柯岩《周总理，你在哪里》）

这种几乎一字一顿的朗诵，表达了人民在失去周恩来总理以后极度沉痛、泣不成声的深切悲哀。

与停顿相对应的是连读。有时候，由于表达的需要，有标点符号的地方反而不能停顿，需要连起来读。例如：

猴子叫起来：糟了，糟了！月亮掉在井里啦！

要表现猴子吃惊的语态，第一个"糟了"和第二个"糟了"应该连着读；甚至全句的标点符号都应该忽略，把整个句子连起来读。

（二）重音

重音是指读得较重的词语或音节。正确地拿捏重音，对于区分作品内容和情感的主次关系有着十分重要的作用。重音可分为语法重音、逻辑重音和心理重音。

1. 语法重音

根据语法关系读得较重的音节叫语法重音。重音的位置一般比较固定，较常见的有以下几种：

（1）主谓词组或短句中的谓语应稍重些。如：风停了，雨住了，太阳出来了。

（2）动宾结构中的宾语一般应稍重些。如：踢球、走路、上学、买书。

（3）定语、状语、补语比中心语稍重些。如：这是革命的春天，这是人民的春天，这是科学的春天！

（4）疑问代词和指示代词一般应稍重些。如：是什么使你这样高兴？

（5）列举事物，并列的词语应较重。如：早晨，我起床，洗脸，还喝了茶。

此外，还有双音节轻声词的第一个音节、人名地名的最后一个字、比喻句中的喻体等都应该读得稍重一些。

2. 逻辑重音

根据前后的意思应该说得或读得重的音节，叫逻辑重音。逻辑重音没有固定位置，由要表达的内容决定。

我喜欢朗诵。（表达内容：谁喜欢朗诵？）

我喜欢朗诵。（表达内容：你喜欢朗诵吗？）

我喜欢朗诵。（表达内容：你喜欢什么？）

无论是说话还是朗读、朗诵,最重要的是把握逻辑重音,这是因为:

(1) 语法重音是就一般情况而言的,在一定的语言环境里,语法重音要服从逻辑重音。比如:"我说你记"。按语法重音的规律,应为"我说你记"。但如果回答"咱俩谁说谁记",就应改为"我说你记"。

(2) 对朗诵来说,逻辑重音正确与否,关系到能否准确地表达作品的内容和感情。如:

有的人活着/他已经死了;/有的人死了/他还活着。(臧克家《有的人》)

这样的重音处理才能准确地表达出诗歌的思想感情。

如何正确把握逻辑重音?办法只有一个:准确理解作品内容。分析作者要表达的主旨和情感体现在哪些词语上,找到这些词语就找到了逻辑重音的位置。

3. 心理重音

有的重音虽与内容有直接关系,但主要是由朗诵者的感情决定的,这叫心理重音。

案 例 分 析 3-1

我也觉得随时就会听见她低低地叫我一声"小洁"!可我旋即知道,小洁这个称呼跟着妈一起永远地从世界上消失了。谁还能再低低地叫一声我的小名呢?就是有人再叫我一声"小洁",那也不是妈的呼唤了。

(节选自张洁《世界上最疼我的那个人去了》)

这段话的重音主要是由作者对母亲的深切哀悼和缅怀决定的,属于心理重音。

重音的表现方式有加强音量重读、拖长音节等,可以采用轻读的方式显示"重",还可以用低而有力的方式予以强调。

(三) 语调

语调,是指口语中声音高低升降的变化,它所表现的是说话人或朗读者的感情色彩。同样的话,用不同的语调说出来,可以表达不同的意思。例如"我喜欢你",人们可以用不同的语调表现出真挚热情、平淡随便、无可奈何、讽刺嘲笑等。

根据语气和感情态度的不同,语调可分为以下四种:

1. 平直调

表示庄重、严肃或平静时,语调大都平直舒缓。如:

在我的后园,可以看见墙外有两株树,一株是枣树,还有一株也是枣树(→)。(鲁迅《秋夜》)

2. 高升调

表示号召、鼓动、设问、反问,呼唤或心情激动时,语调大都由低到高,句尾语势上升。如:

——暴风雨!暴风雨就要来啦(↗)!(高尔基《海燕》)

3. 降抑调

表示肯定、坚信、赞叹、祝愿或心情沉重时,语调大都由高到低,句尾语势渐降。如:

然则抱此无涯之憾,天乎人乎!而竟已乎(↘)!(袁枚《祭妹文》)

4. 曲折调

表示讽刺、诙谐、不满、双关、踌躇或心情复杂时,句子语调曲折变化,呈波浪形。有时表现为首尾低,中间高;有时表现为首尾高,中间低;有时表现为由低到高,再由高到低,又由低到高。如:

好个"友邦人士"(↗),是些什么东西(↘)!(鲁迅《"友邦惊诧"论》)

(四)语速

语速,是口头语言的快慢变化,它也是富有表现力的一种重要手段。诵读一篇文学作品,如果没有语速的变化,或语速变化不当,都会影响内容的表达和感情的抒发。

语速和句子的结构、长短有关。一般来说,句子结构复杂、较长,就应慢一点,以便听众理解;句子结构简单、较短,理解比较容易,就可以快一点。就内在情感来说,凡是急迫、紧张的地方,要读得快一些;凡是庄重、严肃或一般性陈述的地方,要读得慢一些。

案 例 分 析 3-2

他问:"你确实相信离开舞会的时候它还在吗?"

"是的,在教育部走廊上我还摸过它呢。"

"但是,如果是在街上丢的,我们总听得见声响。一定是丢在车里了。"

"是的,很可能。你记得车的号码吗?"

"不记得。你呢,你没注意吗?"

"没有。"

他们惊惶地面面相觑……

(节选自莫泊桑《项链》)

这段文章表达了夫妇二人因为丢失了项链而紧张、焦急、慌乱的心情,宜用快读。

案 例 分 析 3-3

这女人编着席。不久在她的身子下面,就编成了一大片。她像坐在一片洁白的雪地上,也像坐在一片洁白的云彩上。她有时望望淀里,淀里也是一片银白世界。水面笼起一层薄薄透明的雾,风吹过来,带着新鲜的荷叶荷花香。

以上是孙犁1945年创作的小说《荷花淀》中的一段描写:水生嫂深夜编席。月光之下,银白的淀,轻纱般的雾气,编成的席子洁白雪亮,风中带着荷叶荷花的香味。这画面淡雅宁静,境界纯美。这段文字适宜用轻柔的语调、舒缓的语速朗读。

就作品的体裁说,诗歌和散文相比,诗歌的整体语速要慢一些,慢一点,才能使听众有咀嚼回味的余地。散文中,抒情散文比叙事散文的语速要慢一些,因为抒情散文更讲究语言美、意境美,慢一点,才便于听众品味欣赏。

课堂实训

3.2 从朗读的轻重、停连、快慢、语调等方面进行设计,朗读散文《沉水香》。

朋友从印度回来,送给我一块沉香木,外形如陡峭的山,颜色黑得像黑釉。有一种极素朴悠远的香,连绵不绝地从沉水香中渗出,飘流在空气里。

最特别的是,那沉香木非常沉重,远非一般的木石可比。

朋友说:"这是最上等的乌沉香,由于它的心很坚实,丢到水中会沉到水底,所以也叫沉水香。而且,它的香味是不断从内部散出来的,永远也不会消失,这一块已经有几百年的历史,还是和它从前在森林里时一样的香呀!"

沉香能够供佛、能够静心、能够去除秽气,是大家都知道的。但是沉香作为佛法的象征,需要更深的感受,像有着坚实的心,像永远散放木质的芬芳,像沉淀的心情,谦虚如同在水底一样。

沉香最动人的部分,是它的"沉",有沉静内敛的品质;也在它的"香",一旦成就,永不散失。

沉香不只是木头吧!也是一种启示,启示我们在浮动的、浮华的人世中,也要在内在保持着深沉的、永远不变的芳香。

浮世是水,俗木随欲望水波流荡,无所定止。

沉香是定石,在水中一样沉静,一样的香。

三、朗诵概述

(一) 朗诵的含义及特征

诵,即读出声音来。朗诵是用清晰响亮的声音,结合各种语言手段以及表演手段再现文学作品的内容和意境、完善地表达作品思想情感的一种语言艺术。

朗诵的过程实际上是朗诵者用有声语言对文本作品进行再创作的过程。成功的朗诵,要求朗诵者像演员一样进入角色,用富于魅力的声音、眼神、手势、身势,结合音乐等其他艺术形式,再现作品内容,使之更富有感染力,从而将听众引入艺术的殿堂,受到美的熏陶。

(二) 朗诵与朗读

把文字作品清晰响亮地念出来,让人知道作品表达了什么,这是朗读。朗读要求读音准确、吐字清晰。朗诵比朗读的要求要高,主要表现在:朗读是照稿念,朗诵则须背诵。朗读完全靠声音表达思想感情,朗诵除声音外还要借助其他辅助手段,有时候还可加入化妆和配乐等舞台艺术形式。朗读要求生动感人,而朗诵则更进一步要求能以鲜明的形象、饱满的感情打动听(观)众的心灵,唤起听(观)众的想象和联想,让听(观)众得到美的享受。

(三) 朗诵的作用

1. 提升认知

朗诵要求朗诵者深入理解文本的内涵、情感和背景。通过反复练习,朗诵者能够更深刻地把握作品的主题和细节,从而提升对文学作品的认知深度。例如,朗诵一首古诗,朗诵者需要了解其历史背景、作者的情感以及诗歌的意象,才能更好地传达作品的意境。

朗诵的内容往往涵盖多种题材和领域,通过朗诵不同类型的文本,朗诵者能够接触到更广泛的知识,拓宽视野,丰富自己的文化素养。通过对不同风格作品的朗诵,朗诵者能够学会欣赏文字的韵律美、节奏美和情感美,进而提升自己的审美水平。

2. 提升口头表达能力

朗诵需要朗诵者将文字转化为有声语言,这要求他们具备清晰的思路和良好的语言组织能力。通过朗诵练习,朗诵者能够学会如何更准确、更流畅地表达自己的想法,提升语言的逻辑性和连贯性。朗诵过程中,朗诵者需要根据文本的情感和内容调整语音、语调、语速和停顿。这种练习能够帮助朗诵者更好地掌握语言的抑扬顿挫,使口头表达更具感染力和表现力。

3. 传递情感,传播正能量

朗诵能够通过声音的力量传递情感,激发听众的情感共鸣。朗诵者通过富有感染力的表达,能够将作品中的喜怒哀乐传递给听众,使听众在情感上产生共鸣,从而获得精神上的满足和鼓舞。许多优秀的文学作品都蕴含着积极向上的精神力量。通过朗诵这些作品,朗诵者能够将正能量传递给听众,激励人们面对困难、追求梦想。例如,臧克家的作品《壮士心》,讴歌了为理想献出生命的勇士,今天读来,仍会觉得心潮澎湃,生发出为理想而奋斗的豪情壮志。

课堂实训

3.3 朗诵舒婷的诗作《致橡树》,思考诗中表达了怎样的爱情观? 你对诗句"我们分担寒潮、风雷、霹雳;/我们共享雾霭、流岚、虹霓。/仿佛永远分离,/却又终身相依。"有何见解?

3.4 欣赏配乐诗朗诵《我骄傲,我是中国人》(作者王怀让,由朗诵艺术家殷之光朗诵),谈谈你从诗朗诵中所获得的感染和领悟。

四、朗诵前的准备

(一)理解内容

要将作品所反映的作者的思想认识转化为朗诵者的思想认识,关键是要理解作品的思想内容。

1. 了解写作背景和作者的处境

作品一般都是作者因时因事有感而发创作的,要准确理解作品的主旨和情感,就必须要先了解创作的背景,作者创作时的遭遇往往是理解作品的关键。

2. 深入思考,领会作品的主旨

文学作品所体现的思想情感,一般隐含在对事物的描绘与事件的记叙之中。诗歌和寓言更适合朗诵,但往往更含蓄,更需要展开想象、深入思考、细心领会。

 3-4

礼　物

[波兰]切斯拉夫·米沃什　西川/译

如此幸福的一天。

雾一早就散了,我在花园里干活。

蜂鸟停在忍冬花上,

这世上没有一样东西我想占有。

我知道没有一个人值得我羡慕。

任何我曾遭受的不幸,我都已忘记。

想到故我今我同为一个并不使人难为情。

在我身上没有痛苦。

直起腰来,我看见蓝色的大海和帆影。

要理解这首诗就要先理解诗人的生平,再深入领会诗歌的主旨。《礼物》是1980年诺贝尔文学奖获得者切斯拉夫·米沃什写的一首诗。诗人一生颠沛流离,失去家园的感觉对于他来说是双重的:地理上和时间上的。这首诗散发出宁静、从容和欣喜的气质,颇有海子诗歌"面朝大海,春暖花开"的气息。这种和谐的喜乐绝不是凭空而来的,而是建立在对一切苦痛的承认和理解基础上的,因此,全诗呈现出一种澄明圆满的境界。

(二)把握形象

文学作品是靠形象来吸引人、感染人的。这里的形象不仅仅是指客观的事物形象,还指融入了作者思想感情、寄托着主体情思的意象。因此,朗诵者必须首先进入情境、进入角色,进而运用动人的声音、生动的表情和动作,将听众引入艺术殿堂。

案 例 分 析 3-5

3-2 朗诵《滕王阁序》

时维九月,序属三秋。潦水尽而寒潭清,烟光凝而暮山紫。俨骖騑于上路,访风景于崇阿。临帝子之长洲,得天人之旧馆。层峦耸翠,上出重霄;飞阁流丹,下临无地。鹤汀凫渚,穷岛屿之萦回;桂殿兰宫,即冈峦之体势。

披绣闼,俯雕甍,山原旷其盈视,川泽纡其骇瞩。闾阎扑地,钟鸣鼎食之家;舸舰迷津,青雀黄龙之舳。云销雨霁,彩彻区明。落霞与孤鹜齐飞,秋水共长天一色。渔舟唱晚,响穷彭蠡之滨,雁阵惊寒,声断衡阳之浦。

(节选自王勃《滕王阁序》)

朗诵这一段文字时,要想象自己就站在滕王阁中。推开雕花的阁门,临高阁而远眺,万千风景尽收眼底:层峦叠嶂,平原开阔,江流宛转,舸舰迷津。而这一切都在朗诵的过程中行云流水一般掠过脑际,仿佛亲眼所见,风景绮丽、美不胜收。

(三)体会情感

朗诵必须以情动人。这就需要确定作品的情感基调,明确感情变化的脉络。宋人称"柳郎中词只好十七八女郎按执红牙板,歌杨柳岸晓风残月;苏学士词须关西大汉执铁绰板,唱大江东去"。说明婉约词和豪放词的情感基调截然不同,朗诵前需认真揣摩作品内涵,以酌定感情基调。

案 例 分 析 3-6

钗 头 凤
宋·陆游

红酥手,黄縢酒,满城春色宫墙柳。东风恶,欢情薄。一怀愁绪,几年离索。错、错、错。　　春如旧,人空瘦,泪痕红浥鲛绡透。桃花落,闲池阁。山盟虽在,锦书难托。莫、莫、莫。

这首词抒写自己的爱情悲剧,感情基调是悲怆、凄楚的。词的开头三句追忆往昔美满的爱情生活,表现出留恋和欢悦。从"东风恶"的怨恨到上片结束,感情极为沉痛。词作结尾的"莫、莫、莫"则把沉痛推向了绝望,有恸不忍言、恸不能言的情致。

(四)领会意境

意境是指抒情性作品中呈现出的情景交融、虚实相生,活跃着生命律动的、韵味无穷的诗意空间。朗诵时把握到作品的情境、意象,找准情感的定位,才能将诗性的空间加以立体的呈现,产生灵动的美感,唤起听众的共鸣。

案例分析 3-7

江 雪
唐·柳宗元

千山鸟飞绝,万径人踪灭。

孤舟蓑笠翁,独钓寒江雪。

诗歌描述了一幅江上雪景图:众山皆被白雪覆盖,飞鸟绝迹,人踪湮没,意境清冷幽僻。而在这冰天雪地中,一个老渔翁置身苍茫大地间默默垂钓,使得整个画面更显孤冷。这首诗写在柳宗元被贬永州之后,诗人借歌咏隐居在山水之间的渔翁,来寄托自己清高而孤傲的情感,抒发自己的郁闷苦恼。该诗并非单纯写景,而是借写景而抒郁闷之情,故在朗诵时应沉郁而有力。

课堂实训

3.5 以《青春万岁》序诗为例,说明朗诵之前应该做哪些案头准备工作。

《青春万岁》序诗
王 蒙

所有的日子,所有的日子都来吧,

让我们编织你们,用青春的金线,

和幸福的璎珞,编织你们。

有那小船上的歌笑,月下校园的欢舞,

细雨蒙蒙里踏青,初雪的早晨行军,

还有热烈的争论,跃动的、温暖的心……

是转眼过去的日子,也是充满遐想的日子,

纷纷的心愿迷离,像春天的雨,

我们有时间,有力量,有燃烧的信念,

我们渴望生活,渴望在天上飞。

是单纯的日子,也是多变的日子,

浩大的世界,样样叫我们好奇,

从来都兴高采烈,从来不淡漠,

眼泪,欢笑,深思,全是第一次。

所有的日子都去吧,都去吧,

在生活中我快乐地向前,

多沉重的担子,我不会发软,

多严峻的战斗,我不会丢脸,

有一天,擦完了枪,擦完了机器,擦完了汗,

我想念你们,招呼你们,

并且怀着骄傲,注视你们。

3.6 朗诵戴望舒的诗作《我用残损的手掌》和舒婷的诗作《祖国啊,我亲爱的祖国》,试从时代背景、诗歌中"我"的形象内涵、诗歌传达的爱国情感等方面比较这两首诗作。

3-3 朗诵《祖国颂》

五、朗诵技巧

(一) 有声语言技巧

1. 情感的表现

诗人徐迟说:"把诗人在创作时燃烧着的思想感情,再一次在朗诵中燃烧起来。"朗诵时,要调动自己的各种感官,仿佛看到了形象、听到了声音、嗅到了气息、尝到了味道……并把这些感知加以整合、提炼,形成对形象的情感态度,然后用艺术化的声音加以表现。

2. 节奏的把握

节奏是在思想感情起伏的支配下,呈现出抑扬顿挫、轻重缓急的语音形式的循环往复。其中,语速的疾徐、语势的强弱是其最显著的外部标志。节奏大致有轻快型、沉稳型、舒缓型和强疾型。

一般说来,叙述紧张的、急剧变化的场面应采用强疾型节奏;叙述平静、庄重的场面,特别是描绘自然景物、烘托气氛应采用舒缓型节奏;塑造活泼年少的人物形象应采用轻快型节奏;塑造稳重年老的人物形象则应采用沉稳型节奏。例如鲁迅作品《故乡》中的一些片段:

这时候,我的脑里忽然闪出一幅神异的图画来:深蓝的天空中挂着一轮金黄的圆月,下面是海边的沙地,都种着一望无际的碧绿的西瓜……

这一段是回忆故乡宁静的月下西瓜地的美丽景色,应放慢节奏,给人以想象的余地。

"他不咬人么?"

"有胡叉呢。走到了,看见猹了,你便刺。这畜生很伶俐;倒向你奔来;反从胯下窜了。他的皮毛是油一般的滑……"

这是少年闰土和"我"的一段愉快的对话,读起来要轻快些,以表现说话者活泼的天性和对话内容的趣味。

作品中发人深省的警句,朗诵得要慢些,让听众体会到沉重的情感与深刻的哲理,留下回味的余地。例如:

希望是本无所谓有,无所谓无的。这正如地上的路;其实地上本来没有路,走的人多了,也便成了路。

节奏应当根据作品的情感来决定,表达焦虑、恐惧、愤怒、激动、热切、欢畅的心情时要急促一些,表达回忆、沉思、缅怀、忧伤、悲痛、沉重、苦恼、绝望、崇敬、爱慕的心情时相对要凝重一些。

朗诵时变化的节奏能引人入胜,产生对比,增强音乐性,增强感染力。

3. 声音的运用

声音是朗诵的主要手段。声音与先天条件有一定关系,但先天条件并不起决定性作用,可以通过后天的发声练习来弥补先天的缺憾。

(1) 发声技巧。声音的感染力来源于气息、共鸣、吐字归音等发声技巧。

(2) 特殊发声。朗诵作为一种语言艺术,要达到绘声绘色的要求,还要恰当地运用一些声音的特殊技巧,以收到锦上添花的效果。常用的有:

① 泣语:是带着哭腔来处理朗诵中的片段的一种技巧。一般表示悲伤、痛苦、喜极而泣等情绪。例如朗诵柯岩的作品《周总理,你在哪里》时,多处可用泣语。

② 笑言:是带着笑声来处理朗诵中的片段的一种技巧。一般表示喜爱、有趣、欢快、嘲讽等。例如:

"已经借来了,再送回去,倒叫她多心。"我看他那副认真、为难的样子,又好笑,又觉得可爱。(茹志鹃《百合花》)

③ 沙哑与尖声:沙哑是低沉而不圆润的声音,多用于凶残、粗野或神秘怪异的人物语言,例如梁山丁《绿色的谷》中混江龙的声音。尖声是一种细、高而锐利的声音,多用于尖酸、刻薄或轻浮、泼悍的人物语言,例如鲁迅《故乡》中杨二嫂的声音。沙哑和尖声都是用来塑造特型人物的,并且一般是塑造反面人物的,但沙哑多表现男人,尖声则多表现女人。

④ 拖腔:拖腔就是把句中的字、词的读音有意拖长些。表示追忆、领悟、傲慢、安闲等,需要使用拖腔(用"——"表示)。例如:

那是——一个冬天,该是——一九四一年的冬天,我打游击打到这个小村庄,情况缓和了,部队决定休息两天。(孙犁《山地回忆》)

⑤ 颤音:颤音是控制声门,使声门开放和阻塞急促交替,发出颤抖的声音。表示极度失落、悲愤或激动,常用颤音(用"～"表示)。例如:

寒蝉～凄切～,对长亭～晚～,骤雨～初～歇。(柳永《雨霖铃》)

此外还有倒吸,就是倒吸一口气,常用来表示恐惧、紧张、惊异等;虚声,就是一种声小气多,类似耳语的声音,表示紧张、内心活动、自言自语等。

(二) 态势语技巧

在朗诵过程中,有时要根据表达需要设计相应的态势语,会大大增强朗诵的表现力,参见"2.4 态势语训练"中的内容。

课堂实训

3.7 朗诵贺敬之《回延安》的开头诗句,体会态势语言表情达意的作用。

心口呀莫要这么厉害地跳,(单手抚胸)
灰尘呀莫把我眼睛挡住了……(手顺势前伸)
手抓黄土我不放,(手捧状)
紧紧儿贴在心窝上。(双手向胸)
几回回梦里回延安,(双手由胸向前展)
双手搂定宝塔山。(双手前伸,仿佛亲眼看见)

图3-1 朗诵

3.8 结合作品的思想内容,从眼神、手势、身段等方面为岳飞《满江红》设计态势语言并朗诵。

延伸阅读

朗诵艺术是世界文化艺术宝库中的重要宝藏(节选)

尧华(北大朗诵艺术协会指导教师)

朗诵艺术,是利用有声语言,创造性地对文学作品进行形象表现的一种表演艺术。作为一种高级的语言审美和创造活动,朗诵艺术的产生和人类的语言的产生是同时进行的。在比书面文字更悠久的有声语言的发展历程中,朗诵艺术早已处于不断的发展中。从某种意义上说,朗诵艺术的发展,即人类对于语言的意义和声音的艺术感受和理解的积淀和深化,为书面文学艺术的发展和口头语言的发展和丰富提供了必要条件。

在世界各民族语言文学的发展历史上,朗诵艺术都发挥过十分重要的作用。从中国的《诗经》《尚书》到古希腊的《荷马史诗》,自觉和不自觉的朗诵艺术活动都起着传播和继承的作用,没有朗诵艺术活动的存在,大量的前文字时代的文学作品的保存和发展是不可思议的。事实上,公元前7世纪希腊杰出的女诗人萨福就是一位朗诵高手。哲学家柏拉图朗诵诗歌在当时也非常出名。西方中世纪出现了大量的行吟诗人,他们简直是职业的朗诵演员。尽管由于书面文学的发展和印刷技术的不断更新换代,文学作品呈现了多样化的局面,但是朗诵始终是人们欣赏作品和交流文学感受、体验文艺生活的重要手段,对文学家来说,朗诵始终是推进创作和提高语言把握能力的必要途径。在歌德、海涅、雨果、普希金、果戈理、马雅可夫斯基等世界文豪的生活中,很容易找到从事朗诵活动的资料。歌德青年时期,曾经多次参加魏玛宫廷的朗诵会。马雅可夫斯基自己认为他一生的两大任务就是创作诗歌和朗诵诗歌。

在中国古代,讽、诵、吟、哦、咏、啸、哼、读等具有不同程度审美追求的有声语言活动十分繁盛,并绵延不绝。大诗人李白曾经写过"余亦能高咏,斯人不可闻,明朝挂帆席,枫叶落纷纷"的诗句,表达朗诵家的自豪和孤独,诗圣杜甫诗赞朗诵曰:"诵诗浑游衍,四座皆辟易。应手看捶钩,清心听鸣镝。精微穿溟涬,飞动摧霹雳。陶谢不枝梧,风骚共推激。"对朗诵境界的描述,让人羡慕。朱自清先生在他的《论朗读》《朗读与诗》中,曾经对中国的有声语言艺术发展进行过富有创见的梳理,他认为:朗读(朗诵)的发展对诗歌体式、声律的发展起了至关重要的作用。因此,我们可以说,朗诵艺术无愧于世界文化艺术宝库中的宝藏,她既是动态的语言文学的重要组成部分,也是语言文学发展的重要动力,具有深厚的艺术传统。这个宝库需要我们进一步地继承和发展。

(资料来源:北大未名站,编入时有改动)

课后任务

1. 为什么说"朗诵艺术是世界文化艺术宝库的重要宝藏"?请加以分析。

2. 有研究者从中医的角度看待经典诵读的功效,认为:唐诗宋词如清风明月,读之可清肝泻火;经典笑话集如《笑林广记》等,可开宣肺气,辛温解表;《大学》《论语》等儒家经典,可养浩然正气……对此你怎么看?

3.2 演讲训练

演讲是具有明显艺术性的社会实践活动,也是语言的一种高级表现形式。演讲的目的在于传递核心价值观,要达到此目的,演讲者必须调动各种表现手段,艺术地传情达意。口才的培养得益于演讲训练。世界上没有天生的演说家,演讲的成功需要学习演讲的技巧、培养演讲的自信、把握演讲的机会、积累演讲的经验以至提高演讲的水平。

训练导引

> 训练目标

1. 了解演讲的含义及特征,熟悉演讲的准备、表达、控制等环节。
2. 掌握演讲的基本技巧,能够根据现场需要进行即兴演讲,能够根据主题进行命题演讲。
3. 掌握演讲要领,在演讲中做到观点鲜明、内容充实、表达准确、语言有表现力、态势恰当大方。
4. 提升演讲水平,弘扬主旋律,传播正能量。

> 课前准备

1. 收集精彩演讲视频:小组推荐一段短小精悍的演讲视频并说明推荐理由。
2. 每个小组推荐一名成员,介绍自己成功演讲的经验或演讲中留下的遗憾。
3. 推荐关于演讲的一本好书,课堂上进行简明介绍并号召同学阅读这本书。

情境导入

第二次世界大战初期,英国一度节节败退,人心惶惶,士气低沉。时任英国首相的丘吉尔觉得有必要进行一场演讲来激励士兵的士气,挽救国家的命运。丘吉尔拄着拐杖,叼着雪茄,慢步走向讲台。他先把帽子放在讲台上,然后用眼光从左到右横扫了整个军营,大声说:"永不放弃!"然后又用眼光从左到右横扫了整个军营,高声说:"永不放弃!"整个军营鸦雀无声,连一根针掉在地上都可以听到。最后他再次用眼光从左到右横扫了整个军营,加大力度说:"永不放弃,永不放弃,永不放弃,永不放弃!"整个军营都振奋起来,欢呼声此起彼伏。

丘吉尔是著名的演说家,也是诺贝尔文学奖获得者。上文是他一生中最精彩的演讲,同时也是世界上最震撼和最简短的演讲之一。这次演讲成为演讲史上的经典之作,广为传颂。

一、演讲概述

(一) 演讲的含义

演讲又称演说,是一门综合性的艺术,是言语的一种高级表现形式,是一种有计划、有目的、有主题、有系统的视听信息的传播。

通常意义上,演讲是指说话者在特定的时境中,借助有声语言为主和态势语言为辅的艺术手段,针对现实社会中的某一问题,或围绕一个中心,面对听众发表意见、抒发情感,从而影响和感召听众的一种现实信息交流活动。

(二) 演讲的要素

演讲要素有演讲主体、演讲客体、演讲载体、演讲受众和演讲时境,它们共同构成了一个完整的演讲,缺一不可,只有各要素有机统一才能使演讲达到理想效果。

1. 演讲主体

演讲主体即演讲者,是演讲活动的中心和前提,是演讲内容和形式的生发者和体现者,是整个演讲活动的主人和支配者,也是演讲成败的决定性因素。

2. 演讲客体

演讲客体即演讲的内容,是演讲要反映的客观事物以及这些事物在演讲主体心灵中形成的意识成果。演讲客体要符合一定的要求:①演讲的内容必须正确,包括观点明确、立场坚定、旗帜鲜明;②演讲的内容必须真实,只有内容真实才能真正起到教育人、激励人的作用,演讲才有价值;③演讲内容必须符合时代精神,演讲是一项社会实践活动,理应为社会服务,为社会进步摇旗呐喊。

3. 演讲载体

演讲载体主要包括有声语言和态势语言。

(1) 有声语言以流动的方式承载着演讲者经过组织的思想与情感,传入听众的听觉器官,从而产生很强的说服力、吸引力与感召力。

(2) 态势语言是指能在一定程度上表达思想感情的面部表情、手势动作、举止仪态等。如果运用得准确、自然、得体、鲜明,就能够有效地弥补有声语言的不足,增强有声语言的表现力和感染力。

4. 演讲受众

演讲的受众是听众,听众是演讲活动的积极参与者,而非被动的接受者。听众是演讲中非常活跃的积极因素,对演讲信息的接收程度有完全的主动权,并可以对演讲者的内容进行反馈。听众的反应是检验演讲成效的客观标准,也是最重要的标准,所以演讲时需要演讲者有强烈的对象意识,注意听众的反应,作出及时的调整。

5. 演讲时境

特定的时境是演讲的重要基础之一,一般是指演讲者和听众共处的时间与环境,是演讲活动不可缺少的物质要素。同时,特定的时境又对演讲起着一定的制约作用。

(三) 演讲的特征

1. 社会性

演讲发生在社会成员之间,它是一个社会成员对其他社会成员进行宣传鼓动活动的口语表达形式。因此,演讲不只是个体行为,还具有很强的社会性。

2. 现实性

演讲属于现实活动范畴,它是演讲者通过对社会现实的判断和评价,从而对广大听众公开陈述自己主张和看法的现实活动。

3. 艺术性

演讲要求演讲者以一种集中、凝练、富有创造色彩的面貌出现,具有艺术的整体感和协调感;同时,演讲还具备了戏剧、曲艺、舞蹈等艺术门类的某些特点,并将其与演讲内容有机结合,形成自己独特的艺术魅力。

4. 鼓动性

演讲的目的和作用就在于打动听众,演讲者既要有冷静客观的分析即晓之以理,又要有诚挚热烈的感情即动之以情,从而感染和打动听众,使听众对其观点或态度产生认可或共鸣。

(四) 演讲的类型

根据分类的标准不同,演讲大致可以分为以下类型:

(1) 从演讲内容上分,主要有政治演讲、生活演讲、法律演讲、学术演讲、教育演讲等,这是对演讲最基本的分类。

(2) 从演讲形式上分,有命题演讲、即兴演讲和论辩演讲等。

(3) 从演讲目的上分,有说服性演讲、传授性演讲、娱乐性演讲等。

(4) 从演讲场合上分,有正式演讲(如学术会议、政府活动、商务谈判)和非正式演讲(如朋友聚会、小型社交活动)。

(5) 从演讲表达方式上分,有叙述式演讲、议论式演讲、说明式演讲、抒情式演讲等。

课堂实训

3.9 如果缺失或削弱了演讲中"演"的部分会出现什么样的状况? 请结合演讲的定义和要素,分析"讲"与"演"之间的内在联系。

3.10 现场朗诵李白诗《赠汪伦》,再以"友情"为主题进行3分钟的简短演讲,从目的、手段、主体等方面比较朗诵与演讲的不同。

二、演讲技巧

(一) 演讲的准备

1. 确立主题

演讲的主题不仅与演讲的形式有关,更与演讲的内容和风格有关。演讲者的见解和观点都是通过具体材料并围绕相应主题思想来表达和体现的,确立演讲主题需遵循以下原则。

(1) 需要原则。演讲要从客观实际出发,认真考虑自己所选择的主题是否符合现实需要,选择听众普遍关心、亟待得到解答而又有社会意义的主题,才能受到听众的欢迎。

(2) 适合原则。演讲者在确立主题时必须考虑是否适合自身的年龄、身份、气质、能力等,同时也要充分考虑听众的文化水平、思想修养、职业特点等,以及规定的演讲时间、场合和环境。

(3) 单一原则。一次演讲通常只能有一个主题、一个中心,如果贪多求全,势必使主题分散、中心不明,造成演讲的头绪纷繁。

(4) 深刻原则。无论是讲人、叙事、论理,都不能停留在表面,而应该挖掘事物的本质、把握事物的个性,演讲者对事物的阐释要由表及里、由浅入深,使主题具有普遍而深刻的教育意义。

案例分析 3-8

"我们的血是热的,我们年轻,我们充满了自信。我们坚信:没有青年的民族是'夕阳'的民族,没有青年活力的时代是沉寂的时代,没有青年参加的变革是无望的变革。也许我们经验不足,城府不深,办事不牢,也许我们骨子里还有那么一点说不清的'傲气'与'狂气',但是我们胸中怀有最可宝贵的社会责任感。我们忧国忧民,敢想敢干,勇于探索,立志成材,我们热情真挚,勤劳智慧,这就是我们当代的青年。"

(节选自张芸《历史将为我们立传》)

青年强,则国家强。这段演讲词中,演讲者充分考虑到自己与听众的年龄、身份和阅历的相似性,通过对"当代青年"特点的深入分析,有效唤起听众的共鸣与认同感,具有鼓动人心的力量,同时具有较强的现实意义。

2. 选择材料

无论演讲主题如何,材料是否充分、可靠、典型,都是衡量演讲优劣的重要尺度。材料是演讲者通过直接(亲身经历、体验)或间接(书刊等传播媒介)的方式获得的,演讲者必须通过分析和鉴别,对材料进行优化组合。

（1）围绕主题筛选材料，选取能够充分说明、突出、烘托主题的材料。

（2）选择真实、典型的材料，既反映演讲者实事求是的精神品质，也能增强演讲的感染力，而典型材料能使主题表现得更直接、更有力。

（3）选择新颖、有趣的材料，不仅能够更好地调动观众的注意力和积极性，而且可以给观众留下久久难忘的深刻印象。

（4）选择贴近观众生活的材料，要考虑到观众的具体情况，如年龄结构、思想素质、社会地位、文化教养以及心理需求等。

案例分析 3-9

"大家好！我今天站在这里，其实和大家一样，也曾经是一个普通的职场新人。记得我刚入职的时候，面对复杂的工作任务，心里既紧张又兴奋。今天，我想和大家分享一些我在职场中积累的经验，希望能对你们有所帮助。"

当听众与演讲者存在一定心理距离时，演讲者可以通过多种方式拉近与听众的关系，增强互动和共鸣。比如可以通过有趣的开场白或个人故事，迅速拉近与听众的距离。

3. 构思设计

精心的构思和设计能使演讲呈现出较强的系统性、层次性、整体性，也是演讲取得成功的重要因素，主要包括以下工作：

（1）内容编排。包含开场白、主体、高潮和结尾等，其中开场白的处理最为重要，匠心独运的开场白，以其新颖、奇趣、精妙之美，能瞬间集中听众注意力，有效调动和活跃全场气氛，常见的手法有开门见山、制造悬念、自嘲开篇、即景生题等。

（2）态势处理。演讲者应当穿着适宜得体的服装，上台前放松心情、精神饱满，根据演讲内容可以事先对手势、身姿、眼神、表情进行适当设计，特别是亮相，包括如何点头或鞠躬、如何利用目光或微笑向听众示意、如何打造良好的第一印象等。

（3）情感把握。精彩的演讲总能闪现思想的火花，掀起情感的波涛，演讲者与听众常常在动情之处形成心灵交汇、情感共鸣，这就需要演讲者事先针对演讲主题和内容精心设计兴奋点，采取先抑后扬、铺陈渲染、连珠反诘等手法为自己营造情势。

另外，在时间和条件允许的前提下，也可以事先拟写演讲稿，为演讲做更充分、更周全的准备。

案例分析 3-10

"我看到'莫言博士'这几个字，心里就忐忑不安，我怎么会变成博士呢？四十年前我从叔叔那里偷过一支博士牌钢笔，还被父亲痛骂一顿。'你还会用钢笔？铅笔都

3-4 讲故事的人

用不好。'谁知道过了四十年,博士这两个字竟然跟我的名字联系到了一起。……"

(节选自莫言《儿时的梦想》)

这是莫言于2005年接受香港大学荣誉博士学位时发表演讲的开场白。他一开场就提出一个自嘲的问题,并自问自答,勾起一段儿时回忆,起到了双重效果:一来可以在演讲初始就牢牢抓住观众的注意力;二来可以引发听众的思考,揣测他为什么会提出这个问题,从而在接下来的演讲中寻找答案。

案例分析 3-11

"走上讲台,徐志摩旁若无人地自怀中掏出一卷稿纸,大约有六七张,用打字机打好的,全英文的,然后坐了下来,环顾了一下四周后,准备开讲。听众(观众)们首先就被他手上的那一叠稿纸弄糊涂了:他这是要演讲,还是照本宣科?徐志摩解释道:'我的讲题是《艺术与人生》,Art and Life,我要按照牛津的方式,宣读我的讲稿。'这一下,学生们躁动起来……牛津的方式,注定徐志摩的这次演讲是失败的。他的演讲(实则宣读)一开始,就有人退场。"

(节选自王一心《徐志摩新月社》)

正如书中所言,"徐志摩自然不会在乎演讲的成功与失败,在他看来,能够完整全面地将他在留学生涯中特别是在剑桥所接受的西方社会思潮和文艺理论进行总结后'推销'出去,就是成功",但是就一次演讲而言却很失败。徐志摩做准备工作时显然没有考虑听众们的文化水平和心理感受,他选用和设计的"牛津的方式"并不能唤起听众的情感共鸣,演讲效果适得其反。

(二)演讲的表达

1. 准确清晰

一场成功的演讲,演讲者的首要任务是将信息准确地传达给了听众。因此,演讲使用的语言一定要确切、清晰地表现出所要讲述的事实和思想。这就要求演讲者要做到思想明确,看清、看透演讲对象的实质;发音要吐字清晰、字正腔圆;要掌握丰富的词语,用词规范、准确;仔细推敲、体味、比较和区分词语的感情色彩并加以运用等。

案例分析 3-12

"诸位,各位,在座的:今天是什么天气?今天是演讲的天气。开会的来齐了没有?看样子大概有五分之八啦,没来的举手吧!很好,都到齐了。你们来得很茂盛,鄙人实在很感冒……你们都是文化人,都是大学生、中学生和洋学生,你们这些乌合之众是科学化的、化学化的,都懂七八国英文,兄弟我是大老粗,连中国英文也不懂,我真是鹤立鸡群了……你们是从笔筒子里面钻出来的,兄弟我是从炮筒子里钻出来的,今天到这里讲话,使我蓬荜生辉,感恩戴德。其实我没有资格给你们讲话,讲起来就像……就像……对了,就像对牛弹琴……"

这是某位人物在一所学校的校庆大会上的演讲,其荒唐和无知常常被人引来逗笑取乐。究其原因,演讲者明明文化程度不高,却硬要附庸风雅,卖弄斯文,乱用词语,语无伦次,一派胡言,令人啼笑皆非,由此可见演讲用词必须语意准确、合乎规范。

2. 通俗易懂

讲出来的内容能让听众听得懂,这是对演讲语言的基本要求。否则,演讲就失去了听众,失去了存在的意义和价值。因此,演讲者必须坚持"口语化"的原则,多用简洁明快的短句、少用冗繁复杂的长句和倒装句,多用常用词、少用某些特殊专业或范畴的专用词,适当运用一些社会流行的富有生气和活力的新词语;适当运用俗语,包括成语、谚语、歇后语等,增强演讲的说服力和表现力。

案 例 分 析 3-13

"对于制造火箭'心脏'的特种熔融焊接工,最考验的就是人的稳定性、协调性、悟性,特别是悟性。焊接时,很多东西都是表面看不见摸不着的。一名优秀的焊接工,一方面需要物理、化学、数学、力学、冶金等领域的知识储备;另一方面,更需要理解知识后进行实践。悟性需要综合知识的积累,而稳定性与协调性则需要苦练。我焊接的不是一般的产品,而是火箭发动机,火箭发动机被称为火箭的心脏,其价值动辄百万元,关键是对技术的要求十分苛刻。焊接时一个焊点的宽度只有0.16毫米,相当于两根头发丝的直径;需要在极短的时间内完成焊接,时间误差不能超过0.1秒,而人眨眼的时间只有0.2秒,如果超过了这个时间误差,就可能把要焊接的管线焊破或者焊漏。对火箭发动机的焊接是不能有丝毫差错的,更不要说焊破或者焊漏,一丝一毫的差错都可能造成发动机在运行过程中的爆炸,那后果自然是非常严重的。所以发动机的焊接要求把失误降低到零。焊接工在焊接的时候,自然是要呼吸的,但是如果呼吸太重,都可能造成焊缝不均匀,也就是说,在工作的时候,连呼吸都要进行严格控制。"

焊花闪烁,映亮苍穹,大国工匠高凤林,为火箭焊"心"38年。这段话用通俗易懂的语言解释了火箭发动机焊接中零失误的精度要求,话语中表现了他追求极致的工匠精神和作为中国"航天人"的责任感和自豪感。

3. 简洁精练

演讲语言除了准确、易懂,还应当简练,用最少的字句使听者在较短的时间内获得最多的信息。"言不在多,达意则灵"。要使表达简练,首先要加强思维条理性和精密性训练,紧抓要点、突出中心;要努力使表达净化与纯化,克服口头禅;要反复锤炼字句,精益求精,力求"言半而功倍"。

案例分析 3-14

3-6 中华诗词之美

"什么是中华诗词之美?中华诗词之美首先体现在中国语言文字上,独体单音和平仄四声的特征使诗词具备了独一无二的文字与声音美感。当然,这不是全部。诗词中所体现出来的诗人、词人内心的感情和生命之境界,是中华诗词最具独特性的美感。中国古典诗词自始即以其能予人直接的感发之力量为最基本特色,作诗一定是'情动于中而形于言',即看到外界的景物情事使内心感动,然后用诗歌表达出来。钟嵘在《诗品》中说:'使穷贱易安,幽居靡闷,莫尚于诗矣。'在贫贱艰难或寂寞失意时,没有比诗词更能安慰人、鼓励人的了。可以说,中国古典诗词凝聚着中华文化独一无二的理念、志趣、气度、神韵,是中华民族的血脉,是全体中华儿女的精神家园。只要是有感觉、有感情、有修养的人,就一定能够读出诗词中所蕴含的真诚的、充满兴发感动之力的、生生不已的生命。如果把中国古典诗歌放在世界文学的大背景中来看,我们就会发现中国古典诗歌的特色实在是以这种兴发感动之作用为其特质的,所以《论语》说'诗可以兴',这正是中国诗歌的一种宝贵传统。如果说,要我总结出最希望将中华诗词的哪一种美感向西方世界传播,那就是诗词中的中国人的精神。字里行间流淌着的中国人的情感、意志与品性,是我最希望传递给西方读者的。"

(节选自叶嘉莹《中华诗词在文明互鉴中发挥何种作用》)

诗词学问大家叶嘉莹被评为"感动中国 2020 年度人物",颁奖辞称她为"诗词的女儿""风雅的先生"。她的演讲观点鲜明,情理交融,谆谆不倦,饱含对中国古典诗词的热爱之情,道出中华诗词之美,中华儿女精神家园之所在。

4. 生动形象

演讲语言要力求新鲜活泼、绘声绘色,既使听众乐于接受,又有一股感人的力量。常用的方式包括:充分使用个性化词语,注重变换句式;巧妙运用修辞手法,使用比喻、比拟、夸张、借代等,把事物描摹得绘形、传神;创设形象感人的意境,使听者如临其境、如见其人。

案例分析 3-15

"阿Q怎么表白的呢?他一天晚上突然就给吴妈跪下了,说:'吴妈,我要和你睡觉!'然后吴妈就哭,要抹脖子上吊。大家就都认为阿Q干出了毫无人性、违反道德、不守规矩、伤天害理的事情。阿Q没有写检讨,因为他不识字,但是他表示了歉疚,还把一年的工钱都给了吴妈,而吴妈却一直在那里哭、哭、哭。如果阿Q在语言文字的修辞上能够到咱们中文系上两节课,能来这儿听讲座,他就绝对不会用这种话了!如果他读过徐志摩的诗呢?那么他见到吴妈说:'我是天空里一片云,偶尔投映在你的波心,你不必讶异,更无须欢喜,你有你的,我有我的……'嘿,他可能就成功了!"

(节选自王蒙《语言的功能与陷阱》)

这是作家王蒙在暨南大学的一次演讲,演讲的题目学术味很浓,但他假定了让阿Q用徐志摩的诗去向吴妈"表白",利用错位的修辞手法,让一个粗鄙无知的人说出文绉绉的名人诗句。整个讲述绘声绘色、形象传神,让听众在啼笑皆非之余,很容易接受演讲者要表达的观点:语言是有功用的。

5. 幽默风趣

在演讲中适当地使用幽默,能活跃气氛,缩短与听众之间的距离,增进与听众的沟通,收获意想不到的效果。运用故意夸张、正反颠倒、移花接木等幽默风趣的艺术手法进行演讲,既能使听众在心理上产生愉快感,使听众轻松、欢快,同时又能有效地传递演讲的内容。

案 例 分 析 3-16

"我在北大有很多特别好的导师,我在另外一个学校也有两个特别好的导师。一个是我的外祖母,我的外祖母是一个普通的中国农村妇女,她不识字,她1900年出生,1995年去世,活了95年。她在方圆几十里都是个明星,如果她要演电影就是安吉莉娜·朱莉,如果踢足球就是梅西,如果打篮球就是杜兰特,如果跑百米就是博尔特。但是她一辈子都在这里。她的个子只有一米五六,但是我们黄河边三里路长的麦趟子,每次割麦子时她都是头把镰。头把镰是什么?就是第一提琴手。当她把麦子从这头割到那头的时候,一米七八的大汉才割在地头中间。她晚年的时候,我跟她有个炉边谈话。我说,你为什么割得比别人快?她说,我割得不比任何人快,只是割麦子我只要扎下腰,就从来不直腰;因为你直一次腰你就会直十次、二十次;我无非是在别人直腰的工夫割得比别人快一点。接着她跟我语重心长地说了句话:我是个笨人啊。这是一个伟大明星的教诲。"

(节选自刘震云《我们民族最缺的就是笨人》)

这是刘震云2017年在北京大学做的一次主题演讲,他列举了很多身边亲友的事例,语言表达诙谐幽默,让听众在轻松愉悦的气氛中获益匪浅。幽默但又富含哲理的演讲语言营造了特殊的表达效果。

(三)演讲的控制

1. 自我调控

自我调控最重要的是心理调控,即克服怯场心理,可以通过自我激励以增强信心,眼神多用虚视,回避听众的一些表情和举动,以做到自我放松;其次是情绪调控,情绪应该服从理智,服从动机和目标,服从演讲的表达;另外还要做好内容调控、时间调控、语速调控等,不能有任何疏忽。

案 例 分 析 3-17

一位选手在颁奖活动中着急上台,被台阶绊了一下脚,险些跌倒在地,只见她不慌不忙地稳住了身体,站在舞台中央,平静地说:"女士们,先生们,你们刚才看到了,我是经历了什么样的坎坷,才站到今天这个舞台上的。"听了她的这番话,全场观众报以热烈的掌声。

在演讲过程中,从登上舞台到从台上走下来应尽量稳定情绪,步伐从容。如果不慎出现一些偶发状况,要善于自我调控,稳住阵脚,若能像案例中这位选手一样随机应变、幽默调侃,赢得现场观众的鼓励和喝彩也就在情理之中了。

2. 场面控制

场面控制首先要引发听众的兴趣,可以通过设问、对比、停顿等手法,故意制造悬念,调动听众的参与感。其次要激发听众的情感,"激人以怒,哀人以怜,动人以情",让听众受到情绪的感染,从而对演讲投入极大的热情。最后还要做到以理服人,演讲是事、理、情的融合,只有真知灼见,充分而严密的事实根据,才能适时地给听众释疑解惑,从而说服听众,控制场面。

案 例 分 析 3-18

一位老教授作关于演讲技巧的报告,当时校园里正同时举行青年歌手大奖赛。老教授走上讲台,发现台下虽有空位,但走廊上却站着不少学生,可见这是心中犹豫不决的听众,他决定要争取这部分人。他放弃了原来的开场白,这样讲道:"同学们,今天首先是你们鼓舞了我,你们放弃了青年歌手大奖赛,来这里听我演讲,这说明你们严肃地作了选择。在说的与唱的之间,一般人选择唱的,而你们却选择了说的;在年轻小伙子、姑娘和老头子之间,一般人选择小伙子和姑娘,而你们却选择了我这半老头子。这说明你们认定说的比唱的好听,老头子比年轻人更有魅力,这使我产生了一种返老还童之感。"开场白后报告厅响起了热烈的掌声,走廊里的人挤进了座位,后面的人又挤进了走廊。

这个案例中老教授利用对比手法，把说与唱、年轻人与老头子作对比，再把一般人与听众在二者之间的选择作对比，既褒扬了听众，又巧妙地展示了自己的智慧，引起了听众的重视和兴趣，使双方产生共鸣，从而有效地控制住场面，赢得了人心。

3. 灵活应变

尽管演讲者事先做了充分准备，演讲时仍然会出现一些意料不到的状况，这时，演讲者必须临场应变，灵活地采取补救措施。例如忘词，演讲者此时不能惊慌，可以临时插入一两句跟演讲内容不大相关的话；可以询问后排的听众是否能清楚地听见自己说话，为自己赢得回忆的时间；也可以把最后讲的那句话加重语气再重述一遍，或用最后一句话的最后一个词、短语或观点来开启一个新段落，接着再把断了的思维链条衔接起来。又如口误，演讲者可以直接诚恳地承认错误，请求听众的谅解；也可以借"错"发挥，用机智幽默的方式加以化解。

案 例 分 析 3-19

在一次"公正自在人间"的主题演讲中，演讲者讲到"什么是公正，世界上有真正的公正存在吗？"他情绪激昂，语调铿锵有力，可就在这时，他发现自己的大脑突然一片空白。有些紧张，但很快稳下神来，只见他微笑了一下，刚才激昂的语调变得有些低沉，语速也慢了下来，"其实对于这点，我也常常感到困惑和茫然，所以我很想知道大家的想法。"这一番入情入理、坦诚的表白一下子就抓住了听众的心，也激活了大家的思维和好奇心，沉闷的会场有了生气……

这是典型的忘词现象，案例中的演讲者在忘词之后没有自乱阵脚，而是迅速冷静下来积极思考救场方式。他巧妙地利用提问把焦点转向听众，既为自己赢得了时间和转机，又活跃了现场气氛，失误反而促成了演讲的一个亮点。

课堂实训

3.11 为案例《历史将为我们立传》进行语调和态势语言设计，并现场演练。

3.12 阅读《记梁任公先生的一次演讲》，模拟梁启超先生的神态及开场白；分析演讲前他做了哪些准备工作，他的出场和开场白有什么特点，他在演讲中运用了哪些表达技巧。

3.13 如果你应邀去做一次露天演讲，临场前主持人告诉你要压缩演讲时间，由原定的10分钟压缩到5分钟；当你登台准备演讲，台下的听众仍然乱哄哄的；当你的演讲刚刚进入状态，天公不作美，下起了大雨……面对以上种种意外状况，你将如何开场、控场并巧妙地加以应对？

三、命题演讲训练

（一）命题演讲的含义

命题演讲，一般是指出题者给出一个既定的题目或限定的主题，要求演讲者根据这个题目或主题进行演讲。

（二）命题演讲的特征

1. 针对性

由于事先确定了主题，拟定了题目，演讲者在准备演讲内容时更有针对性。而且命题演讲的听众和场地也是明确的，演讲者可以更好地把握听众的心理、思想、观念、情感，更好发挥主导作用。

2. 稳定性

命题演讲是在经过充分准备的情况下进行的，演讲者一般都会写好演讲稿并精心设计、反复演练，其内容和结构变化不大，所受时境的限制较小，稳定性更强。

3. 求异性

命题演讲通常是多人同时被指定相同的题目进行演讲，演讲者必须在众人所谈的同一话题上讲出新意，力求别出心裁、与众不同，要有新颖的角度和独特的观点。

课堂实训

3.14 以"大学——人生真正的开始"或"青春是_____（根据自己的理解填入恰当词语）"为主题组织一次命题演讲测试，演讲结束后，进行组间互评和教师点评。

四、即兴演讲训练

（一）即兴演讲的含义

即兴演讲，是演讲者在特定情境的诱发下，自发或被要求进行即时演讲，是一种临时起意的不凭借文稿来表情达意的口语交际活动。它是演讲者事先没有准备或没有充分准备的情况下有感而发的临时性演讲，在日常生活中使用范围很广，如社交聚会中的欢迎、欢送、哀悼、答谢、婚礼、寿庆等场合下的发言或讲话。

（二）即兴演讲的特征

1. 临场性

即兴演讲常常是演讲者被眼前的人物、事物、情景所启发，临场触动，有感而发，无法事先做准备，必须依靠演讲者的临场准备、临时发挥。

2. 灵活性

即兴演讲往往思考时间短、出语速度快，这就要求演讲者必须具有敏捷的思维能力，利用很短的时间确定主题、组织材料，并具有较强的应变能力。

3. 精简性

即兴演讲的时间通常较短,演讲者要以简洁、精练的语言取胜,叙述的逻辑性非常重要,始终保持一条有深度的主线,化繁为简,切忌节外生枝。

(三) 即兴演讲的"万能模式"

1. "三定"

(1) 定话题。应选择观众想听的、自己能讲的、社会生活需要的话题。

(2) 定观点。要在话题中快速定位论点,明确集中、精练深刻。

(3) 定框架。可以开门见山,点明主题;也可以采用"倒金字塔式",先举例,通过案例总结要点,再说明理由,进行论证分析。

2. "四思"

(1) 逆向思维。从反向思考问题,提出与之相对或相反的观点。

(2) 纵深思维。从平凡事物中发现更深一层的被现象掩盖着的事物本质。

(3) 发散思维。从一个目标出发,沿着各种不同的路径探求各种可能。

(4) 综合思维。对前三种思维进行综合运用。

3. "五借"

"借"的东西很多,"五借"是泛指,包括借题发挥、借人发挥、借物发挥、借事发挥、借景发挥。它要求演讲者善于观察现场并获取信息。

课堂实训

3.15 你心中对"朋友"(或"理想""责任""选择""幸福""合作""挫折""放弃"等)的定义是什么? 请围绕相应主题即兴演讲,时长控制在2分钟以内。

3.16 某位作家说:"对于三十岁以后的人来说,十年八年不过是指缝间的事;而对于年轻人而言,三年五年就可以是一生一世。"请体会这句话的深意,并以此为话题即兴演讲,时长控制在3分钟以内。

延伸阅读

记梁任公先生的一次演讲(节选)

梁实秋

我记得清清楚楚,在一个风和日丽的下午,高等科楼上大教堂里坐满了听众,随后走进了一位短小精悍秃头顶宽下巴的人物,穿着肥大的长袍,步履稳健,风神潇洒,左右顾盼,光芒四射,这就是梁任公先生。

他走上讲台,打开他的讲稿,眼光向下面一扫,然后是他的极简短的开场白,一共只有两句,头一句是:"启超没有什么学问——"眼睛向上一翻,轻轻点一下头:"可是也有一点喽!"这样谦逊同时又这样自负的话是很难得听到的。他的广东官话是很够标准的,距离国语甚远,但是他的声音沉着而有力,有时又是洪亮而激亢,所以我们还是能听懂他的每一字,我们甚至想如果他说标准国语其效果可能反要差一些。

我记得他开头讲一首古诗,箜篌引:

公无渡河。

公竟渡河!

渡河而死,

其奈公何!

这四句十六字,经他一朗诵,再经他一解释,活画出一出悲剧,其中有起承转合,有情节,有背景,有人物,有情感。我在听先生这篇讲演后约二十余年,偶然获得机缘在茅津渡候船渡河。但见黄沙弥漫,黄流滚滚,景象苍茫,不禁哀从中来,顿时忆起先生讲的这首古诗。

先生博闻强记,在笔写的讲稿之外,随时引证许多作品,大部分他都能背诵得出。有时候,他背诵到酣畅处,忽然记不起下文,他便用手指敲打他的秃头,敲几下之后,记忆力便又畅通,成本大套地背诵下去了。他敲头的时候,我们屏息以待,他记起来的时候,我们也跟着他欢喜。

先生的讲演,到紧张处,便成为表演。他真是手之舞之足之蹈之,有时掩面,有时顿足,有时狂笑,有时叹息。听他讲到他最喜爱的"桃花扇",讲到"高皇帝,在九天,不管……"那一段,他悲从中来,竟痛哭流涕而不能自已。他掏出手巾拭泪,听讲的人不知有几多也泪下沾巾了!又听他讲杜氏讲到"剑外忽传收蓟北,初闻涕泪满衣裳……"先生又真是于涕泗交流之中张口大笑了。

这一篇讲演分三次讲完,每次讲过,先生大汗淋漓,状极愉快。听过这讲演的人,除了当时所受的感动,不少人从此对于中国文学发生了强烈的爱好。先生尝自谓"笔锋常带情感",其实先生在言谈讲演之中所带的情感不知要更强烈多少倍!

有学问,有文采,有热心肠的学者,求之当世能有几人?于是我想起了从前的一段经历,笔而记之。

课后任务

1. 阅读《记梁任公先生的一次演讲》,说说为什么作者说"先生的讲演,到紧张处,便成为表演"?

2. 阅读莫言在获诺贝尔文学奖时发表的文学演讲《讲故事的人》,分析莫言在演讲中讲了什么故事,这些故事在演讲中有何作用。

3. 复习和总结演讲的基础理论,归纳演讲的基本要领和控制技巧。

4. 从推荐的演讲名篇中任选两篇进行评析,每篇不少于300字。

3.3 辩论训练

辩论不仅有助于个人成长和能力的提升,还能够推动社会的进步和发展。它是一种言语交流方式,值得珍视和发扬。在许多行业中,建构合理而有说服力的论点的能力十分重要。无论是新产品的推广,还是现有政策措施的推行,都需要运用辩论这一口语表达形式。可以说,出色的辩论能力已经成为现代社会开拓型创新人才必备的基础能力之一。

 训练导引

➢ 训练目标

1. 了解辩论基础知识,熟悉辩论的要素和原则。
2. 掌握辩论的技巧并在具有辩论色彩的交流中加以运用。
3. 培养团结协作的精神,养成以理服人、表达真诚的态度。

➢ 课前准备

1. 观看国际华语大专辩论会"人性本善(人性本恶)"辩论视频,体会辩论的艺术和美感。
2. 查找资料,了解古今中外辩论活动的发展史,赏析辩论高手的经典辩词。
3. 分小组收集关于辩论方面的故事或人物,准备课堂分享。

情境导入

《列子·说符》记载了这样一个故事:

齐国有一个姓田的大贵族,占有很多土地,家里养有食客千人供他差遣。有一天,田家举行盛大宴会。宾客中有人献上鱼和鹅作为礼物。主人看了很高兴,感叹说:"上天对下民真是优厚啊!它让地里生长五谷,生养鱼类和鸟类,供给我们享用。"

客人听了,齐声应和。这时,宾客中有个鲍家的孩子,才十二岁,他上前反驳说:"我不同意主人刚才的说法。我认为,天地万物和我们人是同时产生的,人也是万物中的一个种类,类与类之间没有什么贵贱、高下之分,不过是由于身体大小不同、智力高低不同,而产生弱肉强食的情况。天地万物,谁为谁生,你能说清楚吗?人不过是选择可以吃的东西来吃,这些东西难道是上天特意为人类创造出来的吗?请问,蚊子叮人吸血,虎狼吃人的肉,难道也是上天安排的吗?"

这位鲍氏之子,虽年幼却胆识过人。他通过逻辑推理、类比和反问等方式,有力地反驳了田氏的观点,揭示了其错误之处,深刻指出自然界的客观存在与发展,以及人与自然应共同遵循的平等与和谐的原则,展示了智慧和勇气。

3-7 认识"辩论"

辩论是一种通过逻辑推理、语言表达和思想碰撞来探讨问题、表达观点、寻求真理的活动。诸子百家时期,辩论是思想交流和文化发展的重要方式,而在当今社会,辩论依然具有极其重要的意义。

一、辩论概述

(一)辩论的含义与要求

辩论,又称论辩,是指思想观点对立的双方或多方,围绕同一主题运用言语进行针锋相对的论争,力求证明自己观点的正确,指出对方观点的谬误的语言交锋过程。

辩论包括"论"和"辩"两个方面。所谓"论"是指论理、评定,也就是为确立自己的观点而进行分析和说明事理、传播观点。所谓"辩",是指辩驳、辨明,也就是依据一定的理由证明自己观点的正确和驳斥对方的谬误。辩论是"论"与"辩"的有机统一,是通过论理来辨明是非之意。辩论通常具有如下要求:

1. 立场明确

想要说服他人,观点很重要。参与辩论的各方都有自己明确的立场和观点,这是辩论的基础。

2. 论据充分

为了证明自己的观点,辩论各方需要搜集和提供充分的论据,包括事实、数据、理论等。

3. 逻辑严谨

辩论要求各方在阐述观点时,要遵循逻辑原则,确保推理的严密性和合理性。

4. 语言清晰

辩论的语言要清晰、准确,要能够精准地表达自己的观点,同时也要充分理解和分析对方的观点。此外,还要善于运用各种修辞手法来增强说服力。

辩论不仅能够锻炼参与者的逻辑思维、快速反应能力和公共演讲技巧,还能促进信息的交流与观点的多元化呈现,是提升批判性思维、增强团队协作与沟通的有效途径。

(二)辩论的基本要素

辩论作为一种认知活动,具有以下要素。

1. 辩题或议题

辩题或议题是论述和交锋的出发点,它定义了辩论的焦点和范围。辩题的选择应具有争议性和探讨价值,能够激发参与者的思考和辩论热情。

2. 参与者

参与者是辩论的主体,他们代表不同的立场和观点,通过语言、逻辑和证据来阐述

和捍卫自己的观点。

3. 论据与理由

论据与理由是辩论的支撑,它们为参与者的观点提供有力的证据和合理的解释。论据可以来自理论、事实、数据、案例等,而理由则是对论据进行逻辑分析和推理的过程。

4. 反驳与质疑

反驳与质疑是辩论的精髓,体现了辩论的对抗性和互动性。通过反驳对方的观点或质疑其论据的有效性,参与者可以进一步阐述自己的观点,并推动辩论的深入发展。

5. 事实判断与价值判断

事实判断与价值判断是辩论的重要范畴。例如"小华是男生",这是一个事实判断;"小华长得帅",这就是一个价值判断。辩题中,事实层面如果有分歧,必然是因为信息不充分。而在信息充分的情况下,事实是不需要辩论的,需要辩论的应该是事实背后的价值。

6. 评估与评判

评估与评判是辩论的总结阶段,是基于一定的标准和原则对参与者的表现进行的。评估的结果不仅有助于评判辩论的胜负,还能为参与者提供改进和提升的参考。

课堂实训

3.17 联系实际谈谈你怎么理解"一人之辩,重于九鼎之宝;三寸之舌,强于百万之师"。

3.18 下列辩题你认为哪些符合辩题设置要求,哪些不符合? 请说明理由。

(1) 网络征婚的利与弊

(2) 网络使人们更亲近还是更疏远

(3) 不以成败论英雄

(4) 生态危机是否会毁灭人类

(5) 法治能清除腐败

(三) 辩论的类型与形式

辩论作为一种旨在通过逻辑与语言交锋来探讨问题、表达观点并寻求共识的活动,其类型与形式丰富多样,以此适应不同场合和目的之需求。

1. 内容分类

从内容上看,辩论可以分为多种,如政治辩论、法律辩论、学术辩论、社会热点辩论等。政治辩论通常涉及国家政策、政治体制等宏观议题。法律辩论则聚焦于法律条文、案件事实及法律适用等。学术辩论则更多关注学科前沿、理论争议等学术问题。社会热点辩论则紧跟时代步伐,探讨社会现象、公众议题等。

2. 形式分类

在形式上,辩论也呈现出多样化的特点。常见的辩论形式包括正式辩论、非正式辩论、模拟辩论等。正式辩论通常遵循严格的规则和流程,如国际大专辩论赛,要求参与者具备较高的专业素养和辩论技巧。非正式辩论则更加灵活自由,常见于日常生活中的讨论和交流。模拟辩论则是一种模拟真实辩论场景的训练方式,旨在提升参与者的辩论能力和应变能力。

3. 其他分类

辩论还可以根据参与人数和辩论方式的不同进行细分,如个人辩论、团队辩论、对抗性辩论、合作性辩论等。个人辩论强调个体的思维能力和表达能力,团队辩论则注重团队协作和策略制定,对抗性辩论强调双方的对立和竞争,合作性辩论则强调双方的沟通和共识。

案例分析 3-20

在民法典长达五年的编纂历程中,围绕着中国民法典的立法模式、立法技术,学者们展开了激烈的讨论。其中,人格权独立成编之争尤为引人注目,成为学术界关注的焦点。

支持方:以中国人民大学法学院教授王利明为代表,他认为人格权独立成编是民法典的最大亮点,有助于更好地保护公民的人格尊严和人格利益。

反对方:以中国社会科学院法学研究所研究员梁慧星为代表,他则认为人格权不宜独立成编,而应将其内容融入总则编和其他分编中。

双方就以下问题进行了论辩。

(1)人格权的性质与地位。

支持方认为,人格权是民事主体享有的生命权、身体权、健康权、姓名权、名称权、肖像权、名誉权、荣誉权、隐私权等权利,是民事主体最重要的基本权利之一。将其独立成编,可以凸显其重要地位,更好地保护公民的人格尊严和人格利益。

反对方则认为,人格权虽然重要,但其性质上仍属于民事权利的一种,没有必要将其独立成编。将其内容融入总则编和其他分编中,同样可以达到保护公民人格尊严和人格利益的目的。

(2)人格权独立成编的立法价值。

支持方强调,人格权独立成编可以完善民法典的体系结构,使民法典更加科学、系统、完整。同时,人格权独立成编还可以为公民提供更为全面、有力的法律保护,促进社会的和谐稳定。

反对方则认为,人格权独立成编可能会破坏民法典的体系结构和内在逻辑,导致民法典的碎片化。此外,人格权独立成编还可能会引发一系列的法律适用问题,增加司法实践中的困难和复杂性。

(3) 人格权独立成编的实践意义。

支持方指出,随着社会的不断发展和进步,公民的人格尊严和人格利益越来越受到重视。人格权独立成编可以顺应时代发展的需要,满足公民对人格尊严和人格利益保护的需求。同时,人格权独立成编还可以为司法实践提供更为明确、具体的法律依据,提高司法效率和公信力。

反对方则认为,人格权独立成编可能会引发一系列的法律解释和适用问题,给司法实践带来不必要的困扰和复杂性。此外,人格权独立成编还可能会增加立法成本和司法成本,不利于节约社会资源和提高法律效力。

这场学术辩论不仅引发了学术界的广泛关注,也对民法典的编纂工作产生了重要影响。它激发了学术界对民法典编纂的深刻反思与广泛讨论,为民法典的进一步优化与发展提供了宝贵的参考和启示。

二、辩论赛的基本流程

辩论,作为一场智慧的较量,不仅展现了语言的魅力,更深化了人们对社会现象、伦理道德及科学知识的理解和思考。辩论赛以四对四辩论形式为常见。辩论赛的程序通常包括一系列环节。

(一) 辩论准备阶段

孙子曰:"是故胜兵先胜而后求战,败兵先战而后求胜。"要取得战斗的胜利需要先创造胜利的条件,辩论也如此。除了日常辩论,其他类型的辩论都要求辩论者进行充分的准备。

1. 选定辩题

辩论的主题通常由主办方提出,参赛队伍需要在比赛前通过抽签决定自己代表的是正方还是反方立场,并着手分析辩题和优选立论角度。

2. 确定论点

围绕该立场,提炼出核心论点,确保它既具有针对性,又能有效回应反方可能提出的质疑。同时,也要对可能遇到的反方观点进行预判,并准备相应的反驳论据。

3. 准备材料

各队根据所选立场,搜集论据、准备材料。

(1) 理论材料:能证明本方观点的社会科学和自然科学的基本原理、科学定理、公式;经过时间和实践考验的经典言论、名言格言;寓理于事的寓言故事、历史典故、民谚歌谣；专业经验、专业知识、学科知识；与命题有关的政策、规定、法律法规等。

（2）事实材料：与辩题有关的正面的、反面的、历史的、现实的能反映事物的面貌性质、经历变化、时间地点、原因结果的具体事实材料；能从全局角度揭示事物的本质规律，有说服力的概括性材料；由权威部门统计的某类事物的综合数据、百分比等数据材料。

4. 形成论据

对搜集到的资料进行筛选，剔除无关或不可靠的信息，将有用的论据进行分类整理，形成清晰的论据体系。再对每个论据进行深入分析，理解其背后的逻辑和原理，提炼出最能支持论点的核心要素，确保论据的精准性和说服力。最后将收集的材料按支持本方立论的材料、反驳对方观点的材料、回击反驳的材料三个类别，分别制成卡片。

5. 模拟演练

通过模拟辩论，检验论点和论据的有效性，发现并修正可能存在的问题。同时，加强团队协作，明确分工，确保在正式辩论中能够默契配合，发挥出最佳水平。

（二）辩论开场阶段

主持人或执行主席在辩论赛的开场阶段扮演着至关重要的角色，其职责贯穿整个比赛过程，对确保辩论的顺利进行、维护比赛的公正性和提升辩论的质量起着重要作用。

1. 宣布辩题

主持人或执行主席宣布本次辩论的辩题，并简要介绍辩题背景。

2. 介绍参赛队伍

介绍正反双方辩论队伍成员、学校、专业等信息。

3. 介绍评委及规则

介绍本次辩论赛的评委成员、评分标准以及比赛规则。

4. 选手自我介绍

正反双方辩手进行自我介绍，通常限时 1 分钟左右。

开场环节不仅为观众提供了必要的背景信息，还营造了正式而专业的氛围，为辩论的展开奠定了基调。

（三）正式辩论阶段

1. 开篇陈词

"开篇陈词"是辩论双方向评委和观众首次阐述自己立场、论点及后续论证思路的重要环节。

比赛中，通常由正反方一辩进行开篇陈词，阐述己方观点，时长约为 3 分钟。阐述观点时，简要概述支持该立场的几个核心理由或论据，让听众一开始就明白双方立场所在，同时为后续详细论证埋下伏笔。

2. 攻辩阶段

辩论赛中的攻辩环节,是整场比赛中最为激烈与精彩的部分之一,它如同智力与口才交锋的战场,考验着每位辩手的逻辑思维、应变能力和语言艺术。

这一环节通常由正反双方交替进行,一般由正方二辩选择反方二辩或三辩进行攻辩,提出问题并限时回答,每轮攻辩时长通常为 1.5 分钟或更长(根据具体规则而定)。接下来由反方二辩选择正方二辩或三辩进行攻辩,流程同上。攻辩结束后,由正方一辩进行攻辩小结,再由反方一辩进行攻辩小结。

3. 自由辩论

自由辩论环节摒弃了固定顺序和预设框架的限制,允许正反双方辩手在限定时间内自由站立发言,直接交锋。在这个环节里,辩手们既要坚守己方立场,在高度紧张的氛围中保持清晰的头脑,迅速捕捉对手发言中的漏洞,立刻组织语言进行反驳,还要时刻准备应对来自对方的即兴挑战。

这一环节通常是双方辩手交替发言,每方限时约为 4 分钟或更长(如 8 分钟),双方总计时间相等。发言辩手落座即为另一方发言开始的计时标志,若有间隙,累计计时照常进行。同一方辩手的发言次序不限,但应避免连续发言多次(如 4 次以上),也要避免回避重要问题或纠缠已明确回答的问题。

4. 总结陈词

总结陈词是整场比赛的收官之笔,也是辩手们对论点进行最终阐述与升华的关键环节。它不仅仅是对前面辩论内容的简单回顾,更是对己方立场的再次强化,以及对对手观点的精准反驳与剖析。

总结陈词中,先由反方四辩进行总结陈词,概括反方观点并回应正方论点,时长通常约为 4 分钟。再由正方四辩进行总结陈词,回应反方观点并强调正方立场,时长与反方一样。

5. 比赛评判

评委根据辩手的表现、论据的充分性、逻辑清晰度、反驳应变能力以及气质风度等方面进行评分。评委评分结束后,由主持人或执行主席宣布本场比赛的获胜队伍和优秀辩手名单。

三、辩论技巧

辩论技巧是在辩论过程中用于增强自己论点说服力的技巧和策略。这些技巧和策略有助于辩手更好地表达并说服听众接受自己的观点。

(一)推理技巧

逻辑是辩论的基础,是辩手的基本功,必须长期训练。

1. 演绎推理

从一般到特殊的推理方法,它基于一些已知的前提或假设,通过逻辑推导得出结论。这种方法在辩论中非常有用,因为它可以确保结论是基于前提的必然结果,从而增强论点的说服力。

案例分析 3-21

辩论主题:是否应该禁止学生在课堂学习中使用手机。

正方观点:应该禁止学生在课堂学习中使用手机,因为这有助于学生提高学习效率。

演绎推理过程:

前提1:学生在课堂上使用手机会分散他们的注意力。

前提2:分散注意力会降低学生的学习效率。

结论:为了提高学生的学习效率,应该禁止学生在课堂学习中使用手机。

前提1是基于对普遍现象的观察和研究得出的观点,前提2是教育心理学的基本原理。正方运用演绎推理,从一般到个别顺理成章地推导出相应结论。

2. 归纳推理

从个别到一般的推理过程,即通过观察和分析特定情况或实例,得出一个普遍性的结论。在使用归纳推理时,辩手需要注意确保所列举的实例具有代表性和普遍性,并综合考虑其他相关因素,以避免得出片面或错误的结论。

案例分析 3-22

辩论主题:是否应该全面推广新能源汽车。

反方观点:不应该全面推广新能源汽车,因为新能源汽车的充电设施还不够完善。

归纳推理过程:

观察实例:列举一些具体地区的新能源汽车充电设施情况,比如某些城市的充电桩数量不足、充电速度慢、分布不均衡等问题。

分析实例:分析实例和数据,说明新能源汽车的推广条件尚不成熟。例如,充电桩数量不足可能导致新能源汽车用户面临充电难的问题,充电速度慢则可能延长用户的等待时间,分布不均衡则可能使得某些地区的新能源汽车用户无法方便地充电。

得出结论:基于以上观察和分析,归纳出一个普遍性的结论,即新能源汽车的充电设施还不够完善,因此不应该全面推广新能源汽车。

该案例的推理存在局限性,例如反方所列举的实例可能并不能代表所有地区的新能源汽车充电设施情况。此外,即使某些地区的充电设施存在问题,也不能直接得出不应该全面推广新能源汽车的结论,因为还可以考虑其他因素,如新能源汽车的环保性、节能性等。

3. 类比推理

通过相似性来推导结论的推理方法。如果两个事物在某些方面相似,那么它们可能在其他方面也会有相似之处。辩手可以利用类比推理来找到对方论点中的逻辑漏洞,以加强自己论点的说服力。

案例分析 3-23

《韩诗外传》中记载了子贡与齐景公的一次论辩。

齐景公问子贡:"你的老师是谁?"

子贡答道:"鲁国的仲尼。"

"仲尼是贤人吗?"

"是圣人啊!岂止是贤人呢?"

"他是怎么样的圣人呢?"

"不知道。"

齐景公怒气冲冲地问:"开始你说仲尼是圣人,现在又说不知道,这是为什么?"

子贡答辩道:"我终身戴天,并不知道天有多高;我终身践地,不知道地有多厚;我求学于仲尼,就如同拿着勺子到江海中饮水,满腹而去,又哪里知道江海有多深呢?"

孔子是子贡的老师,孔子是怎样的圣人子贡当然应该知道。当齐景公对子贡的回答表示不满时,子贡巧用类比,既赞誉了孔子的博学,又为自己的回答作出了圆满的解释。

(二) 表达技巧

1. 言之有理

在表达观点时,辩手应通过逻辑推理,将论点与论据紧密结合,形成有力的论证链,便于听众理解辩手的论证过程。

2. 言之有物

辩手在表达时,应确保内容充实、有思想、有深度,避免空洞无物的言辞。要通过具体的事例或案例来支持论点,增强论证的说服力。

3. 言之有序

辩手要将观点按照重要性或逻辑关系进行分层表述,便于听众抓住重点。在论述不同观点时,使用恰当的过渡语句,使论述过程更加流畅。

4. 言之有文

辩手要运用形象生动的语言来阐述观点,使听众更容易产生共鸣。同时,避免使用生硬或枯燥的语言,以免使听众失去兴趣。

5. 言之有情

在表达观点时,辩手要适当投入情感,通过情感共鸣来增强说服力,使听众更愿意接受辩手的观点。

6. 运用修辞

辩手要运用比喻、排比、反问等修辞手法,增强论证的生动性和说服力。

7. 非语言沟通

辩论中,要适当运用态势语言来辅助表达,如手势、表情等。还需要与听众保持眼神交流,增强互动性和说服力。

四、辩论误区

辩论中存在一些常见的误区,这些误区可能会导致辩论者无法有效地传达自己的观点,甚至可能损害自己的辩论信誉。

(一)思维误区

1. 偷换概念

在辩论中,偷换概念是一种常见的逻辑谬误,它指的是在辩论过程中,一方悄悄地改变某个关键概念的含义或范围,从而误导听众或对手,以赢得辩论的优势。例如关于"努力与成功"的话题,如果在辩论中表述成"努力就会成功,那搬砖的工人不可谓不努力,难道他们都能成为大富豪?"就属于将"努力"导致"某种程度的成功或进步"偷换成了"努力必然导致巨大的经济成功"。

2. 以偏概全

基于个别案例或有限信息就作出全面结论,这种以偏概全的做法削弱了辩论的说服力。辩论中,全面的论证应基于广泛的数据和深入的分析。

3. 过度简化

将复杂问题简化为黑白分明的对立面,忽视了问题的多面性和复杂性。辩论应寻求更深入、全面的理解,而非简单的二元对立。

(二)语言误区

1. 模糊表达

使用含糊不清、意义不明的词汇或句子,会使听众难以准确理解辩手的观点。这不仅降低了信息的传递效率,还可能让对手有机可乘,通过曲解辩手的原意来削弱其论点。

2. 攻击性言辞

在辩论中使用攻击性、侮辱性或贬低性的语言,容易引发听众的反感,甚至会破坏辩论氛围。有效的辩论应建立在尊重和理解的基础上,通过逻辑和事实来说服对方。

3. 过度夸张

为强调某一观点,辩手有时会使用夸张或夸大其词的修辞手法。这种做法虽然可能短期内吸引听众的注意,但长期来看,会损害辩手的可信度,让听众对其论点产生怀疑。

4. 重复冗长

在辩论中反复强调同一观点,或使用冗长、复杂的句子结构,会让听众感到疲惫和厌烦。简洁明了、直击要害的语言,往往更能吸引听众的注意,并留下深刻印象。

(三) 组织误区

1. 沟通不畅

团队内部沟通不足,可能导致信息传递不畅,影响辩论策略的制定和执行。建立有效的沟通机制,确保信息及时、准确地传递,是团队辩论成功的关键。

2. 分工不明确

团队成员角色模糊,责任不清,可能导致工作重叠或遗漏,降低辩论效率。明确各成员的角色和责任,有助于发挥各自优势,形成合力。

3. 缺乏协作

团队成员各自为政,缺乏协作精神,可能削弱整体战斗力。

(四) 心态误区

1. 情绪化辩论

辩论者因情绪影响而无法有效地表达自己的观点,甚至可能引发不必要的争执。

2. 忽略对手观点

辩论者过于关注自己的观点,而忽略了对对手观点的分析和反驳,导致辩论失去平衡。

3. 不尊重对手

通过攻击对手的个人品质、性格或说话权威来贬低对方,而不是针对论点本身进行辩论。

此外,辩论中还可能出现其他误区。例如:辩论者陷入争论的细节中,而忽略了争论的核心问题,导致争论焦点不清晰;辩论者没有提供足够的证据来支持自己的观点,导致观点显得空洞和不可信。

课堂实训

3.19 辩论与争吵有什么区别? 请举例说明。

3.20 阅读以下剑桥大学对复旦大学——"温饱是谈论道德的必要条件"辩论赛辩词,回答问题。

(1) 反方复旦大学队的总论点是什么?每位辩手的分论点是什么?

(2) 辩词中事实论据、理论论据分别是什么?

(3) 辩手的辩词使用了哪些辩论技巧?

"温饱是谈论道德的必要条件"辩论赛反方复旦大学队一辩、二辩辩词

反方一辩：谢谢主席，谢谢各位。刚才对方辩友把温饱放在了压倒一切的地位，还问了我们很多问题。我要告诉对方辩友的是，比温饱更重要的是道德。人活着不仅仅是为了吃饭。我方认为，温饱不是谈道德的必要条件，有理性的人类存在，才是谈道德的必要条件。只要有理性的人类存在，不论什么情况，都能谈道德，在追求温饱的过程当中，也应当谈道德。第一，温饱绝不是谈道德的先决条件。古往今来，人类尚未解决衣食之困的社会比比皆是，都不谈道德了吗？今天，在衣不蔽体、食不果腹的埃塞俄比亚就不要谈道德了吗？在国困民乏的索马里就不要谈道德了吗？古语说，人无好恶是非之心，非人也。人有理性，能够谈道德，这已是人与动物的区别所在。无论是饥寒交迫还是丰衣足食，无论是金玉满堂还是家徒四壁，人类能够而且应该谈道德。第二，道德是调节人的行为的规范，由社会舆论和人的良心加以支持。众所周知，谈道德实际包括个人修养、社会影响和政府倡导三个层面，而且从事实层面上看，人类历史上有衣食之困但仍道德高尚、品德非凡的例子，实在是不胜枚举。孔老夫子的好学生颜回曾经只有一箪食、一瓢饮，在逆境中，他不是照样严身律己有理性吗？杜甫在"茅屋为秋风所破"的时候，他不是还想着"安得广厦千万间，大庇天下寒士俱欢颜"吗？说到政府，新加坡不也曾经筚路蓝缕，李光耀总理告诫国人："我们一无所有，所有的只是我们自己"，他强调：道德是使竞争力胜人一筹的重要因素。试想，如果没有政府倡导美德，新加坡哪有今天的繁荣昌盛、国富民强呢？第三，所谓"必要条件"，从逻辑上看，也就是有之不必然、无之必不然的意思。因此，对今天的命题，我方只需论证"没有温饱也能谈道德"。而对方要论证的是"没有温饱就绝对不能谈道德"。而这一点刚才对方同学恰恰没有自圆其说。雨果说过："善良的道德是社会的基础。"道德是石，敲出希望之火；道德是火，点燃生命的灯；道德是灯，通向人类之路；道德是路，引我们走向灿烂的明天。以上，我主要从逻辑上阐发了我方观点，接下来，我方辩友还将从理论、事实、价值三方面进一步论述我方观点。谢谢各位。

反方二辩：谢谢主席，各位好！吃饭，是为了活着；但是人活着就是为了吃饭吗？我再次提醒对方辩友，你们今天所要论证的是"没有温饱，就绝对不能谈道德"，不管这种道德是保证温饱的道德，还是保证不了温饱的道德。既然对方还没有能从逻辑上理解我方观点，我就进一步从理论上来进行阐述：第一，道德是随着人类的诞生而出现的，有了理性的人，有了人际关系，就有了道德规范，所以，不管人类存在于哪一个阶段，谈道德不仅是可能的，而且是应该的。《礼记·礼运篇》中记载着："老有所终，壮有所用，幼有所长，鳏寡孤独废疾者皆有所养。"描述的正是中国远古时代的道德状况。有关贫困中人们谈道德的文化学和人类学的证据，在大英博物馆里是汗牛

充栋的。想必对方辩友对此也了如指掌吧！第二，从本质上看，道德是一个社会历史范畴，尽管在温饱的情况下可能会给谈道德提供一些方便，但，这绝不是必要条件。在不同的历史阶段和文化背景下，人们都在谈道德。达尔文在环球旅行中就发现，南非的布希曼人即使快饿死了，也不会独吞发现的一条小鱼，而是要与族人分享。他们有温饱吗？没有。他们谈道德吗？当然谈。正如我们不能超出自己的皮肤一样，人类也不能超出乃至摆脱道德。人类谈道德，在贫困时有贫困的谈法，在温饱时有温饱的路数。谈道德既可以坐而论道，也可以言传身教，甚至特立独行；千万不可"一叶障目，不见泰山"。第三，从功能和目的上看，道德能够协调人际关系，达到至善的人生境界。道德，自古至今，目的是"在明德，在亲民，在止于至善。"如果像对方所坚持的那样在温饱之前都不能谈道德，都不去谈道德，而是用牙和爪子来横行天下的话，那么，人类恐怕早就销声匿迹于洪荒蛮漠之中了，又何来我们今天在这里辩论什么道德问题呢？最后，奉劝对方辩友不要对大量的事实听而不闻，不要对人类的历史视而不见。请对方举出实例，哪怕一个，人类社会在何时何地何种情况下，一点道德都不谈呢？谢谢。

延伸阅读

向往庄子还是向往秋水中的白条鱼（节选）

王　蒙

庄子与惠子游于濠梁之上。庄子曰："鯈鱼出游从容，是鱼之乐也。"惠子曰："子非鱼，安知鱼之乐？"庄子曰："子非我，安知我不知鱼之乐？"惠子曰："我非子，固不知子矣；子固非鱼也，子之不知鱼之乐，全矣！"庄子曰："请循其本。子曰'汝安知鱼乐'云者，既已知吾知之而问我。我知之濠上也。"……

如果拍摄一部以庄子为题的电视连续剧，《秋水》肯定是最美丽的一章，知道鱼的快活是美丽的，不知道鱼是否快活而假设它们是快活的，也是美丽的。驳倒鱼儿不快活，或人们包括我们无法断定鱼儿是否快活的断言，也是美丽的。两个思想者斗嘴，凭空讨论一个鱼儿是否，即你是否能确知它们的快活，这也是美丽的。

知、安知、乐、不乐，这本身就充满了灵性，充满了生活气息，充满了神性，因为它们无法用计算、实验、解剖、挖掘、考证与严格的逻辑论证来证明或证伪，它们是如此生活，如此世俗，又如此空灵而且神秘。似争非争，似议非议，似谈鱼与庄，又似非谈庄与鱼。庄周与惠施在濠上讨论鱼儿的快乐，这比蒙娜丽莎的微笑更雍容，比李白的邀月饮酒更俏皮，比英国的爵士贵族还要高贵，比深巷明朝卖杏花（陆游诗）更挥洒自如，甚至于我要说，比宗教膜拜还要与天合一，与神合一，与诗性合一，直达最高、最全能、最永远、最根本的混一。

为什么要从濠上得知鱼儿的快活呢？为什么要有个什么途径、什么逻辑的依据去了解、去评估鱼儿是否快活呢？这压根不是一个逻辑论证的问题，不是一个可以证明或者证伪的命题，不是一个定理也不是一个法则，这只是一个感受，一个赞颂，一个欢呼，一声响亮的呼喊，这就像青年男女互相说"我爱你"一样，这需要什么证人或者证物吗？普天之下，普地之上，哪里的秋水不明洁？哪里的野生的鱼儿不快活？哪里的人士见秋水与白条鱼或别的品种的鱼而不赞美？哪里的辩论、机锋不有趣？

他们互争高下而并无赢输真伪，这就是生命的快活、天地的快活、自然的快活、大道的快活，这是先验而不需要证明、不需要制图、不需要列出式子的知——论断。包括惠子对庄子的鱼乐说提出可爱的质疑，这也是美丽的、空灵的、放松的与享受的，是为艺术而艺术，为快活而快活，为辩论而辩论，因而也是不需要论辩的，不需要结论与不必分胜负的。这是不争的快活，是永远的与绝对的对于秋水的赞美！

（节选自王蒙《庄子的快活》）

 课后任务

1. 阅读上文，思考什么是"不争的快活"。

2. 复习和总结辩论的基础理论，归纳辩论的程序和辩论技巧。

3. 从历届国际大专学生辩论赛中任选一期，对其辩词进行评析，每篇评析不少于300字。

3.4 主持训练

主持口语艺术的魅力来源于对语言表达生动性、创新性和感染力的训练。大学生即将面对求职以及职场,如传媒、教育、公关、企业培训、活动策划等行业,需要锻炼公众演讲能力、活动主持与现场应变能力,以增强核心竞争力,让自己能够在工作中脱颖而出,在职场上赢得先机。因此,学习主持的艺术,能为你打开一扇全面提升口才与素养的修炼之门。

  训练导引

➢ 训练目标

1. 了解主持基础知识,明确主持人的能力和素质要求。
2. 掌握主持的基本表达技巧,掌握即兴发挥和临场应变能力。
3. 培养社会责任感,弘扬社会主义核心价值观。

➢ 课前准备

1. 收集一位受欢迎的主持人相关资料,分组在课堂上展示,分析说明其受欢迎的原因;
2. 分小组收集晚会、婚礼、会议等主持稿件进行情景模拟,谈谈主持感受。

 情境导入

在主持人大赛第一阶段第三场的文化类比赛中,选手要在90秒内进行一次主持开场。选手王帆是这样开场的:

观众朋友们大家好,欢迎收看《诉说》,我是主持人王帆。屋后的老树在风中梳理长发,昙花在梦中发芽,小路总有说不完的情话,悄悄告诉你哪里是家。

提到家,大家会不会想到拿起纸和笔写一封家书呢?古人说:"烽火连三月,家书抵万金。"在战争年代,家书极其重要,因为你要让家人知道你是平安的。刘勰在《文心雕龙》中说:"心生而言立,言立而文明,自然之道也。"什么意思?所有的文字,所有的语言,都要从心出发,而家书最重要的作用就是我们写的都是真心话。

那么我们今天节目中的嘉宾,在他的节目中也与我们分享了很多的文字、书信,见字如面,见信如物,今天就让我们一起听一听《一封家书》的故事。

主持人的开场语定位精准,且巧妙融入关于家书的经典名句,彰显出文化底蕴,同

时又紧贴现实生活,这样的表达方式能够触动观众的心灵、引起观众的回味。

一、主持概述

(一)主持和主持人的含义

主持是一门综合艺术,是包含口语表达艺术和形象塑造艺术的创造性的演播行为。通常来讲,主持可分为节目主持和非节目主持两大类。本项目的主持专指主持艺术。

主持人的类型多种多样,他们因出现的场合、节目的属性、受众群体以及风格等方面的不同而有所区分。主持人对节目或活动而言具有协调、引导、加工的作用,所以说,主持人既是组织者、指挥者,又是创作者,担负着统领、引导、推进节目或活动进程的责任。随着信息传播需求和社交活动的增多,节目主持的范围也逐渐扩大,主持人成为当前的热门行当。一些单位或部门,在举行各种会议、联欢会或竞赛活动时,大都需要节目主持人。

(二)主持人应具备的条件

主持艺术集中体现于主持节目过程中语言的运用及功能的发挥。在节目中有较深层次参与的主持人,其主持艺术还渗透于节目的选题、策划、构思、采访及撰稿等前期制作的主要环节之中,因此主持人要具备扎实的语言功底、丰富的知识储备、敏锐的思维能力和良好的人际沟通能力。同时,主持人还需要不断学习和实践,持续提高自己的专业素养和表现力,以更好地服务于受众和节目。

主持人需要具备以下基本条件:

1. 语言

应掌握标准的普通话,发音准确、吐字清晰、表达流畅。

2. 嗓音

圆润明亮、悦耳动听,音域宽,有弹性,表现力强,具有美感。

3. 形象

五官端正,形体匀称,端庄稳重,落落大方。通常要求男士身高 175 cm 以上,女士身高 165 cm 以上。

4. 表达能力和内在感知力

主持人的语言表达要有亲和力,要声情并茂。因为与受众保持交流互动,主持人的语言要有对象感,当然,主持人还要通过长期磨炼形成自己的独特风格。较强的内在感知力可以帮助主持人通过艺术的角度去理解和感受主持词,进而将其转化为更具艺术性的表达。

5. 应变能力和心理素质

面对镜头和观众,主持人需具备快速反应、灵活应变的能力,面对突发情况能迅速调整状态,确保节目顺利进行。同时,良好的心理素质使他们能在压力下保持冷静,以稳定的情绪和专业的态度赢得观众认可。

(三) 主持语言的特点

1. 真实可靠性

在节目或活动现场,主持人传达的信息需确保真实无误,避免夸大事实或误导观众,以维护节目的信誉及观众的信赖基础。

2. 流畅规范性

主持人应使用标准的普通话并达到相应的等级要求,不仅要做到语音、词汇、语法、修辞的准确,还应达到语流顺畅、表达精确、交流生动、言辞文雅的要求。

3. 临场应变性

主持人需要具备即兴创作的能力,能依据现场氛围及观众反馈,灵活调整言辞与表达方式,使节目更加生动有趣。

4. 沟通互动性

主持人需积极与观众进行互动交流,洞察观众需求,及时回应关切,提升节目或活动的观众参与感与互动性。

5. 亲和相容性

主持人要充分尊重观众,要有亲和力,要心系观众,其表现应该让观众认同和欣赏。体现在言辞的诚挚与亲近上,与受众紧密相连,这是达成更优传播成效的关键因素。

6. 风格独特性

在节目或活动现场,主持人应展现独特个性与风格,凭借个性化的语言魅力及表达方式,吸引并保持观众的注意力。

案 例 分 析 3-24

中央电视台气象节目主持人,被誉为"中国第一气象先生"的宋英杰的主持的"天气预报"别具一格,一方面他把一些气象知识、专业术语,巧妙地融合到节目中,结合当时的节气或气候变化,做出深入浅出、通俗易懂的介绍;另一方面他清楚观众对天气预报的期待心理,知道观众对哪些天气变化尤其注意,所以看起来似乎千篇一律、枯燥无味的术语、数字,到了宋英杰的嘴里就有了重点,有了变化,有了生命力。这种有信息量,又亲切真诚的服务,谁不欢迎呢!

普通观众对气象知识、专业术语缺乏认知,所以气象节目主持人的讲解要做到通俗易懂、深入浅出。天气预报栏目虽然平淡无奇,但观众却抱有期待心理。因此,在音调、语音、用词、节奏等细枝末节上,气象节目主持人也要像专业主持人那样严格要求自己,用严谨的态度和专业的播报才能赢得观众的广泛认同。

(四) 主持语言的形式

主持语言的形式主要有宣读式、朗诵式、讲解式、谈话式等四种。

1. 宣读式

宣读源自朗读,常用于正式文件的严谨传达,如重要决议、法律法规、公告通知、名单公布及事件陈述等,其特点在于语调平稳、节奏把控精细,注重停顿与重音的巧妙运用。

2. 朗诵式

朗诵则侧重于音韵美感与情感渲染,广泛应用于通讯稿诵读、晚会主持、舞台朗诵表演及公开演讲等情境,要求声音起伏跌宕,抑扬之间充满变化,以达到引人入胜的效果。

3. 讲解式

讲解侧重于内容的清晰解析与逻辑梳理,常见于专题片、纪录片等视听作品的解说与配音,它要求语言流畅自然,条理清晰,每个细节都讲解得丝丝入扣,易于听众理解。

4. 谈话式

谈话贴近日常对话,但保留了播音主持的专业性,而非纯粹的生活闲聊,多见于访谈节目、采访报道及综艺节目主持。其特点在于语言自然流畅,互动性强,能够灵活适应话题变化,营造出亲切随和的交流氛围。

课堂实训

3.21 你认为一个优秀的节目主持人应该具备哪些素质?请在下面词语中任意选择三个词语并陈述理由。

责任 敬业 个性 团结 理性 奉献 口才 知识 谦虚 幽默 激情 亲和
生动 写作 客观 机敏 真诚 气质 策划 冷静 审美 正直 自信 理想

3.22 3分钟讲解训练:介绍都江堰水利工程;介绍国画《清明上河图》某个局部。

二、主持人的职业素养

主持人的职业素养是其在职业生涯中展现出的专业能力和道德品质的综合体现。作为节目与受众的中介,主持人要以自身的学识与素养为根基,通过有声语言与伴随语言驾驭节目进程,有效地实现传播目的。

1. 政治素养

主持人的工作具有较强的影响力和导向性,这要求主持人应具备较高的政治觉悟和政策理论水平。应紧跟时代要求,深入学习党的方针、政策,确保自己的言行与党和政府的宣传要求相一致。应保持对时事的敏锐性,关注社会热点和民生问题,以服务大众为己任,为受众提供及时、准确的信息。

2. 道德情操

主持人需要具备良好的道德品质和职业操守,能够以身作则,传递正能量和正确的

价值观。高尚的道德情操和完美的人格魅力是主持人赢得观众喜爱的关键。应具备正直、脚踏实地、胸怀坦荡、积极进取的品质,通过节目展示自己的道德品质和人格魅力,赢得观众的信赖和喜爱。

3. 专业能力

主持人需要具备良好的口头表达能力,能够清晰、准确地传达信息,并富有感染力地表达思想和情感;需要掌握多种主持技巧,如话题引入、节目节奏掌控、现场互动等;需要具备广博的知识面和深厚的文化底蕴,以应对各种不同类型的节目和话题;需要具备一定的采编播控能力,能够参与活动策划过程;需要具备创新思维和创造力,能够不断探索新的主持方式和表达形式,为受众带来更加新颖、独特的节目体验。

4. 应变能力

主持人需要具备灵活的应变能力和适应能力,能够迅速适应不同的主持类型。主持人的应变能力至关重要,需具备快速反应和灵活调整的能力,面对突发状况或意外事件,能迅速找到解决方案,保持节目流畅进行,同时,还需具备良好的沟通技巧,巧妙化解尴尬,确保节目氛围积极、观众体验良好。

5. 心理素质

主持人需要具备良好的心理素质和抗压能力,面对突如其来的状况时能迅速调整心态,保持冷静与自信,同时,还需拥有积极乐观的心态,以稳定的情绪感染观众,营造和谐的节目氛围。

案 例 分 析 3-25

撒贝宁作为知名主持人,他的职业素养在多个场合和节目中都得到了充分展现。在《今日说法》节目中,撒贝宁展现出了深厚的专业素养和严谨的主持风格。他凭借扎实的法学专业知识,对案件进行准确、深入的剖析,使观众能够清晰理解案件的来龙去脉和法律知识点。他还注重节目的普法功能,通过案例讲解,提高观众的法律意识。在主持过程中,撒贝宁始终保持冷静、客观的态度,对案件进行公正的评价,展现出了高度的专业素养。

而在综艺节目中,撒贝宁又展现出了截然不同的主持风格。他运用幽默风趣的语言和机智的反应,为节目增添了不少笑点。同时,他仍然保持着对案件推理的严谨态度,通过逻辑推理和细致观察,帮助观众解开谜团。

这种既能严肃普法又能轻松娱乐的主持风格,展现出撒贝宁作为主持人的多面性和灵活性。一名成功的节目主持人应该具备深厚的专业知识、鲜明的主持风格、幽默风趣的语言表达以及对观众的关注力等,这些素养共同构成了优秀主持人的独特魅力。

课堂实训

3.23 素材积累训练。
(1) 说出 10 个网络流行语并释义；
(2) 说出 10 种以上的职业及其职业特征；
(3) 说出 30 种美食及其特色味道；
(4) 说出 10 个少数民族名称及其服饰特色；
(5) 说出 10 个我国历史朝代的代表人物；
(6) 说出 20 位有世界影响力的领导人名字。

3.24 闪像讲述训练。
屏幕上闪现图像，每幅图像出现时间在 5 秒以内。要求训练者立即说出所看到的内容，并且能对所闪现内容有细致的、清晰的描述。可从易到难，先描述其轮廓，然后对其形态、方位、色泽、意境等进行详细讲述。

三、主持的技巧

在主持活动中，有的主持人妙语连珠，即兴成趣，一张口就引起满堂喝彩，让观众津津有味；有的主持人侃侃而谈，语出不凡，令观众啧啧称赞。而这一切的背后，都与充分准备和主持中的智慧、技巧密不可分。想要拥有"内化于心"的畅达表述，想要成为思接千载、视通万里的优秀主持人，离不开长时间的学习训练，以及对主持技巧的掌握。

（一）有声语言技巧

主持中的语言表达技巧是确保节目或活动的顺利进行、吸引观众注意力并有效传播信息的核心要素。优秀的主持人不仅需要具备良好的语言组织能力，还需灵活运用多种表达技巧，以营造氛围、引导话题、激发情感并达成预期目标。

1. 清晰准确是基础

主持人应运用胸腹联合式呼吸、吐字归音等科学发声技巧提升声音的质量，确保每一句话都能被听众清晰理解。要避免使用模糊或复杂的词汇，保持语言简洁明了。在介绍嘉宾、阐述规则或传达信息时，要力求准确无误，避免误导观众。语速要适中，既不过快让人听不清，也不过慢显得拖沓。根据内容情感调整语调的高低起伏，可以更有效地传达信息，吸引听众的注意力。

2. 情感投入是关键

通过调整语速、语调、音量以及使用恰当的词汇，主持人可以传达出不同的情感色彩，如热情、庄重、幽默或感动。这种情感投入能够增强与观众之间的共鸣，使信息传递更加生动有力。

3. 互动引导是提升

主持人需擅长运用提问技巧、讲述引人入胜的故事以及构建悬念等手段，与观众建立积极的互动，从而点燃他们的参与热情。此外，主持人还需具备敏锐感知现场氛围变化的能力，并能据此灵活转换话题，保证活动或节目全程充满活力与魅力，持续吸引观众的目光。

4. 幽默风趣是加分项

在适当的时候运用幽默元素，可以化解紧张气氛，使观众在轻松愉快的氛围中享受活动或节目。但需注意，幽默应建立在尊重他人的基础上，避免使用冒犯性或歧视性的言论。

5. 总结提炼是收尾

主持人需在此阶段总结概括整场内容的亮点与精髓，回顾精彩瞬间，表达感谢之情，给观众留下深刻印象，也为下一次相聚埋下伏笔。通过恰当的总结与提炼，不仅能强化节目的主题思想，还能提升观众的满意度与期待值，为节目或活动画上圆满的句号。

案例分析 3-26

"陪伴"是电视节目《朗读者》第二期的主题词。主持人用充满温情的语言开场，生动又深情地诠释了"陪伴"的内涵，堪称主持语言的典范。

"草在结它的种子，风在摇它的叶子，我们站着不说话，就十分美好。"在诗句里，陪伴就是这样简单而美好。而在我们每一个人的生命里，会遇到各种各样的陪伴，比如说这会儿，你我之间是一段短暂的陪伴；比如说我们的学生时代，和我们的同学，那是几年的陪伴；还有一种陪伴，是生命里血脉注定一生的陪伴，那是我们和父母，和孩子之间的陪伴。那么，下面，我们有请第一位嘉宾……

这段开场语以经典诗句引入，诗意地阐述了陪伴的美好，随后巧妙过渡到人生中的各种陪伴，既有现场的即时互动，也有对过往及长远陪伴的深情回顾，情感真挚，语言优美，迅速拉近了与观众的距离。

（二）仪态仪表技巧

主持活动中，仪表仪态不仅是个人形象的体现，更是传达专业度、亲和力与尊重观众的重要桥梁。优秀的仪表仪态技巧能够让主持人更加自信从容地掌控全场，与观众建立良好的沟通与互动。以下是一些关键的仪表仪态技巧：

1. 着装得体

塑造良好的主持形象，包括着装、发型、妆容等。主持人要根据活动性质选择合适的服装，既要符合场合的正式程度，又要能够彰显个人风格。整洁、合身且色彩搭配和谐的着装能够给人留下深刻而专业的第一印象。

2. 姿态端正

主持人的体态语言应当舒展大方、轻松自然、朴实端庄、朝气蓬勃。站立时,应保持背部挺直但不僵硬,双肩放松下沉。男性主持人双脚自然分开或采取"稍息"式站姿,展现出稳重与自信;女性主持人双脚可呈"V"字形或"丁"字形,展现出端庄与优雅。坐下时,也应保持上半身挺直,避免过度后仰或前倾,显得随和而不失端庄。

3. 目光交流

适时地与观众进行眼神接触,可以传达出真诚、关注与尊重。通过扫视全场,让每位观众都感受到被重视,有助于增强现场的参与感和凝聚力。

4. 微笑自然

真诚的微笑能够迅速拉近与观众的距离,营造轻松愉快的氛围。微笑时,嘴角上扬,眼神温暖,避免过度夸张或僵硬,保持自然亲切。

5. 手势恰当

合理使用手势可以增强语言的表达力,如指向、强调或表达情感等。手势应简洁明了,幅度不宜过大,避免过于频繁或杂乱无章,以免分散注意力。

6. 自信从容

保持内心的平静与自信,即使在面对突发情况时也能迅速调整状态,以冷静、专业的态度应对,展现出良好的应变能力和专业素养。

案例分析 3-27

> 许多主持人的坐姿非常端正,他们通常只坐椅子的三分之一到三分之二,双手自然交叠,放在并拢的双腿上,脊背挺直。这种坐姿不仅能展现了主持人的优雅气质,还能传达出对节目的尊重和对观众的敬意。在与嘉宾交流时,主持人的目光要始终集中在嘉宾脸上,表情专注且真诚,通过眼神传递出对嘉宾的尊重,使得嘉宾感受到被重视和关注。在与观众交流时,主持人要面带微笑,目光温柔,真诚大方地传递节目的信息和情感。

主持人在节目中要以一种谦逊的姿态出现,不过分炫耀自己的才华。通过仪表仪态展现专业素养、礼仪风范和优雅气质,可以为节目增添光彩和魅力。

课堂实训

3.25 假如你所在学院(或系部)举行迎新生晚会,让你担任晚会主持人,请运用主持语言技巧介绍出席晚会的嘉宾,如领导、老师、校友等。可参考以下介绍:

"今晚,我们聚集在这里,共同见证一位杰出人士的荣耀时刻。他/她以卓越的才华和不懈的努力,在自己的领域内取得了令人瞩目的成就。现在,让我们用热烈的掌声欢迎这位获奖嘉宾——(嘉宾姓名)!"

3.26 假如你所在学院(或系部)举行元旦晚会,让你担任晚会主持人,请根据自己的形象气质,说明你适合怎样的着装及发型、妆容。

3.27 扩展复述训练:"子规啼,不如归,道是春归人未归。几日添憔悴,虚飘飘柳絮飞。一春鱼雁无消息,则见双燕斗衔泥。"(关汉卿《大德歌·春》)

3.28 创意复述训练:"山不在高,有仙则名。水不在深,有龙则灵。斯是陋室,惟吾德馨。苔痕上阶绿,草色入帘青。谈笑有鸿儒,往来无白丁。可以调素琴,阅金经。无丝竹之乱耳,无案牍之劳形。南阳诸葛庐,西蜀子云亭。孔子云:何陋之有?"(刘禹锡《陋室铭》)

(三) 临场应变技巧

1. 调节气氛

密切关注观众的反应和情绪变化,根据现场情况灵活应对。例如通过提问、引导讨论等方式与观众进行互动,增强观众的参与感和归属感。当气氛低迷时,可以通过讲笑话、展示幽默等方式来活跃气氛。当气氛过于热烈时,可以适当放慢节奏,把控现场秩序。

2. 时间控制

在主持前,需要提前规划好时间,合理分配每个环节的时间,确保活动能够顺利进行。主持人需要准确把握整个活动或节目的节奏感,在适当的时候加快或放缓节奏,以保持观众的注意力和活跃度。主持人应与嘉宾、观众和团队成员保持紧密的沟通和合作,共同协调时间管理。可以通过设定警示时间、友善提示等方式来提醒嘉宾或参与者注意控制时间。

3. 灵活应对

在活动进行中,难免会出现一些突发状况,如话筒故障、嘉宾迟到、偶然的口误等。此时要保持冷静和沉着的心态,迅速做出反应并妥善处理。如话筒声音故障,应继续主持并放大音量,同时用手势或眼神示意工作人员处理。念错嘉宾名字或职位,可通过自嘲或夸赞嘉宾的方式弥补,避免尴尬。如果活动流程或内容发生变化,要能够及时调整自己的主持词和思路,确保活动的顺利进行。

4. 化解困局

在主持活动中,面对可能出现的尴尬或紧张局面,主持人需凭借良好的沟通技巧,巧妙化解,恢复现场和谐氛围。这要求主持人具备敏锐的洞察力与应变能力,能在瞬间捕捉到现场氛围的微妙变化,并迅速作出反应,用灵活的语言引导话题走向,使活动得以顺利推进。因此,良好的沟通技巧是主持人不可或缺的专业素养之一。

案例分析 3-28

在一次大型公益慈善晚会上,主持人李华逐一介绍即将上台表演的嘉宾及他们背后的慈善故事。晚会进行得十分顺利,直到一位备受期待的歌手因突发交通状况无法按时到场。面对这一紧急情况,李华迅速沟通晚会导演调整剩余节目演出顺序。他首先向全场观众致意,并即兴邀请了几位之前已经表演过的艺术家和志愿者代表上台,共同参与一个"爱心接力"故事分享环节。李华引导每位上台的人用简短的话语分享自己参与慈善事业的感人瞬间或心路历程,现场大屏幕同步播放着他们参与慈善活动的照片和视频。在这个过程中,李华还巧妙地穿插了有奖竞猜互动环节,调动现场氛围,使得观众因等待而产生的负面情绪得到了有效缓解。最终,当歌手及时赶到并登台献唱时,现场爆发出雷鸣般的掌声。

观众的掌声不仅是对歌手的欢迎,更是对主持人及整个团队出色应变能力的高度认可。这次事件不仅没有成为晚会的瑕疵,反而因为其巧妙的应变处理而成为人们津津乐道的一段佳话。

课堂实训

3.29 假如你是晚会的节目主持人,应如何对以下突发状况,请根据提示进行演练。

(1)嘉宾未到:简单总结关于上一位嘉宾的内容及感受,告知观众嘉宾未到的原因,并引出下一位嘉宾或活动环节,用幽默的方式带动气氛。

(2)技术故障:如话筒声音断断续续或突然没声音,保持镇定,继续主持并放大音量,同时用手势或眼神示意工作人员处理,并用幽默语言化解尴尬。

(3)念错名字:如念错嘉宾名字,可通过自嘲或夸赞嘉宾来弥补。

四、主持词的写作

(一)开场语

开场语一般是一个相对完整的语段,在整个节目中具有提纲挈领、开场定调的重要作用,所以,一定要提前打好腹稿。在进行开场语设计时,要找到适宜的切入角度。开场语又称开场白、导入语。通常有这样几种惯用类型:

1. 开门见山式

三言两语直接导入节目,适用于时间紧迫或需要迅速进入主题的场合。直接点明活动目的和流程,减少不必要的寒暄。

3-8 主持的艺术

2. 迂回入题式

借助其他形式和内容引导受众轻松自然地进入节目。例如,可以通过幽默的语言或故事,拉近与观众的距离;通过提问、小游戏等与观众互动的方式开场;通过一定的表演形式,吸引观众的注意力开场。

3. 引发思考式

通过创设悬念或质疑,构筑一个受众积极参与的"思维场",以启发思维的方式带领受众进入节目。

4. 情绪渲染式

通过抒发情感,确定节目基调,点燃受众情绪。通过激励性的语言,激发观众的热情和期待。

案 例 分 析 3-29

中央电视台《经典咏流传》节目第二期的开场语是:

> 人生如一场修行,得意时"一日看尽长安花",艰难时"潦倒新停浊酒杯"。但生命的跋涉不能回头,哪怕是"畏途巉岩不可攀",也要"会当凌绝顶"。哪怕"无人会,登临意",也要"猛志固常在"。从经典中汲取"九万里风鹏正举"的力量,历练"也无风雨也无晴"的豁然。"待到重阳日",我们"还来就菊花"!

主持人在这段简短开场语中,运用情感渲染式开场,串联九句古诗引导话题,投入了积极向上的情感,营造了美的氛围,引来掌声雷动。

(二)衔接语

主持人既要推动进程,又要让各部分连接成为一个整体,将不太相关的环节和内容组合在一起的主持语,就是衔接语,也称串联词、串场词。衔接语可承上启下。让受众体会到不同环节、不同内容上的内在联系。

案 例 分 析 3-30

中央电视台"心连心"艺术团来到江西革命老区演出,场面十分热烈。歌唱家关牧村登台演唱《多情的土地》时,天上落下了阵阵雨点。歌声一停,主持人登上舞台,面对天气的突然变化,他即兴发挥道:

> "乡亲们,关牧村动情的歌声,把她自己的眼睛唱湿润了,也把老区乡亲们的眼睛唱湿润了,连老天爷的眼睛也给唱湿润了!乡亲们,谢谢你们的盛情,我们的演员已经商量好了,如果雨下大了,只要大伙儿不走,我们的演员就不会走,就继续为大家演出……"

主持人的即兴衔接语,话语简约却蕴含浓浓的情意。他以"湿润"为关键词进行铺排,声情并茂地讲出令观众为之动容的语句,也将节目的气氛推向了高潮。主持人从现场语境中捕捉到有价值的信息,不露痕迹地融入衔接语中,充分体现了其主持能力。

(三)评述语

评述是主持人对评述对象开展的评论或阐述,它不仅是节目内容的有机组成部分,更是连接主持人、嘉宾和观众之间情感与思想的桥梁。评述语不仅体现了主持人的个人风格和专业素养,也是连接节目各部分内容、引导观众情绪、增强节目效果的重要手段。在评述时,要注意把握用语策略。

1. 聚焦核心,言之有物

要聚焦于话题的核心要点,确保言论具体且有实质内容。把握并直击话题的关键所在,是评述的精髓,不可随心所欲,漫无边际,偏离主题。

2. 观点明确,富有创意

若主持人能独具匠心,从他人所未及之处展开评述,使观众有豁然开朗之感,则其主持便展现出相当的高度与深度。然而,需注意的是,评述时要避免偏激,不可任意发挥,力求准确,点到即止,方能留下无限回味。

3. 语言丰富,情动于衷

丰富的有声语言是主持人内涵的漂亮外衣。评述语可以夹叙夹议,可以即兴抒情,可以哲理辨析,也可以褒贬调侃。主持人应当用饱满的情感和能够触动人心的语言让受众感受到真诚与热情。

案例分析 3-31

某个主持人在即兴表达时这样说:"名人也有无知时。学识渊博的恩格斯就闹过'请鸭嘴兽原谅'的笑话。"

"那是1843年的事情了。恩格斯在曼彻斯特参观自然博物馆时看到一枚不太多见的蛋,解说员告诉他,这个蛋是鸭嘴兽下的,恩格斯听了哈哈大笑,说鸭嘴兽是哺乳动物,不可能下蛋。他的话把人家也搞糊涂了。后来恩格斯心里不踏实,查阅了资料,发现鸭嘴兽虽然属于哺乳动物,但确实是卵生的。自己竟然在这个常识性问题上十分无知。后来他经常提起这件事,在给朋友的信中,他说他做了一件'事后不得不请鸭嘴兽原谅的事情'。"

"大千世界,无奇不有,人的认识永无止境。对于客观世界'无知'是绝对的,'有知'是相对的。恩格斯的不凡,在于他毫不掩饰自己的某些'无知',而且,有及时弥补自己某些知识空白的热情。对于现在有了一得之见便沾沾自喜、一窍不通也好为人师的人来说,恩格斯给他们上了一课。"

在这个语段中,主持人先简述鲜为人知的名人逸事,然后进行议论,赞扬恩格斯坦诚的态度,并结合现实针砭时弊,简练而有深度。

(四) 结束语

主持的结束语是指在节目、活动或会议即将结束时,由主持人所说的一段总结性、告别性或引导性的话语。结束语是节目或活动的重要组成部分,它不仅体现了主持人的专业水平和沟通能力,也是节目或活动留给观众的最后印象,因此,设计一段得体、温馨的结束语对于提升整体效果至关重要。

案例分析 3-32

在主持人大赛中,选手需要根据评委给出的资料即兴主持 3 分钟《东方时空》。对此,选手田靖华进行了一段即兴主持,在表达的结尾处,他是这样说的:

"当 C919 在天宇翱翔,我们圆了 100 多年的大飞机梦;当'蛟龙'在深海下潜,我们打开了深海世界的大门;当'天宫二号'实现在轨对接,当'嫦娥四号'在月球背面着陆,中国的航天大国梦正在一步步走向现实。没有比脚更长的路,没有比人更高的山,正是有了我们这些不断拼搏、不断奋斗的个体,才成就了我们中华民族的今天。所以,让我们努力奋斗,为我们的五星红旗增光添彩!"

这是一个典型的号召式结尾,号召和鼓励大家一起奋斗,为祖国的繁荣昌盛而努力。

课堂实训

3.30 如果你所在的学习部要开展一次"阅读时光"读书分享会,让你担任分享会主人,分享会包括邀请的嘉宾分享阅读心得和推荐书籍以及同学的读书分享。请根据分享会一般流程设计开场语、衔接语、评述语和结束语。

3.31 如果你是学院(或系部)毕业典礼的主持人,请根据毕业典礼的一般流程设计开场语、衔接语、评述语和结束语。

延伸阅读

2022 年北京冬奥会闭幕式主持词

(开场前旁白)

沙　桐:中央广播电视总台

梁毅苗：中央广播电视总台

沙　桐：这里是北京，此时此刻，北京冬奥会所有的比赛都已经结束，从北京到张家口，从冰上到雪上，所有的赛程都安静下来，所有人的目光都锁定在国家体育场——鸟巢，等待着闭幕式的到来。

梁毅苗：这里是北京的奥林匹克中心区。此时此刻，国家体育场、国家游泳中心、国家体育馆各个场馆依旧流光溢彩，热烈的气氛依旧升腾。今晚，我们将用最真挚的情感暂别冬奥盛会。

沙　桐：奥林匹克运动承载着人类对和平、团结、进步的美好追求，在这个冰雪季节，北京冬奥会让世界变得美好，在过去的17天，北京冬奥会团结了全世界。

梁毅苗：北京冬奥会开幕之日，我们格外珍惜这来之不易的相聚；北京冬奥会闭幕之时，我们携起手来，一起向未来！

……

（开场表演《点亮》解说）

沙　桐：一闪，一闪，那是一片静谧中的闪亮，那是孩子们手中的雪花灯笼，开场表演《点亮》开始了。

梁毅苗：一朵雪花的故事曾贯穿开幕式全场；闭幕式，雪花的故事在延续。

沙　桐：雪花变成了孩子们手中的灯笼，每一个灯笼里都承载了北京冬奥之火，微火虽微，在孩子们心中，却可以点亮世界。

梁毅苗：孩子们手持雪花灯笼，在冰天雪地之中尽情嬉戏。

沙　桐：每一朵雪花，代表着一个奥林匹克运动的参与者，大家在北京冬奥会的号召之下，汇聚在一起，雪花灯笼里的微火永续传承。一闪一闪，温暖世界，照亮前程。

梁毅苗：在他们的脚下，一个巨大的北京冬奥会会徽逐渐成形。光影闪动，北京冬奥会会徽被点亮。这世界，瞬间变得五彩缤纷起来。

……

（舞蹈《折柳·寄情》解说）

沙　桐：八十名舞者，缓缓地走入场内，随着舞者的脚步，一幅垂柳图逐渐地呈现了出来。这个节目叫做《折柳·寄情》，在中国古代，送行者往往会折一支柳枝送给远行的亲朋。"折柳"，也就成为独具东方韵味的送别方式。

梁毅苗：更多的人们手捧柳枝，从四面八方围拢过来，在经典歌曲《送别》当中，折柳寄情，期待所有的运动员、教练员，所有的来到北京的朋友们，带上这柳枝，带走中国人民的友情。

沙　桐：八十名舞者围在场地中央，无数条光束从舞者当中投射穿过，穿过雪花火炬台直达天空，形成一棵由光束组成的大树。

梁毅苗：纪念时刻，这是每届奥运会上的固定环节，这直达天际的光束代表着人类一切最朴素、最真挚的情感,送别、怀念、铭记和期待……

沙　桐:春天来啦,大地绿了,这世界一片生机勃勃。

梁毅苗:折柳送别,中国人民依依惜别的情谊,和平友谊的心声,随着柳枝传递出去,和平之翼,友谊之心在这春风绿意中茁壮成长!

……

(结束语)

沙　桐:梦幻五环高悬在场内,现场音乐也变成了本届冬奥会开闭幕式的主题歌《雪花》。

梁毅苗:所有代表团的旗帜围绕在场地中央,在童声合唱《雪花》中,北京冬奥会之火缓缓熄灭。

沙　桐:在漫天的烟花中,我们留下了专属于北京的"双奥"记忆。

梁毅苗:世界大同,天下一家。北京冬奥会实现简约、安全、精彩的办会承诺已经载入史册。

沙　桐:友谊地久天长,场内气氛依旧热烈。在开幕式的时候我们相聚,共同汇成一朵大雪花,共同汇成主火炬台,共同围绕在北京冬奥之火周围。

梁毅苗:当告别的时刻到来的时候,这永恒的微火伴随着雪花飘散开来,伴随着绽放的烟花、伴随着《友谊地久天长》的歌声,将奥林匹克精神和中国人民的友谊送到世界各个角落。

沙　桐:北京冬奥会的闭幕式直播就到这里,感谢收看。"北京冬季残奥会"我们再见。

梁毅苗:再见。

康　辉:女士们先生们,北京2022年冬季奥林匹克运动会闭幕式到此结束。让我们一起向未来,祝大家晚安。

 **课后任务**

1. 阅读上述"2022年北京冬奥会闭幕式主持词",主持人的开场语、衔接语、结束语使用了哪些语言技巧?请分析说明。

2. 揣摩上文主持人当时的内心情感,分析其有声语言技巧,模拟演练以上主持环节。

项目拓展——应用文写作训练(校园篇)

邀请函、演讲稿、辩论稿、主持词,是大学生校园文化活动中高频实用的文体,具有自身形象塑造、信息精准传递、活动成效把控等重要功能。

邀请函是人际交往的第一张名片,演讲稿是思想影响力的扩音器,辩论稿展现逻辑攻防的严谨性,主持词事关活动流程的精准把握。不要轻视任何一份文书的撰写,它考验的是将你的思考和计划转化为得体表达的能力。当你学会用规范格式建立信任感,用清晰逻辑引导受众思维,用恰当语言调动现场气氛,这些文字将会成为你职场进阶的助推器。

从称谓措辞到议程设计,从情感共鸣到观点阐释,从攻防策略到气氛调动,当你掌握了应用文体的核心要素,才能在应用文撰写的实战演练中提升综合素养,在校园文化活动中崭露头角,为职场发展储备关键技能。

请扫描下方二维码进行自主学习,并将"课堂演练"的内容记录在下方:

应用文写作训练(校园篇)

LILUN DAOHANG PIAN

笃行致远
——大学生口才职场应用项目

你是否准备好,在求职面试中,用精准有力的表达,赢得 HR 的青睐?在职场沟通中,用高明机智的话语,搭建团队协作的桥梁?在管理岗位上,用鼓舞人心的言辞,激发团队的潜能与热情?作为导游,用生动有趣的语言,带领游客领略世界的奇妙与精彩?在营销前线,用说服力强的话语,打动客户,促成合作?本项目及其相对应的实践任务中——

你将通过求职面试及竞聘口才、职场沟通、管理口才、营销口才、导游口才、公关口才的探究学习,领悟口才之道,习得口才之术。

你将演绎自己在求职面试中稳操胜券、在职场沟通中理解共赢,展现循循善诱的管理口才、步步为营的营销口才、生动优美的导游口才、严谨缜密的公关口才,打磨并完成 11—16 号口才作品。

你将请老师予以点拨,请同伴给以点评,加上自己的审视,综合分析后完成《口才职场应用综合评价表》。

你将踏上口才训练之旅的制高点并重演 1 号作品。

口才,是职场成功的关键。每一种场景,都是你展现自我、实现价值的舞台。勇敢地迎接挑战,不断学习、不断实践,让自己在职场之路上走得更远。未来,属于那些敢于表达、善于沟通的人。用口才,开启你职业生涯的辉煌篇章!

4.1　面试与竞聘口才

面试是求职过程中举足轻重的一环。招聘可以不设置笔试,却一定不会省略面试。求职如同"行兵打仗",究竟如何才能攻克面试这一难关?只有熟知面试要素,掌握应对技巧,加以有针对性的训练,应聘者才能在面试中展示能力,"闯关"成功。职场竞聘中的一个重要环节是以竞聘演讲和答辩为主的面试,要在面试中展现自己的才能智慧,需要预先磨砺职场竞聘口才。

 训练导引

➢ 训练目标

1. 了解面试及竞聘口才的含义、特征和程序。
2. 熟知求职面试和职场竞聘的准备事项,提前做好准备。
3. 掌握求职面试口才及竞聘口才所需技巧,做到从容得体。
4. 培养积极进取的人生态度。

➢ 课前准备

1. 了解所学专业,熟知专业概况、主修课程、培养目标等,在课堂上进行简要介绍。
2. 收集资料并分享:就业方向、专业对口岗位(任职条件、要求、薪资待遇等)。
3. 话题讨论:如果你去求职,如何在面试时为自己的第一印象加分?

 情境导入

一次面试中,考官向应聘者提问:你最喜欢《三国演义》里哪个人物,为什么?1号应聘者脱口而出:"吕布,吕布战三英,单挑刘关张,实乃英雄。"考官眼波不兴地说道:"吕布好色薄情,先是认贼作父,后又弑父夺色,不是英雄,实乃小人。"2号应聘者想了想说道:"刘备,宽厚仁慈,厚德载物。"考官品了一口茶说道:"刘备这个人,小事优柔,大事武断。不听劝阻,一意孤行,为蜀国的灭亡埋下伏笔。"3号应聘者冥思良久说:"诸葛亮,足智多谋,忠心为国。"考官微微一笑,说道:"诸葛亮的忠,只是愚忠,明知道阿斗扶不起来却仍要扶。在其百年之后,蜀国的灭亡也就不可避免,可悲可叹。"

为什么考官总是挑刺?怎么回答才能让考官满意?面试的考查点到底是什么?怎样做到既按照对方的套路回答又凸显自己的优势?求职者或多或少都被类似的问题困扰过。应聘者只有了解自己、借鉴经验、掌握要领,才能在求职面试时胸有成竹。

一、面试口才

(一) 面试的含义及形式

1. 面试的含义

面试是机关、团体、企业、事业单位招聘中必不可少的环节,是招聘方考察测评录用人才的一种形式。本主题的"面试"指求职面试,是招聘者经过精心组织与策划,在特定场景下,以面谈与观察为主要手段,考察一个人的工作能力与综合素质的一种考核方式。

2. 面试的形式

面试,依据不同的角度有不同的分类。根据面试的实施方式,可分为单独面试与小组面试。根据面试题目的内容,可分为情景性面试和经验性面试。根据面试的进程,可分为一次性面试与分阶段面试。根据面试的标准化程度,可分为结构化面试、非结构化面试和半结构化面试。根据面试的媒介,可以分为电话面试、视频面试与直接面试。

结构化面试、无领导小组讨论面试(属于小组面试的一种)是当前比较常见的面试形式。

(1) 结构化面试。

结构化面试是指面试的程序、内容、形式、评分标准及结果的分析评价,均按照统一制定的标准和要求来进行的面试。因为结构化面试是针对应聘者单独进行的面试,又被称为"个面"。具体来讲,结构化面试根据对职位条件的分析确定考查要点、设置面试提问,并对面试场地、时间、用语、问题顺序、实施条件、监督机制等方面作出严格的规定。在考官的选择上,依据职位需求,综合专业、职务、年龄及性别等要素,以一定比例进行科学配置。应聘者按照相同的程序回答同样的问题,考官使用统一的评分标准进行量化评价,以保证面试的有效、客观、公平、公正。结构化面试程序严谨、形式灵活,因而在规模较大,组织性、规范性较强的录用面试中被广泛应用。

案例分析 4-1

宝洁,作为全球最大日用品公司之一,其面试题目堪称经典,被称为"宝洁八大问"。这"八大问"是:

1. 举例说明你如何设定一个较高的目标然后实现这个目标。(目标制定能力、执行能力)

2. 举例说明在团队活动中你如何发挥主动性,并领导团队最终获得你所希望的结果。(领导才能、主动性)

3. 请描述这样一种情形:你如何搜集相关信息、找出核心问题并依照步骤达到所期望的结果。(信息搜集能力、计划能力)

4. 举例说明你是怎样用事实促使他人与你达成一致意见的。(沟通能力)

5. 举例说明你如何与他人合作,共同完成一项重要的事情。(团队合作能力)

6. 举例说明你的一个创意曾经对一个项目的成功起到至关重要的作用。(创新能力)

7. 举例说明你是怎样评估具体情况,并将注意力集中在重要事情上从而获得最佳结果。(判断能力、分析能力)

8. 举例说明你是如何获取专业技能并将其转化为实践的。(学习能力、实践能力)

以上每道题都有明确的意图,对求职者能力(括号中即该问题对应考察的能力)逐一进行考察,是结构化面试设置的经典题目。

(2) 无领导小组讨论面试。

无领导小组讨论面试,是由应聘者组成临时工作小组(一般6～9人),围绕给定的议题展开讨论,最终形成统一结论或解决方案并汇报给面试官,面试官根据应聘者的个人表现进行打分评定。这种面试不指定领导和就座位置,由应聘者自主安排。因为面试是针对若干人同时进行的,所以又称之为"群面"。小组成员根据给定的工作材料或问题进行讨论并作出决策或形成结论。考官根据应聘者在讨论中的表现,评价其能力是否达到拟任岗位要求。

① 面试目的。这种面试形式,可同时测试多人且覆盖较为全面。考官不仅可以观测应聘者的团队协作能力、沟通能力、分析问题的能力、解决问题的能力及口头表达能力,还能够考查应聘者的自信心、仪表举止、情绪管理等方面素质和表现。与此同时,考官还可以观察应聘者之间的协作互动,从而判断适合职位的人选。无领导小组讨论面试,适用于招聘、选拔具有一定管理能力的岗位人才,在企业录用面试中常常被采用。

② 面试步骤。面试时长一般为半小时至一小时,具体实施分为四个阶段:小组成员(应聘者)自我介绍,面试官公布问题及规则,小组成员准备发言提纲;围绕议题轮流发言阐述自己的观点;交叉讨论,表述对他人观点的看法;达成一致意见或问题解决方案并向考官汇报。

③ 面试试题。

a. 开放式问题。如:你认为沟通能力体现在哪些方面?(重点考查应聘者思考问题是否全面,思路是否清晰)

b. 两难问题。如:你认为个人能力和合作精神哪个更重要?(重点考查应聘者的分析能力、表达能力、应变能力等)

c. 选择与排序问题。如:根据重要性对"荒岛逃生"所需物品进行排序。(重点考查抓住问题实质、解决问题的能力)

d. 操作性问题。如:"灾后重建"中搭建移动板房的操作方案。(重点考查应聘者的能动性、合作能力以及执行力)

e.资源争夺问题。如:让应聘者以部门经理的身份对一定数量的奖金进行分配。(重点考查协调平衡能力、分析解决问题的能力等)

此外,还有一些特殊的面试形式。例如,招聘教师采用试讲,招聘实验员、操作人员采用技能实操测试等形式。

课堂实训

4.1 尝试列举以下职位所需的主要素质和能力:文秘、会计、保险推销员、教师、导游、工程师。

4.2 有人说群面像开会,有人说群面像辩论,有人说群面像谈判,你同意上述观点吗? 为什么?

(二)面试前的准备

1. 知己知彼,未雨绸缪

(1)自我分析与定位。在面试前应当客观分析自己的性格、兴趣、特长等方面,了解自己与职业、岗位的匹配程度。性格若能与职业相匹配,工作能更加轻松、富有成效,反之则会带来困难。兴趣是最好的老师,如果一个人对某个行业、某种岗位、某一工种有兴趣,就能发挥其才能,并长时间保持高效率的工作状态,就这个方面而言,兴趣对职业选择十分重要。特长,又被称为"性向特长",指完成某一特定活动所需的潜在能力。一个人对他所从事的事情感兴趣,并且具备相应的能力,才能够真正胜任这份事业。

(2)了解对方。

① 了解行业。面试前应当对应聘行业进行了解,对行业发展前景、当前行业动态、相关行业政策等进行调研,在谈及相关问题时才能做到心中有数、有的放矢。

② 了解招聘方。对招聘方的发展沿革及前景、管理模式、经营理念、企业文化等方面进行深入了解,可以从不同渠道进行调研,如浏览网页或阅读相关报道等。其中,应重点注意招聘方的企业文化。企业文化是企业在发展中形成的共同理想、价值观念、作风习惯和行为规范的总称。了解相关信息,有助于面试者深刻理解和认同对方的企业文化。

案例分析 4-2

同仁堂的创始人乐显扬,祖籍浙江宁波,明朝永乐年间迁居北京。祖辈三代行医,他自幼耳濡目染,广读方书典籍,致力于方药研究制作。他制作的丸药取材纯正地道,制作精细严谨,疗效显著。乐显扬于清朝康熙八年(1669)创办同仁堂药室。同仁堂之所以三百多年长盛不衰,在于它把中华民族的传统美德融于企业的生产经营过程之中,形成了具有行业特色的职业道德,即"济世养身、精益求精、童叟无欺、一视同仁"。

企业道德是企业文化的重要组成部分,具有积极的示范效应和强烈的感染力。同仁堂将行医制药作为效力于社会的志业追求,以其求精诚信树立了自己的品牌。如果前去应聘,对这家国药老字号所遵循的企业品德所秉持的文化理念要有全面深入的认识和掌握,有助于在面试中展示自己与对方的契合度。

③ 了解岗位。应聘者还应当了解招聘职位所需的能力、工作性质以及岗位职责。不同单位的岗位可能会使用同样的名称,但工作性质与职责不同。例如,平面媒体"记者"较多从事文字工作,而电视媒体"记者"要求要具备现场访问、节目录制等能力。

④ 搜集信息。求职阶段,要及时了解招聘信息、掌握以往笔试、面试题,这些信息都需要应聘者主动去搜寻、甄别、筛选、分析。通常来说,招聘网站、企业招聘会、企业官方微博、微信公众号等都是获取招聘信息的必要途径;另外,亲戚朋友、同学校友等人脉资源也是可以求助的重要渠道。如果是应届毕业生,可以提前跟进,如学校就业办、就业网站可以查看招聘信息;参加招聘企业宣讲会,听取企业代表的介绍,特别是对岗位的特点、招聘条件的描述要认真听取,争取机会与企业代表交流,获取更丰富的第一手资料信息,为正式招聘"抢占先机"。

2. 资料完善,物品齐备

(1) 求职简历的准备。根据招聘方的具体情况以及招聘岗位的具体要求,为其"量身定制"一份有针对性的简历。简历的内容应尽量压缩成一页 A4 纸的篇幅,并随身携带 3~5 份,应对简历中的内容了然于心。此外,还应准备能代表自己能力的作品、成绩单、获奖证书等材料的复印件,一起提交给考官。

(2) 其他物品的准备。平时常用或是在面试中可能派上用场的物品,都应携带。比如纸和笔,用于面试中做笔记;手表,在无领导小组讨论面试中充当计时器;纸巾,用于清理服装、容貌,保持整洁干净;饮用水,以备不时之需。

3. 妆容整洁,着装得体

心理学家说:"大多数企业录用的是他们喜欢的人,而不是最能干的人。"因此,求职者应该以整洁的面貌、淡雅的妆容、正式大方的衣着、礼貌的用语、得体的举止给招聘方留下良好的第一印象。面试服饰应与所申请的职位、所处的环境相符。一般以正装为主,避免选择色彩繁杂、褶皱不平或是过于暴露的服装。

> **课堂实训**
>
> 4.3 "你只有一分钟展示你是谁,另一分钟让别人喜欢你。"面试时行走、站立、坐姿、眼神和表情等都应合乎礼仪,具体怎样做才能表现出应聘者的礼貌和自信?
>
> 4.4 请为求职面试分别准备三分钟、一分钟、一句话3种版本的自我介绍。

4.5 企业文化的差异意味着用人标准的不同。一些传统企业认为"勤能补拙""态度高于一切",所以在用人标准上秉持"服从优于创新,态度重于能力"。而一些新型企业则更推崇能独立思考和解决问题、具有创新精神和魄力的人才。两种不同类型企业文化形成的原因何在?你更适应哪种类型的企业文化?

(三)面试的技巧

"凡事预则立,不预则废",面试不是简单的碰运气。应聘者只有做好面试前的充分准备与训练,了解面试情景,掌握必要的技巧,才能够做到胸有成竹、应对自如。

1. 结构化面试技巧

结构化面试一般内容确定、形式固定,招聘方选取的问题都具有针对性,因此在备考过程中,应聘者应当学会分析招聘方的考察点,有的放矢。

(1)自我介绍,把握重点。一般来说,"自我介绍"是面试的第一道题,目的在于考查应聘者对自己的认识是否到位、与目标职位的契合程度。在回答此类问题时,不要一味照搬简历中的内容,要学会合理控制时间,以积极的态度向考官传递有效信息。言简意赅的自我介绍通常具备以下内容要点——

开场白:问候、感谢获得面试机会;

基本信息:姓名、学校、专业、求职岗位等;

闪光句:让别人能够记住你的一句话,例如"我叫李敏,时常勉励自己要敏而好学";

经历:实习、社团工作等;

成果:奖励、奖项等;

个人情况:特长、爱好、性格特点等;

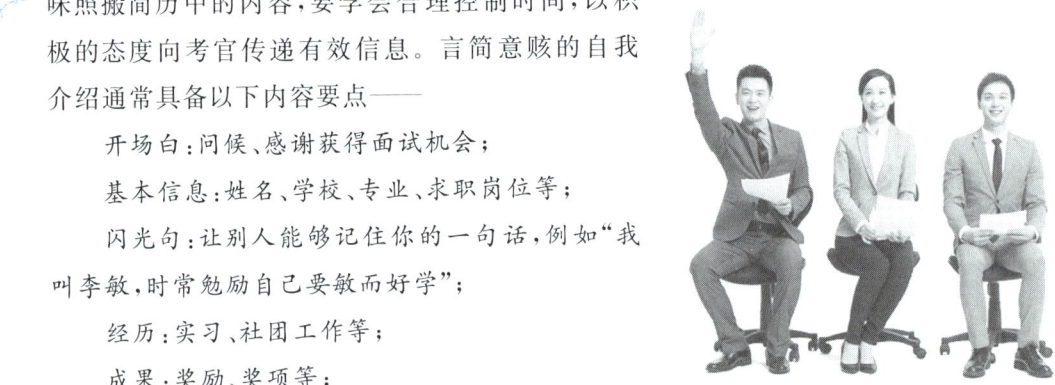

图 4-1　面试自我介绍

对工作岗位的理解:结合自身经历,谈谈对工作岗位的理解;

结束语:表达对职位的渴求,再次表示感谢等。

(2)说明动机,加强匹配。"为什么应聘我们单位"是应聘者在面试过程中常遇见的问题。这类问题本身的意义包含三个方面:一是对自我的真实认识,二是对招聘方全面的解读,三是对上述两者匹配度的思考。在回答该类题目时,可以结合自己的职业能力、职业价值观和对招聘方的认同进行分析,构建两者之间互相匹配的关联性。如:"我曾阅读过贵公司领导的相关访谈,非常认同公司的人性化管理制度,对其中××条制度印象十分深刻,我对工作的理解也是这样。如果能在贵司工作,我将感到非常荣幸。"这样的回答显示出了对招聘方的关注与认同,同时也表明了自身与职位的契合度。

(3)沉着应答,态度诚恳。在面试过程中,可能会遇到超出自身知识范畴的题目,或是不太熟悉的知识点,这种情况应当如何应对呢?是东拉西扯不直接回答,还是胡乱编造一个错误的答案？这些做法都不可取。最好的办法是先用自己的话复述问题，加强理解，如："您刚才问的是××问题吗？"若对方确认后自己还是无法理清头绪作答，就应坦然承认自己的不足，表明自己对这个知识点掌握不够，实事求是，态度诚恳。

（4）谈论薪酬，进退有度。在面试的收尾部分，应聘者往往会遇到与薪酬相关的问题。其实这类问题主要是考查求职者的学习心态或对自我能力的客观评价。应聘者应提前了解市场行情和招聘方相关信息，在回答时要注意措辞。对于应届毕业生而言，在初次应聘的时候最好不直接给出薪资的具体数额，可提及"这是我的第一份工作，与薪水相比，我更在乎职业发展的平台和空间"，表达出积极的态度。若对方追问，可以给出一个相应的数额范围。

（5）抓住机会，恰当提问。通常在面试结束前，招聘方会问一句"你还有问题需要了解吗？"有的应聘者会放弃提问，有的应聘者则因提出的问题不合时宜而让考官连连摇头。一般而言，不建议放弃最后提问的机会，而是可以通过提问进一步了解应聘岗位相关的信息。例如，"如果被录用，我将接受哪些培训，这些培训有什么要求吗？""录用后这个岗位会和哪些部门打交道？"也可提问"您对我今天的表现有何评价和建议？"来表明自己对这次面试的看重和对考官的尊重。考官会对渴望成长的求职者更有好感，有关培训或发展机会方面的问题是好问题。

（6）积极抗压，破解难题。有的招聘方会根据招聘职位的特点设置压力面试环节。当考官态度生硬、言语挑剔时，应聘者可能正在接受压力面试。压力面试主要通过质疑应聘者的经历、学历或提出不合理的结论，甚至带有挑衅意味的问题，以冲击应聘者的心理防线，从而检测应聘者的承受能力、应变能力和处理人际关系的能力。例如，"你面试表现很差，不适合这个工作""我们需要名校毕业生，你不符合条件"，当考官抛出类似话语，应聘者切勿自乱阵脚，应沉着冷静、头脑清醒、不卑不亢、有理有据地回答。要相信能够入选面试，说明招聘方对你的能力有基本认可。

案 例 分 析 4-3

民国时期，某主考官见一位朱姓考生知识渊博，思维敏捷，对答如流，便突发奇想，抛开原定题目，出了一道偏题："《总理遗嘱》，每次纪念周会上都要诵读，请你回答一共多少字？"这下可真把朱某考住了。他暗想，主考出此题未免脱离常规，既然有意刁难，录取必然无望，于是面带微笑反问主考："请问主考官的尊姓大名，天天目睹手写，也已烂熟，请问共有几笔？"主考官想不到应聘者竟会如此应对，一时愣住。但对该考生的才能和胆识十分赏识，于是亲自将其录用。

（节选自何书宏《演讲与口才知识全集》）

主考官给出难题，相当于在对考生进行压力面试，而朱姓考生沉着应对、反戈一击，显得冷静机智。在压力面试中，应聘者如果临阵不乱、抓住机会、破解难题，就能面试"通关"。

(7) 言谈举止,有礼有节。应聘者在面试中宜多用敬语和礼貌用语,注重言谈礼仪。交谈时要落落大方、精神饱满、声音洪亮、吐字清晰、语速适中,尽量避免多余的语气词。应答前可稍加思索,保持与对方的眼神交流,可用表情或点头表示在专注倾听,同时注意捕捉考官的眼神和姿态变化,以及时调整内容和节奏。

参加面试,原则上应提前10~15分钟到达面试地点。面试中,站坐行走都应稳健优雅、自信从容;注意不要主动落座,等主考官发出邀请或指令时再入座;对所有面试工作人员都应注意礼貌。此外,还应注意诸如进门前敲门、结束时道谢告别等细节。

2. 无领导小组讨论面试技巧

无领导小组面试简称"群面",流程较为复杂,参与人数较多,面试时间也较长,只有熟悉了各面试环节并掌握了面试技巧才能张弛有度、收放自如。

(1) 提纲准备阶段。在拿到题目之后,准备的时间一般为5~10分钟。在这期间,一是需要思考答题的框架、列出提纲;二是要组织作答语言,确保能够清晰表达。

(2) 个人陈述阶段。个人陈述阶段要求作答时观点明确、论证充分,如果题目对发言顺序没有要求,尽可能在审题之后做"破冰者"(首先发言的人),积极进行陈述;若不是"破冰者",在进行陈述时不要一味重复前面组员的观点,应当提出自己的想法。在倾听他人发言时,应记录回答要点以便进行思考和参与讨论,同时可通过适当的点头、眼神交流展示自己认真倾听的状态。

(3) 自由讨论阶段。首先发言的人,通常会作为领导者(自我推荐加小组成员认可)负责小组讨论的统筹安排。在整个讨论进程中,领导者可以制订讨论的规则、确定各阶段讨论的时间,并征求其他组员的意见,用周密的安排来确保团队(小组)计划的执行和促成团队进行有效讨论。作为组员,在讨论阶段要积极发言,可以提出自己的观点来引起大家的讨论,也可以针对别人的观点从不同的角度补充论据,推动讨论的进程。

(4) 总结陈述阶段。陈述者有时也由记录员兼任,一般由自我推荐或是他人推荐产生,在推选过程中应积极自荐、争取发言机会。若是推选他人陈述,应注意说明推选理由。陈述者要面向小组成员逐条陈述已经整理好的方案要点,并向考官陈述讨论要点及结果,在时间允许的情况下可以对讨论结果进行升华,呈现出整个小组的优点。

(5) 其他注意事项。

① 勇于发言,言简意赅。在小组讨论的时候应当勇于发言,积极进行自我展示。在阐述观点时应当辅以充分的论据,不要简单附和他人意见,以免给考官留下缺乏独立思考的印象。若发现自己的发言有错误或漏洞,要勇于承认错误并选择时机进行修正。同时,要注意把握时间,不能超时占用其他组员的回答时间。

② 保持尊重,团结合作。在小组讨论的过程中,必然会出现不同的意见和观点,此

时应当保持对对方的尊重,不应贸然打断其他组员的发言,可以先考虑他人与自己观点是否能融合,然后采取委婉的方式进行纠正和发言,如"认真听了这位组员的发言,我觉得有道理,但我对某某点有疑惑,所以我的观点是……"。

③ 自我评估,定位角色。群面开始之前考官不指定应聘者扮演某个角色,应聘者需要根据自身定位来确定扮演何种角色。群面的基本角色有四种:一是负责统筹安排整个进程的领导者。领导者的职责重、挑战大,机会也相应多。二是负责时间管理的计时者。计时者需要分配、控制时间,掌握进度并提醒超时者,计时者要适时进行小结以承上启下。三是记录员。记录员重在倾听,在讨论过程中记录要点、标明重点、提醒补充。四是陈述者。讨论收尾时要逐条陈述已经整理好的方案要点供形成结论,并向面试官汇报。五是未担任角色者。普通成员同样要在群面过程中提出观点和建议,为自己争取机会。其实,角色之间的责任是有交叉重合的,角色也并非一成不变的。随着群面的深入,不同角色之间可能会互相转换,关键在于发挥优势、适时变通。

课堂实训

4.6 本主题"情境导入"中考官对三位应聘者的回答都不满意,如果你是应聘者之一,你将如何应对呢?

4.7 以下这位求职者的自我介绍存在哪些问题? 请修改。

求职者:我叫徐正毅,男,出生于 2003 年 5 月,双子座,现年 22 岁,五官端正,身体健康,性格活泼开朗,也不失庄重文静,现就读于 A 学院,将于今年 7 月毕业。我思想进步,遵纪守法,工作认真,责任心强,学习努力,知识面广。我还兴趣广泛,爬山、打球、电影、唱歌都很喜欢。最喜欢踢足球,我最崇拜的球星是 C 罗……

4.8 群面的几种基本角色中你适合担任其中哪一种? 请说明理由。

(四)面试结束后的持续跟进

面试结束并不意味着整个求职活动的结束,直到收到录用通知,求职才可暂告一段落。因此,在面试结束后,应聘者还应注意以下两个方面。

1. 回顾过往,总结反省

面试结束后,应当认真回顾自己在面试中的表现,找出表现欠佳的地方,进行复盘、反思;也可以通过参与专门化的训练,来弥补自身不足之处。

2. 持续关注,保持联系

在面试结束后,应当及时与招聘方联系,询问后续结果。可以将自己来不及在面试现场展示的作品通过邮件发送给招聘方,或写一封得体的感谢信表达自己的诚意与谢意。务必保持通讯畅通,适时查看邮件,确保能够及时接收、回复招聘方的通知,为后续面试或入职做好准备。

课堂实训

4.9 谈谈面试后写给考官的感谢信应包含哪些信息,与普通的感谢信有哪些区别。

4.10 如果面试后收到了录用通知,接下来应该从哪些方面为入职作准备?

二、职场竞聘口才

(一)竞聘的含义与程序

1. 竞聘的含义

岗位竞聘是一种内部选拔机制,旨在通过公开、公平、公正的方式,从企业内部选拔出最适合某个岗位的员工。其核心目的是激发员工的积极性和创造力,优化人力资源配置,提高工作效率和企业竞争力。

2. 竞聘的程序

竞聘通常包括以下几个关键阶段,以确保竞聘过程的公平性、公正性和有效性。

(1)竞聘准备阶段。确定竞聘岗位,明确竞聘岗位名称及数量、岗位职责及要求等,并编制岗位说明书;成立竞聘领导小组;发布竞聘公告,通过单位内部渠道(如公告栏、内部网站、邮件等)发布竞聘公告,明确竞聘条件、薪酬待遇、报名时间、地点及方式等。

(2)报名与资格审查阶段。

员工报名:符合条件且有竞聘意愿的员工在规定时限内提交报名材料,报名方式可以是部门推荐或个人申请。

资格审查:竞聘工作组对报名人员进行资格审查,剔除明显不符合要求的申请者,确保所有参与竞聘的人员均符合岗位基本要求。

(3)考核阶段。竞聘面试是竞聘过程中的重要环节,面试内容一般包括竞聘演说和面试答辩。在竞聘演说中,竞聘者用一定时间对所应聘的岗位进行阐述,包括自己对该岗位的认识、开展工作的打算和思路等等。面试答辩一般会根据竞聘者的表现或岗位需求提出随机性问题,进一步了解其综合素质和应变能力。

(4)民主测评阶段。由单位选取员工代表对竞聘人员进行评价打分,考察其品德修养、职业素养、群众威信、业务能力和沟通能力等方面。

(5)录用与公示阶段。根据笔试、面试和民主测评的考核结果,按照所得总分择优录用,并将录用结果在单位内部进行公示,接受群众监督。公示期满无异议后,正式任命并办理相关手续。

3. 竞聘的准备

(1)深入了解岗位需求。阅读岗位说明书,仔细研读竞聘岗位的职位描述、工作内容、所需技能、任职资格等信息,确保对岗位有全面而准确的理解和分析,思考该岗位的核心职责和期望成果,以及如何在日常工作中体现这些职责。

(2) 自我评估与定位。实事求是地评估自己的专业技能、工作经验、领导能力、沟通能力等,找出与岗位需求相匹配的优势。基于自我评估,确定自己在该岗位上的定位,即如何为该岗位带来价值,以及希望在该岗位上实现什么目标。

(3) 撰写竞聘材料。一般的竞聘过程中都需要进行竞聘演讲,提前准备一份结构清晰、内容充实的演讲稿。同时,了解并准备回答常见的面试问题,如自身优势、选择岗位的理由、今后的规划等,也可针对岗位特点,准备一些可能的情景模拟问题,并思考如何给出恰当的回答。

(4) 提升专业知识和技能。如果岗位需要某些特定的专业知识或技能,应提前学习或参加培训,确保在竞聘过程中能够展示专业素养;并回顾和巩固与岗位相关的已有技能,确保在需要时能够展现出来。

(5) 保持良好的心态。要相信自己有能力胜任该岗位,保持积极、乐观的心态。同时应做好面对挑战和失败的准备,保持平和的心态,将竞聘视为一次学习和成长的机会。

(二) 竞聘面试

在职场竞聘的过程中,竞聘面试是尤为重要的一个阶段。面试内容一般包括竞聘演讲和面试答辩,是员工向评委或领导展示自己能力、经验和与岗位匹配度的重要环节。

1. 竞聘演讲

竞聘演讲是竞聘者向评委或领导全面介绍自己,阐述自己对竞聘岗位的理解、个人优势、工作规划及未来展望等,以争取获得竞聘成功的程序。在竞聘演讲中充分展现个人的才能和智慧,是赢得评委和听众认可的关键。

(1) 充分准备,自信表达。首先,要对竞聘的岗位有深入的了解,包括岗位职责、所需技能、公司文化等。在演讲中要准确地表达自己对岗位的理解以及自己与岗位的适配度。明确自己的核心竞争力,包括工作业绩、工作经验、成功案例等。在演讲中,要能够清晰地阐述这些优势,并做好积极的心理暗示,相信自己能够胜任该岗位,这种自信的态度会自然地流露在演讲中。

(2) 语言流畅,逻辑清晰。竞聘演讲时,要保持适中的语速,让听众能够跟上竞聘者的思路。确保发音准确清晰,按照一定的逻辑顺序组织演讲内容,如先介绍个人背景、再阐述竞聘优势、最后表达对未来工作的展望等,让听众更容易理解演讲内容。

(3) 情感投入,展现真诚。竞聘演讲时应投入适当的情感,通过对演讲内容的把控,辅以语调的变化、适当的停顿和肢体语言等让听众感受到竞聘者的真诚和热情,真诚地表达自己的想法和感受,避免夸大其词或虚假宣传。

(4) 注重细节,提升形象。演讲时,要保持良好的仪态和姿态,展现出自己的自信和从容,包括站姿、坐姿、手势等方面的表现。整洁的着装可以给人留下良好的第一印象。选择得体的服装,以符合公司文化和岗位需求。在演讲过程中,注意与评委和听众保持适当的眼神交流,展现出自己的亲和力和自信。

2. 竞聘演讲稿

(1) 竞聘演讲稿的准备。准备竞聘演讲稿是一个系统而细致的过程,需要竞聘人充分了解竞聘岗位、深入挖掘自身优势,并巧妙地将这些信息以逻辑清晰、语言生动的方式呈现出来。

① 明确演讲稿的目的和结构。明确演讲稿的目的,即向评委展示自己能力、经验和与岗位的匹配度,以及对未来工作的规划和设想。设计一个清晰的结构,通常包括开场白、自我介绍、岗位理解、个人优势展示、工作规划与展望以及结语等部分。

② 深入研究竞聘岗位。认真解读岗位说明书,了解岗位的职责、技能要求、工作经验要求等,有助于在演讲稿中针对性地展示。分析岗位特点,思考该岗位在公司或组织中的定位、作用以及面临的挑战,有助于提出更有针对性的工作规划和解决方案。

③ 深入挖掘自身优势。回顾自己的工作经历、学习经历以及取得的成绩和荣誉。找出与竞聘岗位紧密相关的经验和技能,如专业技能、领导力、团队协作能力、创新思维等,并思考如何将其转化为竞争优势。

(2) 竞聘演讲稿的结构。

① 引言部分,包括开场白、自我介绍和参与竞聘的目的等。

开场白可以是一个引人入胜的故事、一句名言或一个问题,用以吸引听众的注意并引出演讲主题,简短而有力。

简要介绍自己的基本信息,包括姓名、目前职位(如果适用)、与竞聘岗位相关的经验或背景。自我介绍应简洁明了,重点突出与岗位相关的内容。例如:

"我是来自××部门的×××,自加入公司以来,我始终秉持着敬业、专注、创新的精神,积累了丰富的经验。今天,我带着对未来的憧憬来到这里,希望能够得到大家的认可和支持。"

清晰地表明参与竞聘的目的和动机,比如对岗位的热爱、对公司文化的认同以及希望为公司带来的价值。例如:

"随着公司业务的不断拓展,××岗位的重要性日益凸显。我深知这一岗位的挑战与机遇并存,但我相信,凭借我的能力和热情,定能胜任这一职务,为公司的发展贡献自己的力量。"

② 岗位认知与自我匹配。深入阐述对竞聘岗位的理解,包括岗位职责、核心要求、面临的挑战以及未来的发展趋势,并且结合个人经历、能力、技能和经验,强调自己的

优势以及与竞聘岗位的匹配度。可以使用具体事例和取得的成绩来支撑观点,使听众信服。例如:

"在我看来,××岗位是公司战略实施的关键一环,它要求我们不仅要具备扎实的专业知识,还要有良好的沟通协调能力和团队合作精神。回顾我的工作经历,我发现自己在××、××与××等方面积累了丰富的经验,这些经验使我能够迅速适应××岗位的要求。同时,我深知团队合作的重要性,因此我始终注重与同事建立良好的关系。在××项目中,我主动与相关部门沟通协作,共同推动了项目的顺利进行。此外,我还具备较强的创新思维和学习能力,能够迅速适应新环境、掌握新知识。我相信,这些经历和能力的积累将帮助我在新的岗位上发挥更大的作用。"

③ 工作规划与展望。提出竞聘成功之后自己希望实现的目标,这些目标应该具体、可衡量、切实可行,并提出具体工作思路。此外,还可阐述未来工作的长期规划和愿景,简要介绍实现这些目标的具体策略或行动计划,展示自己的执行能力和决策能力。例如:

"如果我有幸被选为××岗位的负责人,我将从以下几个方面入手开展工作:一是加强团队建设,提升团队凝聚力和战斗力;二是优化工作流程,提高工作效率和质量;三是加强与其他部门的沟通协调,确保项目的顺利推进。"

④ 结语部分。在结语部分,可以重申自己的决心和热情,表达为单位贡献力量的愿望,并感谢评委和听众的倾听和支持。例如:

"我深知这个岗位的重要性和挑战性,但我愿意迎接这些挑战并为之付出努力。我坚信自己能够胜任这一职务并为公司的发展贡献自己的力量。"

当然,也可以以一句简洁有力的话语结束演讲,可以是有力的呼吁、鼓舞人心的口号或对未来的展望。例如:

"最后,恳请各位领导、同事给予我支持和信任。我将以实际行动来证明自己的能力和价值。谢谢大家!"

3. 竞聘答辩

按照竞聘面试程序,竞聘答辩一般是在竞聘演讲之后,由评委或领导针对求职者的演讲内容、工作经验、专业技能等方面提出问题,求职者进行回答的环节。其目的在于进一步考察求职者的综合素质和应变能力。

(1) 竞聘答辩的准备。

① 分析题型。在竞聘答辩中,问题通常包含客观题和主观题两部分。客观题明确、直接,往往有相对固定的答案或评分标准,这类问题虽然存在,但数量相对较少。而主观题则占据了更大的比例,它们往往要求应聘者根据自己的理解、经验或见解来回答,答案可能因人而异。因此,竞聘者要仔细听题,理解问题的核心要求,确保回答紧密

围绕问题展开。如果能在回答中适时融入自己的新观点、新思路,不仅能展现竞聘者的专业素养,还能体现其创新思维和解决问题的能力。

② 厘清思路。岗位竞聘的目的性很明确,即竞聘者需通过详尽阐述个人经历、过往业绩、独特优势以及对未来工作的设想与规划,来力证自己是该岗位的最佳人选。评委的提问往往也会紧密围绕这些核心要素展开,旨在全面评估竞聘者的综合素质与岗位匹配度。因此,作为竞聘者,应当未雨绸缪,提前针对这些关键问题进行深入思考,将可能遭遇的提问具体化,形成条理清晰的答问提纲,确保回答时能够做到逻辑严密、从容不迫。同时,在梳理思路时,应使用恰当的词汇和句式来表达想法,确保表述简明扼要。

③ 准备素材。

a. 个人经历与成就:回顾工作经历、学习经历等,筛选出与竞聘岗位紧密相关的部分。准备一些具体的例子来支持观点,如:在过去的工作中如何解决了一个难题、如何取得了一项重要的成就等。

b. 行业知识与趋势:了解所在行业的发展趋势和前沿动态,准备一些与岗位相关的行业知识,展现专业素养和对行业的关注程度。

c. 数据支持:准备具体的数据来支撑观点。数据可以直观地展现能力和成果,增加回答的说服力。

④ 模拟答辩与调整优化。在答辩前进行几次现场模拟,设定一些问题并尝试回答,注意控制时间、语速和表情,熟悉答辩流程并发现潜在的问题。也可以请家人、朋友或职业导师作为模拟评委或领导对自己的回答进行反馈,提取他们的意见和建议并进行改进,优化之前准备的回答框架、语言组织和例证选择,使其更加符合岗位要求和答辩评委的期望。

案例分析 4-4

一名工作多年的部门副主管在竞聘演讲中,将自己进入公司多年来的工作详细列举了一遍。但在答辩环节,当被问及近三年在岗位上有什么创新或优秀成果时,他却没有相关的成绩可以举证。而另一位入职仅两年的主任助理,不仅在演讲中展示了自己如何想办法优化内部文件、简化与销售部门的对接流程,还详细展示了目标岗位未来一年的工作设想和规划。在评委提问环节,他真诚地说出了自己当前的不足与改进计划,同时对所在部门提出了具有建设性的发展建议。他的回答得到评委的一致认同。

《礼记》说:"凡事预则立,不预则废。"该案例说明竞聘面试的准备工作一定要全面,要提前推演、预测评委的问题,才能应对自如,有备无患。

 课堂实训

4.11 请根据"思路提示"就以下问题展开讨论:

(1) 你希望与什么样的上级共事?

思路提示:这是一个具有陷阱性质的问题。答辩时,可以适当回避对上级具体的希望,多谈对自己的要求、多从自身成长的角度展开。

(2) 在完成某项工作时,你认为领导要求的方式不是最好的,自己还有更好的方法,你应该怎么做?

思路提示:原则上应尊重和服从领导的工作安排;同时,可以找机会以请教的口吻,婉转地表达自己的想法,看看领导是否能改变想法。如果领导没有采纳,也需要按领导的要求认真地去完成这项工作。这样,可以在尊重领导的前提下,充分表达自己的想法和建议,为团队带来更好的工作成果。

(3) 如果你的竞聘面试没有成功,你怎么打算?

思路提示:可以谈谈自己如何正确看待这次失败。①敢于面对,面对这次失败不气馁,接受已经失去了这次机会这个现实,从心理意志和精神上体现出对这次失败的抵抗力。②善于反思,对于这次面试经验要认真总结,思考剖析,能够从自身的角度找差距。正确对待自己,实事求是地评价自己,辩证看待自己的得失。③认真工作,回到原岗位上后,踏踏实实地工作,克服这一次失败带给自己的心理压力,加强学习,提高自身素质。

(2) 竞聘答辩技巧。

① 观点正确。观点正确是竞聘答辩的基石。若观点偏离正道,即便是言辞凿凿,也难以弥补其根本性的缺陷。因此,为了确保观点的正确性与深刻性,需要加强政治理论学习与时事分析,不断提升自身的理论素养,在竞聘答辩中展现出综合素养与思想深度。

② 紧扣问题。在听到评委提问后,不要急于回答,而是先花几秒钟时间深入理解问题的核心和意图。在回答问题时,应直接针对问题的核心进行回答,避免偏离主题或提供与问题无关的信息。如果问题包含多个部分,确保逐一回应,不漏掉任何一点。如果可能的话,用具体的事例或数据来支持观点,使回答更加生动形象、有说服力。

③ 实事求是。在介绍自己的成绩或经验时,要实事求是,不要虚假陈述或夸大其词,应做到诚实、谦逊。

④ 条理清晰。在回答问题时,注意构建清晰的逻辑结构。可以先简要概述观点或答案,然后逐步展开,最后进行简要的总结。使用"第一、第二、第三"等序数词来组织答案,可以使回答更加条理清晰。如果答案较长,可以分几个段落进行阐述,每个段落集

中讨论一个方面的问题或观点。

⑤ 展现自信。在答辩过程中,要保持自信、从容的态度,用清晰、有力的语言来表达观点和想法,避免使用模糊的词语。即使遇到难题或有挑战性的问题,也要保持冷静,不要惊慌失措或逃避问题。要冷静地分析问题,并尝试给出合理的回答或解决方案。此外,要注意肢体语言,如站姿、手势和面部表情等要自然、大方,这些都可以传达出竞聘者的自信和从容。

⑥ 时间控制。在答辩中,要根据实际情况灵活调整时间分配。如果发现某个部分的内容过于复杂或需要更多时间进行阐述,可以适当延长该部分的时间;反之,如果某个部分的内容较为简单或已经阐述清楚,可以适当缩短该部分的时间。

⑦ 礼貌待人。《礼记》中说:"礼者,自卑而尊人。"在答辩过程中,要始终保持对评委的尊重。注意使用礼貌用语,不要打断评委的提问或发表不适当的言论。如果与其他竞聘者一起参加答辩,保持友好的态度,不要贬低其他竞聘者,应专注于展示自己的优势和特点。

⑧ 回顾总结。竞聘面试结束后,要适时对答辩过程进行总结和反思。可以分析自己表现的不足之处,并思考如何改进和提高,使自己在未来的竞聘中表现更加出色。

课堂实训

4.12 小组讨论,回答下列竞聘上岗答辩题目:

(1) 俗话说:"没有规矩不成方圆。"但也有人说:"讲究规矩会制约创新。"对此你怎么看?

(2) 有这样一种现象:新组装的机器,只有通过一定时期的磨合,把零部件接触面上的加工痕迹磨平后,才能运转流畅。这种现象说明什么道理?并结合实际,谈谈对这种"磨合效应"的认识。

(3) 假如你竞聘成功,领导分派了一项你不熟悉但又非常重要的工作,根据以往的经验,你可能无法完成。面对这种情况,你该怎么处理?

(4) "谁在背后不议人,谁人背后无人议"。对此你是怎么理解的?

(5) 古人云:"公生明,廉生威。"请结合实际谈谈你的看法。

(6) 你上任新岗位后,在布置工作时遭到下级反对,你将如何处理?

4.13 竞聘演练:6~9个人为一组,模拟学生会学习部、文艺部、宣传部竞聘。根据竞聘程序,拟写竞聘岗位说明书、公布竞聘岗位、要求等,并设置竞聘演讲、答辩环节和具体问题。由2~3名同学充当考官,3~5名同学充当竞聘者,依次发表演讲并进行答辩。拍摄并记录面试过程,结束后,回看视频,逐一评价。

 **延伸阅读**

无论未来怎样,我们都需要职业认知(节选)
宫 宇

赫尔克里·波洛说:"我之所以可以成为举世闻名的侦探,那是因为我脑海里有对于真实世界近乎完美的模型。只要现实世界中发生了一点点与它本应该有的样子的偏离,我就可以偏执地把它找出来。"

做猎头的好处就是可以获得多元化的职业认知,了解真实的职场世界是个怎样的模型。通过这个模型,我们可以帮助职场人判断一个职位到底是机会还是暗坑,可以帮助求职者梳理出行业的脉络和企业的架构,可以帮助更多人甚至是自己找到内心的追求。发现了吗,职业认知的核心是为了"人"而服务的。我们提出"先认知、再选择",是在呼唤一种以人为本的决策方式,而不是让每个人都限定于当下的职业结构去求职。哪怕未来 AI 会替代大量的职业,但社会的构成依然还是以人来维系的,职场还会存在,只不过职能有所升级。只要人类想要通过劳动获得生计和认可,就依然需要求职,而只要求职,就必须仰仗职业认知。如果你对于明天没有思考清楚、准备充足,那明天就会无序地来安排你的命运。到了那时,科技日新月异,迭代无处不在,如果没有提前认知,就莽撞地进入到一个领域,很可能会加速自己的失败。所以,站在今天的我们,反而应该更加关注职场的动态,更加关注行业和企业的大趋势,更加关注职业在大趋势下的附着点,进而反观自身的价值优势,在人生目标的追求下,定向定量地积累自己。

……

试想一下,在不远的将来,多数人在学生时代就能提前了解自己喜欢的职业方向,甚至有些人可以提早明确自己想要追逐的职业目标。这些人在高中和大学时代就开始为了自己的目标而努力积累。到了求职的时候,他们所积累的职业资源,都将成为他们把控自己人生的重要资本。无论是对于产业结构的熟知,还是对于企业要解决哪些具体问题的预判,甚至对于自己未来在企业中的晋升路径都能略知一二。那我相信,任何企业、面试官在遇到这样的候选人时都会有如获至宝的感觉。

那时候的职场也不再是企业买方的单边市场,而是求职者与企业双边合作、互惠互利、合作共赢的局面。我们试想一下,假如每一个国人都在为职业的精进而时刻准备着,每一个国人心中都有非常清晰的目标,每一刻也都在为实现那个目标而积累、奋斗着,那时我们国家的生产力将达到怎样的高度?人类的文明又将推进到何等水平?每个人追逐的终极目标——幸福和平和,是否会更近一步?我们拭目以待!

 **课后任务**

1. "延伸阅读"这篇文章给你带来哪些求职上的启示？回顾你曾经做过的重要的人生决策，你当时的决策思路是怎么样的？

2. 分析自己的性格、兴趣、特长，与朋友、同学交换意见，说说自己都适合哪些职业。

3. 针对自己的专业和目标岗位，做一段 2 分钟左右的自我介绍。先形成书面文字，再尝试用口语流畅表达。

4. 哪些行为习惯是职场面试中的大忌？请列举并说明理由。

理论导航篇

4.2 沟通口才

沟通是人际交往的重要手段。一位哲学家说:人生所有的难题都是人际关系的问题。而沟通和对话是维护良好人际关系的重要途径。沟通不仅是信息传递的手段,更是表达主张、增进理解、解决问题、达成共识、影响他人、建立关系的重要途径。现代社会,良好的人际沟通口才能增强个人魅力,提升职业竞争力,改善人际关系。

 训练导引

➢ 训练目标

1. 了解人际沟通原理、人际沟通障碍及其解决方法。
2. 明确提升人际沟通口才的基本原则,掌握职场人际沟通的基本技巧。
3. 培养正直诚实的优秀品质,尊重他人、谦逊宽容。

➢ 课前准备

1. 每个小组推荐一名同学,介绍自己在人际沟通方面存在的障碍与困惑。
2. 阅读一本有关人际沟通口才的好书,在课堂上进行推介。

 情境导入

➢ 耕柱是墨子的得意门生。不过,他老是挨墨子的责骂。一天,耕柱问墨子:"老师,我没有比别人好的地方吗?为什么我经常遭到您的责骂?"墨子说:"假如我要上太行山去,可以用一匹好马或一头牛来驾车,你将用鞭子赶哪一个呢?"耕柱说:"我当然用鞭子赶好马了。"墨子说:"为什么要用鞭子赶好马而不是赶牛呢?"耕柱说:"好马才值得我用鞭子赶。"墨子说:"我也认为你值得鞭策,所以才对你严厉。"耕柱醒悟了。

墨子通过打比方和提问的沟通方式来引导自己的学生耕柱进行自我反思,让耕柱认识到了自己的价值和潜力,领悟到了老师的良苦用心,体现了墨子的人际沟通智慧。

一、人际沟通

(一)人际沟通的原理

人际沟通是一个广泛的概念,它指的是人与人之间信息、思想、情感和态度的交流

过程。这种交流可以通过语言、文字、姿势、表情、行为等多种方式进行。人际沟通也是一个动态的、相互作用的过程,信息在发送者和接收者之间双向传递。在这一过程中,发送者将想法或信息编码为语言或非语言符号,通过某种通道或途径传递给接收者,接收者解码这些符号还原为信息并给出反馈。

编码是指发送者将信息转换为符号的过程,而解码是指接收者将符号还原为信息的过程。编码和解码的准确性直接影响沟通的效果和效率,受发送者和接受者的语言能力、认知水平、文化背景、情感状态等因素影响。

沟通渠道是信息传递的媒介,不同的沟通情境适合不同的渠道选择。常见的沟通渠道有面对面交流、电话、邮件、社交媒体等。

反馈是接收者对信息的反应,是沟通过程的闭环。反馈可以是口头的、书面的或非语言的,反馈有助于发送者了解信息的接收效果,并进行调整。

(二)人际沟通的类别

人际沟通的类型多种多样,主要可以根据沟通的形式、方向和目的等维度进行分类。以下是一些常见的人际沟通类型:

1. 按沟通方式分类

(1) 口头沟通,包括面对面交流、电话交谈和视频会议等形式。口头沟通的优点在于即时性和互动性强,但缺点是容易受到情绪和环境的影响。在口头沟通中,副语言包括声音、语调、语气和表情语、动作语、服饰语等,具有不可低估的辅助作用。

(2) 书面沟通,包括电子邮件、信函、网络聊天工具等形式。书面沟通的优点在于记录性和可回溯性强,方便文件传输,缺点是缺乏多感官感知及反馈,还可能出现滞后反馈。

2. 按沟通目的分类

(1) 信息性沟通。以传递信息为目的,如报告、通知、说明等。

(2) 情感性沟通。以表达情感为目的,如安慰、感谢、道歉等。

(3) 激励性沟通。以激励、鼓舞为目的,如表扬、鼓励、赞美等。

(4) 化解性沟通。以处理冲突和分歧为目的,需要较高的沟通技巧和策略。

3. 按信息流动方向分类

(1) 向上沟通。从下级到上级的沟通,如汇报工作、提出建议等。

(2) 向下沟通。从上级到下级的沟通,如发布指令、传达政策等。

(3) 平行沟通。同级之间的沟通,如同事之间的协作和讨论等。

以上类别之间可能存在交叉和重叠。在实际应用中,人们通常会根据具体情境和需要选择合适的沟通类型和方式。

案例分析 4-5

梁惠王曰:"晋国,天下莫强焉,叟之所知也。及寡人之身,东败于齐,长子死焉;西丧地于秦七百里;南辱于楚。寡人耻之,愿比死者壹洒之,如之何则可?"

孟子对曰:"地方百里而可以王。王如施仁政于民,省刑罚,薄税敛,深耕易耨;壮者以暇日修其孝悌忠信,入以事其父兄,出以事其长上,可使制梃以挞秦楚之坚甲利兵矣。彼夺其民时,使不得耕耨以养其父母。父母冻饿,兄弟妻子离散。彼陷溺其民,王往而征之,夫谁与王敌?故曰:'仁者无敌。'王请勿疑!"

（节选自《孟子·梁惠王上》）

对于梁惠王的抱怨和求教,孟子采用引导规劝的方法予以回应,说服梁惠王如果施行仁政就能够达到"仁者无敌"之境界,最后以"王请勿疑!"来坚定其信心。可以说这是一次向上沟通的成功范例。

二、人际沟通的障碍

人际沟通障碍是指在人际沟通过程中影响信息传递和理解的各种因素。这些障碍可能来自语言、文化、环境、个人心理等方面。排除这些障碍对于提高沟通效果至关重要。

（一）语言障碍

语言障碍是沟通过程中常见的障碍,主要包括语言差异、表达不清、专业术语等问题。

1. 语言差异

持不同语种的人之间无法沟通,即使使用同一种语言,也可能因为方言、口音或语言表达方式的差异而产生误解。解决方法包括学习对方语言、使用通用语言或借助翻译工具。

2. 表达不清

表达不清、话语模糊会影响沟通效率甚至导致误解。解决方法包括简化语言、明确表达、使用具体例子和复述确认,避免复杂句式和歧义句。

3. 专业术语

专业术语和行话可能导致非专业人士的理解困难。解决方法包括避免使用过多的专业术语,或在使用时进行通俗易懂的解释。

（二）文化障碍

文化差异导致的沟通障碍是多方面的,包括语言、价值观、社交规则、非语言沟通以及文化偏见和刻板印象等。

1. 文化差异

不同文化背景下的价值观、行为规范和表达方式不同,可能导致误解和分歧。解决方法包括尊重和理解对方的文化,学习和适应不同文化的沟通方式和习俗。

　　2. 刻板印象

　　文化偏见和刻板印象可能导致对对方文化的误解和歧视。解决方法包括通过跨文化培训和交流活动,消除偏见,增强文化包容性。

(三) 心理障碍

　　心理障碍是指个人的心理状态、认知偏差、情绪因素等问题导致的沟通不畅或误解。

　　1. 焦虑和紧张

　　在沟通中感到焦虑和紧张,可能影响表达和理解。解决方法包括放松自己、自信表达、练习沟通技巧。

　　2. 自我中心

　　只关注自己的观点和需求,忽视对方的感受和意见。解决方法包括增强同理心,倾听对方,尊重和理解对方的观点。

　　3. 防御心态

　　在沟通中抱有防御心态,害怕受到批评或攻击。解决方法包括保持开放和包容的态度,接受建设性的反馈,建立信任。

　　4. 偏见和刻板印象

　　偏见和刻板印象会导致信息的误解和歪曲,解决方法包括开放心态和自我反思。

　　5. 情绪波动

　　强烈的情绪波动会干扰理性沟通,解决方法是学会情绪管理和控制。

案例分析 4-6

　　主持人敬一丹在北京大学的演讲中举了这样一个例子:

　　我上次去一所大学,我和联系我的一位女生通了几次电话,见面的时候,我看迎面来了两个同学,像是来接我的。"你是×××吗?"我问那个女生。"嗯",奇怪的是,她的目光立刻转向和她一起的那个男生。这是一个很细节的东西,我没有和那个男生通过电话,和我联系的是那个女生。我现在把这个动作分解重放:她为什么要躲开我的目光,看着那个男生?我揣摩:她可能有点不好意思,求助于那个男生,希望那个男生说话。可是那个男生和我没打过交道,也不知道应该说什么。我们当时就干干地站在一起,沟通的障碍有时就是由这样的细节引起的。后来我特别想告诉这个女生,以后你和别人说话的时候,尤其是第一次见面的时候,要直接看着对方,这是第一步。当你没开口的时候,人的目光是最能沟通的。

　　第一次见面的时候,一定要直接看着对方,这是敬一丹给出的沟通要诀。

 课堂实训

4.14 人际沟通中的心理障碍有何表现？原因是什么？应如何调节？请根据示例填空。

示例：羞怯心理与恐惧心理

表现：表情羞涩，脸色绯红，神情不自然，行为拘谨、动作忸怩、被动交流、说话声音颤抖、以至于手足无措，语无伦次，不能充分表达自己的思想感情。

原因：缺乏自信；患得患失；追求完美印象；自我意识敏感；人际交往挫折。

调节：放下包袱，树立自信；循序渐进，主动交往。

(1) 自卑心理与闭锁心理。

表现：_____。

原因：深层的心理体验是自己看不起自己；自我评价过低；理想自我与现实自我冲突。

调节：_____
_____。

(2) 嫉妒心理与敌意心理。

表现：对他人的长处、成就、荣誉、名望冷嘲热讽，恶意诽谤。对别人的不幸幸灾乐祸。严重者仇视他人，厌恶他人，产生敌对情绪，甚至有报复和攻击行为。

原因：_____。

调节：_____。

(3) 敏感心理与猜忌心理。

表现：_____
_____。

原因：心理防御过度、不信任他人；不自信；自我投射；挫折经历。

调节：培养理智，以事实唯真，避免感情用事；善于沟通，澄清真相，纠正认知偏差；培养自信，放平心态，不过分在意别人的评价。

(4) 自我中心与自傲心理。

表现：_____
_____。

原因：环境影响（父母、老师的教育）；虚荣；不自信。

调节：_____。

4.15 讨论：如何在人际交往中成为一个受欢迎的人？人际沟通口才对大学生的成长和成才具有怎样的意义？

三、人际沟通口才

（一）沟通口才的含义

人际沟通口才是指一个人运用口头语言、副语言和态势语言进行有效沟通的能力。具体来说，人际沟通口才包括以下几个方面的能力：

1. 表达能力

能够运用口头语言、副语言和态势语言，清晰、准确地传达自己的想法和感受。注意语速、音量和语调，使其符合情境和对方的感受，使听的人能够理解并产生共鸣。避免模糊或所指不明的表达。

2. 思维能力

沟通中出色的表达能力固然重要，但表达能力必须建立在对事物理解的基础上。一个沟通高手，通常对复杂事物和现象有着相当深刻的理解和把握。在遇到复杂程度高的沟通时，需要通过多层次、多角度、多领域的思维方式分析问题，以实现有效沟通。

3. 倾听能力

全神贯注地倾听对方说话，不打断，不提前下结论，通过点头、微笑等非语言方式表示理解和关注。通过倾听他人的讲述，捕捉话语中的关键字词，感受对方的副语言特征（音质、语调、语气、语速、笑声等）表达出的情意，理解对方的意图和需求，这是有效沟通的基础。

4. 洞察能力

沟通中，通过观察对方的态势语言，如眼神、表情和身体语言，来获取更多的信息，帮助自己更好地理解对方的情感和意图。在复杂沟通中，具备一定的认知能力和洞察能力是沟通对话顺利进行的重要前提，要尽可能多地了解对方的需求，对方的文化背景、专业背景等。

5. 情绪管理能力

在沟通中保持冷静和理性，避免情绪化，能够识别并表达自己的情绪，同时理解和接纳对方的情绪。使用积极的情绪调节策略，如深呼吸、正面思考等。

案 例 分 析 4-7

一次新闻发布会上，有外国记者问："总理阁下，你们中国人为什么把人走的路叫马路呢？"周总理略作思考，朗声说道："不止你问过这个问题，当年意大利的传教士利玛窦来中国的时候也问过这个问题，不过我的回答和他当年得到的答案不一样了，我们走的是马克思主义道路，简称马路。"

周总理在外交场合以其卓越的智慧和外交技巧，多次化解复杂局面。他的回答如此巧妙，不卑不亢，充分展示了敏锐的政治头脑、敏捷的思维和高超的人际沟通语言艺术。

课堂实训

4.16 分析以下《论语》语录中包含的沟通艺术。

子曰:"中人以上可以语上也;中人以下,不可以语上也。"(《论语·雍也》)

子曰:"道不同,不相为谋。"(《论语·卫灵公》)

"朝,与下大夫言,侃侃如也;与上大夫言,訚(yín)訚如也。君在,踧踖(cù jí)如也,与与如也。"(《论语·乡党》)

4.17 情境演练:根据唐代诗人贺知章《回乡偶书》"少小离家老大回,乡音无改鬓毛衰。儿童相见不相识,笑问客从何处来。"设置情境,以诗人问路、打听、寻访三十多年未见面的远亲为线索,模拟人物之间的对话。

(二)沟通口才原则

人们在运用语言进行沟通时,需要遵循一定的原则,才能确保沟通的有效性。

1. 知己知彼原则

知己知彼是进行良好人际沟通的前提。做到了知己知彼,才能真正把话说进对方心坎里,让对方愿意听,并能欣然接受。那么,如何才能做到知己知彼呢?

(1) 全面认识自己。沟通是人际交往的一种形式,当需要完成具体的沟通任务时,应考虑如下问题:我的年龄、性别、文化背景、阅历、专业背景等会对对方产生怎样的影响?我在对方心目中的可信度有多高?我跟对方之间是什么关系类型?该以什么样的角色身份与之交往?沟通目的是什么?希望达成什么样的效果?

(2) 了解沟通对象。人际沟通中,询问、倾听是了解对方,发现对方需要,获取有用信息的重要方式。

询问的方法多种多样,有开门见山式询问、委婉含蓄式询问、诱导式询问、二选一式询问、协商讨论式询问、澄清证实式询问等。在询问前一定要注意:问什么、怎么问(如何表述)、问的时机。询问与倾听一体两面,倾听是人际沟通中洞悉对方内心世界最有效的方法之一。

2. 尊重理解原则

尊重和理解是良好沟通的前提。尊重对方的观点和感受,理解其立场和需求。沟通中应做到:

(1) 尊重对方。尊重对方的权利和尊严,不打断、不批评、不嘲笑。

(2) 理解对方。设身处地理解对方的处境和感受,增强同理心。

(3) 平等对话。保持平等和谦逊的态度,不居高临下,不傲慢自大。

3. 诚实开放原则

诚实和开放是建立信任和尊重的基础。沟通中应做到:

(1) 坦诚相待。真实地表达自己的想法和感受,避免掩饰和伪装。

(2) 开放心态。保持开放和包容的心态,乐于接受不同观点和意见。

(3) 透明沟通。在可能的范围内,尽量公开和透明信息,避免不必要的猜疑和误解。

4. 灵活适应原则

根据情境和对象的不同,灵活调整沟通方式和策略。沟通中应做到:

(1) 灵活应变。在沟通中灵活应对突发情况和变化,保持冷静和理性。

(2) 因人而异。根据对方的背景、性格和需求,选择合适的沟通方式和语言。

(3) 适应情境。根据沟通的具体情境,调整沟通的语气和风格。

    4-8

> 贾母道:"老亲家,你今年多大年纪了?"刘姥姥忙立身答道:"我今年七十五了。"贾母向众人道:"这么大年纪了,还这么健朗。比我大好几岁呢。我要到这么年纪,还不知怎么动不得呢。"刘姥姥笑道:"我们生来是受苦的人,老太太生来是享福的。我们要也这么着,那些庄家(稼)活也没人做了。"贾母道:"眼睛牙齿还好?"刘姥姥道:"还都好,就是今年左边的槽牙活动了。"贾母道:"我老了,都不中用了,眼也花,耳也聋,记性也没了。你们这些老亲戚,我都不记得了。亲戚们来了,我怕人笑话我,我都不会,不过嚼的动的吃两口,困了睡一觉,闷了时和这些孙子孙女儿顽笑一回就完了。"刘姥姥笑道:"这正是老太太的福了。我们想这么着也不能。"贾母道:"什么福,不过是个老废物罢了。"说的大家都笑了。
>
> (节选自《红楼梦》第三十九回)

刘姥姥家中贫寒,进贾府是打算得到贾府人的接济。刘姥姥与贾母虽然在社会地位上存在巨大差异,但她心眼灵活、机智幽默,几句话就拉近了与贾母的距离,受到贾母的厚待,可谓人情练达、沟通有方。

5. 清晰简洁原则

清晰和简洁是提升人际沟通口才需要遵循的基本原则。清晰的表达可以减少误解和歧义,确保信息准确传达;简洁的语言可以提高沟通效率,避免冗长的表达导致信息丢失或误解。沟通中应做到:

(1) 用词准确。选择适当的词汇,避免使用模棱两可或晦涩难懂的词语。

(2) 逻辑清晰。信息传递要有明确的逻辑结构,条理清晰,层次分明。

(3) 具体描述。避免笼统的表达,用具体的例子和数据说明问题。

(4) 细节展示。适当展示细节,增强信息的真实感和可信度。

(5) 实例支撑。通过具体案例或情景描述,增强信息的说服力和可理解性。

(6) 言简意赅。使用简短的句子,传递核心信息,避免使用过于复杂的术语和句式。

(7) 聚焦重点。集中表达重要信息,避免次要信息干扰。

案例分析 4-9

1982年9月24日,邓小平与英国首相撒切尔夫人就香港问题进行了一场关键性的会谈。在对话中,面对撒切尔夫人关于香港问题的复杂陈述,邓小平没有陷入冗长的辩论,而是直接而坚定地表达了中国政府的主权立场:"主权问题不是一个可以讨论的问题……1997年中国将收回香港。"

邓小平的话简洁明了,直接点明了问题的核心,让撒切尔夫人无法回避中国对香港的主权要求。清晰和简洁原则不仅有助于减少误解和歧义,还能提高沟通效率,使对方更容易理解和接受自己的观点。

6. 同理倾听原则

积极倾听是指不仅要听到对方的话语,还要关注其非语言行为,理解对方的意图和情感。这有助于增进理解和信任,建立良好的沟通氛围和信任关系。沟通中应做到:

(1) 专注倾听。全神贯注,不分心,不打断,展示出对对方的尊重和重视。

(2) 理解意图。通过聆听,不仅要理解对方的言语,还要捕捉其背后的意图和情感。

(3) 回应和确认。适时给予回应,确认自己理解的内容,确保双方对信息的理解一致。

7. 及时反馈原则

及时的反馈可以确保沟通的双向性,提高沟通的有效性。沟通中应做到:

(1) 积极反馈。接收者要主动给予反馈,表达理解和态度。

(2) 开放态度。发送者要开放接受反馈,虚心听取意见。

(3) 调整改进。根据反馈及时调整沟通方式和内容,优化沟通过程。

课堂实训

4.18 阅读下文,分析林黛玉的回答包含了几层含义,这样的谢绝效果如何?为什么?

邢夫人苦留吃过晚饭去,黛玉笑回道:"舅母爱惜赐饭,原不应辞,只是还要过去拜见二舅舅,恐领了赐去不恭,异日再领,未为不可。望舅母容谅。"邢夫人听说,笑道:"这倒是了。"遂令两三个嬷嬷好生送了姑娘过去。于是黛玉告辞。(《红楼梦》第三回)

4.19 情境演练:各组推荐两名学生登台,根据下列情境设置,进行沟通演练:

(1) 以讲台为服务台,围绕购买商品质量问题,模拟客服与顾客的对话。

(2) 以讲台为入户门,围绕楼上邻居吵闹影响楼下住户休息,模拟邻居之间的对话。

(3) 以讲台为办公桌,围绕最近肠胃不适,模拟医生与病人的对话。

四、职场沟通口才

在职场中,沟通是实现工作目标、推动业务发展的关键因素。提升职场沟通口才水平,能够提高工作效率,增强团队协作,促进职业发展。以下是一些提升职场沟通口才的核心技巧:

(一)向上沟通

1. 理解并回应上级

在接到任务时,先理解领导的意图和考虑,再提出自己的看法,这有助于确保双方对任务的理解和目标的一致性。

2. 精简扼要地表达

领导时间宝贵,沟通时应尽量精简扼要,采用"先结论后证据"的汇报模式,以降低理解难度并提升沟通成效。

3. 主动汇报工作进度

无论工作是否顺利,都应主动向领导汇报进度,这有助于领导及时了解情况并在必要时提供协调和帮助。

4. 提供多个解决方案

在汇报时,给出两个以上的方案,并说明每个方案的优劣势,这既为领导提供了选择权,也体现了你的主动思考。

案例分析 4-10

在某公司市场部,魏来负责一个新项目的策划。在准备过程中,他发现需要额外的市场调研资源。于是,他与上级领导王刚进行了如下沟通:

魏来:"领导,我正在准备新项目策划,目前进展顺利,但为了确保策划更加精准,我认为我们需要进行一些额外的市场调研。这将对项目的成功起到关键作用。"

王刚:"哦,具体需要哪些资源呢?"

魏来:"我估算了一下,大概需要增加两个人手,以及一些市场调研工具。我已经考虑了几种可能的资源调配方案,比如从其他部门临时调配人手,或者购买一些高效的市场调研软件。您觉得哪种方案更合适呢?"

王刚:"嗯,考虑得很周全。我觉得从其他部门调配人手可能更实际一些,你尽快协调一下。"

魏来的沟通方式非常有效。他首先概述了项目进展和需要,然后提出了具体的资源需求,并给出了多种解决方案。这种清晰、有条理的沟通方式使领导能够快速理解问题并作出决策,展现了出色的向上沟通技巧。

课堂实训

4.20 根据以下材料提供的信息,进行模拟演练:

你作为某科技公司的项目经理,正负责开发一款集健康监测、智能提醒和便捷支付功能于一体的智能手环。项目已经进入关键阶段,你发现团队当前可用的资源无法满足项目的实际需求。具体来说,你需要更多的软件开发人员来加快应用开发进度,需要更先进的测试设备来确保产品的质量和稳定性,同时还需要一定的资金支持来进行市场推广和采购关键零部件。为了确保项目能够顺利进行并按时交付,你需要和你的上级领导(如部门总监或公司高层)进行面对面沟通,申请额外的资源支持。

(二)向下沟通

1. 清晰明确

确保沟通内容简洁明了,避免产生歧义或误解。使用简单的词汇和直接的语句,让对方能够准确理解你的意思。向下属明确工作标准,不断提升他们的规范意识。把心中的希望转化为具体标准,并列为检查事项。

2. 尊重和理解

尊重下属的观点和意见,不要对下属进行批评或指责式的沟通。对于下属的困惑或疑虑,及时提供解答和帮助。保护下属的自尊心,表达善意和肯定,即使在指出问题时,也要以尊重和理解的态度进行。在沟通中适当加入情感交流,表达对下属的关心和支持,增强团队的凝聚力。

3. 积极倾听

给予下属足够的时间和空间表达意见和感受。在沟通过程中,要保持专注和倾听,以便更好地理解下属的需求和想法。

4. 鼓励反馈

积极鼓励下属提出自己的意见和建议,以增强他们的参与感和责任感。及时回应下属的反馈,并尽量加以落实。

5. 具体建议

当向下属提出建议时,要客观描述问题及后果,并给出具体的解决方案。避免使用批评性的语言,应当以建设性的方式提出问题和解决方案。

向下沟通时,有效的说话技巧对于建立良好的工作关系、提高工作效率至关重要。

案 例 分 析 4-11

小王:"这个项目真是让人头疼,我已经加班了好几个晚上,但进度还是这么慢,我感觉自己快要撑不住了。"

张主管:"小王,我听到你说这个项目让你感到很困扰,我能理解你的感受。你已经付出了很多努力,但结果却不尽如人意,这确实会让人感到沮丧。你愿意说说具体是哪些环节让你感到头疼吗?"

小王:"主要是客户需求变化太大,我们之前做的很多工作都要推翻重来,这真的很让人崩溃。"

张主管:"我明白了,客户需求的频繁变动确实是一个很大的挑战。你已经做得很好了,我们一起想想办法,看看能不能找到更好的应对方式,减轻你的压力。"

在以上对话中,张主管表达了对下属的理解和体谅,安抚小王的情绪,同时运用了鼓励反馈的方式,肯定了下属付出的努力,为解决问题营造了良好的氛围。

课堂实训

4.21 根据以下材料提供的信息,进行模拟演练:

你作为某IT项目的团队负责人,注意到团队负责软件开发的工程师李明最近似乎遇到了技术难题。由于新的软件版本与旧系统的兼容性问题,他负责的集成模块进展缓慢,且频繁出现错误。李明压力很大,工作积极性下降,甚至表现出沮丧情绪。你需要与李明进行一次深入的沟通,了解他遇到的具体问题,帮助他克服困难,恢复工作积极性,确保项目整体进度不受影响。

(三)平行沟通

平行沟通是指在组织或团队内部,不同部门或职位级别相近的人员之间进行沟通。平行沟通强调尊重、合作与信息共享,以促进部门间的协同工作和项目的顺利进行。

1. 尊重与理解

在沟通中保持尊重,认识到每个人都有其独特的价值和贡献,以友善的态度进行交流。在开始沟通前,明确自己的目标和需要解决的问题,清晰地表达自己的观点和需求,以便对方能够理解并提供帮助。

2. 换位思考

从对方的角度出发,理解其立场、需求和感受,更加深入地理解对方的想法和行为,感受对方面临的挑战和压力。通过换位思考,能够减少误解和冲突,增强彼此之间的理解和信任,促进沟通目标的实现。

3. 寻求共同点

认真倾听,并尝试理解对方的立场和考虑,寻找共同的目标或利益,以便更容易地达成合作和共识。强调团队或组织的整体利益,以促进部门间的协作。

4. 提供解决方案

在识别问题后,积极提供可能的解决方案或建议,鼓励对方也提出他们的想法,以便找到最佳的解决方案。

5. 灵活与适应性

在沟通中保持灵活性,愿意根据对方的反馈或新的信息调整自己的立场,适应对方的沟通风格和节奏,确保信息的有效传递。

6. 确认与跟进

在沟通结束后,确认双方对讨论内容的理解和共识。如有需要,安排后续跟进会议或行动,以确保计划的执行。

平行沟通说话技巧强调尊重、合作与信息共享,通过明确目标、倾听理解、寻求共同点、提供解决方案以及保持灵活性和适应性,可以促进部门间的有效沟通和协作,从而推动项目的顺利进行和组织的整体发展。

案 例 分 析 4-12

赵亮(设计部):"刘专员,关于新产品的包装设计,我注意到市场部门更倾向于简洁风格。设计部这边有几个简洁风格的设计方案,想听听你的意见。"

刘畅(市场部):"赵设计师,非常感谢你的分享。确实,市场部门认为简洁风格更符合目标消费群体的喜好。不过,我们也想探讨一下,是否可以在包装上加入一些独特的元素,使其在市场上更加突出。"

赵亮:"很好的建议!我们可以在保持整体简洁的基础上,尝试加入一些具有品牌特色的元素。比如,使用我们品牌的标志性颜色或者图案。你觉得怎么样?"

刘畅:"这个主意很棒!我们可以一起细化这个方案,并确保它既符合市场部门的期望,又能展现设计部门的创意。"

此例中,设计部赵亮和市场部刘畅展示了出色的平行沟通技巧。他们互相尊重对方的意见,共同探讨问题,并寻求双方都能接受的解决方案。这种沟通方式有助于增进部门间的理解和合作,推动项目的顺利进行。

课堂实训

4.22 假如你在沟通中遇到以下几种情况,你会采取何种对策?

(1)否定式沟通:不管说什么,对方都会否定你。

——不是……

——不对,你这是错的。

——这样行不通……

(2) 打断式沟通:对方打断你,开始表达自己的观点。

——我觉得……

——我认为……

(3) 追问式沟通:连续提出多个问题,让人难以应对。

——你们的薪资是多少?有五险一金吗?……

——你多大了?做什么工作的?工资多少?……

(4) 尴尬式沟通:以粗鲁、自以为幽默的方式沟通,让人不知怎么接下文。

——你说的太多了,该听我说了……

——你带病还来上班,是做给领导看的吧……

 延伸阅读

如何自在地活在人际关系里

劳伦斯·艾莉森　侯奕茜译

人际沟通的能力可以习得。无论你性格内向还是外向,你都需要他人。但是,沟通的目的是加深你的人际关系,而不是拓宽你的人际关系。人际关系的深度远远比广度重要。因此,别急吼吼地在社交媒体上结识更多朋友。相反,请将注意力放在你真正想与之建立更深刻、更有意义的关系的人身上。对于那些已经淡出你生活的重要人士,努力修复与他们的关系。你不能,也不应该独自一人生活在这个世界上。

沟通技能好比人体肌肉,请定期锻炼它。多项研究表明,孤独不仅不利于我们的心理健康,也不利于我们的生理健康。你在注重饮食和锻炼的同时,不妨多多思考如何提高自己的人际关系技能。你可以寻找那些志同道合的人,也可以加入一些俱乐部,参加一些社交活动或志愿者服务,通过这些方式找到归属感。

我们同属一个世界、一个部落。请尽可能避免使用分裂主义、部落主义语言。攻击他人、侮辱他人不会让你的形象更高大。面对你的劲敌和持相反价值观的人,也要努力去理解他们。你不必去喜欢他们,也不必去认可他们,但请努力理解他们。这是战胜分裂主义的关键。有时候,使用侮辱性的仇恨言辞或许极具诱惑力,但请不要沉迷于它。这些语言贬低的不是别人,而是你自己。

团结他人,关心他人。努力去团结、去理解那些生活在同一社区的年轻人和老年人。判断一个社区是否健康,就看该群体中不同年龄段的人是否沟通融洽。去拜访你的邻居,记住他们孩子的名字,帮助年迈的邻居取快递,修剪自家草坪的时候顺便帮助他们修剪草坪。这些小事可以增进邻里之间的关系。如果你实在太忙,没时间做这些,你可以间接做出一些努力。你可以根据自己的价值观,选择性地赞助或者支持某个公

益活动、某个环保组织或其他社区团体。

与最亲近的人建立亲密关系。和你的孩子、父母、祖父母相处时,别光询问他们做没做作业、看没看医生、吃没吃药。你得花些时间认真倾听他们,了解他们真正在乎什么。

课后任务

1. 阅读《如何自在地活在人际关系里》,回答:
(1) 为什么说"沟通技能好比人体肌肉,请定期锻炼它"?
(2) 如何理解"沟通的目的是加深你的人际关系,而不是拓宽你的人际关系"?
(3) 在日常生活中,除了同龄人你最擅长和哪个年龄段的人沟通?为什么?

2. 结合提升人际沟通口才应遵循的原则,分析自己在人际沟通中哪些原则运用得当,哪些原则的运用尚有欠缺。你打算从哪些方面去锻炼自己的人际沟通口才?

3. 根据以下材料,进行模拟演练:

心理学专业的严露,因为个人爱好想转到新闻专业,但又担心新闻专业课程难、竞争压力大。而且她和现在班里的同学相处愉快,学院环境温暖,她不想离开这样的环境。她来来回回地纠结,为此非常焦虑。

请运用基于同理心的沟通公式"我观察到+我感觉+是因为+我请求",以同寝室室友的身份跟严露进行一次沟通。

"我观察到"——陈述所见事实。例如:"最近你好像有些心事。"
"我感觉"——说出自己的真实感受。例如:"我感到有些担心。"
"是因为"——说明原因,例如:"因为你不像以前那样开朗活泼了。"
"我请求"——明确自己的愿望。例如:"希望你能敞开心扉。"

4.3 管理口才

管理是人类在社会组织活动中,为实现群体预期目标对资源进行计划、组织、领导、协调、控制、决策、创新等多种职能活动的统称。良好的管理口才,不仅能够有效协调组织内部的人际关系,实现组织的核心目标,还能提高管理者的个人魅力,树立积极的组织形象。

训练导引

➢ 训练目标

1. 了解管理口才的含义、特点、基本原则及其实战技巧。
2. 通过学习,能够运用管理口才实现管理目标。
3. 培养谦虚谨慎、言行一致、宽以待人的优良品质,树立专业、可信赖的形象。

➢ 课前准备

1. 以学习小组为单位收集涉及管理口才的精彩视频或文字片断,准备在课堂上交流,并说明推荐理由。
2. 每个小组推荐一名同学介绍自己或身边的同学在担任干部执行上级交办的任务过程中,口语表达方面的经验或存在的不足及遗憾。
3. 推荐关于管理口才方面的一本好书,课堂上进行简明介绍。

情境导入

曹操率领军队在行进途中一直找不到水源,士兵们非常口渴,士气低落。曹操为鼓舞士气,传令说:"前面不远处有一片大梅林,那里的梅子又多又甜,还略带酸味,吃了可以解渴。"士兵们一听这话,仿佛已经尝到了梅子的酸甜,嘴里不由自主地流出了口水,一时间竟然感觉不那么渴了。趁着这个机会,曹操带领军队继续前行,最终抵达有水源的地方。

曹操作为军队统帅,面对行军途中遭遇的困境,巧妙地运用语言的力量,以虚构的梅林激发士兵的想象,缓解了士兵的渴意,为继续前行创造了有利条件,充分展现了其非凡的管理口才和危机处理能力。

"导人心者必导之于言",良好的口才是管理者必备的素质之一。21 世纪以来,随着我国管理学的发展,管理口才在现代社会地位也越来越重要。

一、管理口才概述

（一）管理与口才的关系

唐代文学家韩愈在《马说》中写道："世有伯乐，然后有千里马；千里马常有，而伯乐不常有。"此言道出了管理者的重要性。管理者具有制定目标、组织实施、传递信息、作出决策等功能，而这些功能都离不开沟通交流。

西方管理学领域也有这么一句话："管理即管人。"换言之，管理的核心在于借助他人的力量以实现团体目标。自管理学诞生、发展直至现今，一个普遍共识已经形成：管理者的首要职责是调和并优化人与人之间的关系。而履行这一职责的关键在于口头与书面形式的沟通。

管理者应当依据当前客观实际与发展态势，从员工队伍中发掘人才，充分调动人才的主动性和积极性，这是确保单位、企业或组织正常运作与良好发展的基石。在信息化社会，管理的本质与核心聚焦于沟通，而管理所面临的挑战与难题，很大程度上也源自沟通的复杂性与挑战性。普林斯顿大学曾对一万份人事档案进行深入分析，其结果显示：智能、专业技术以及经验在成功要素中仅占25%的比例，而剩余的75%则归功于良好的人际沟通能力。这一数据有力地佐证了有效沟通对于职场人士的重要性。

刘勰在《文心雕龙》中写道："三寸之舌，强于百万之师。"在管理的实际操作中，计划、组织、领导、协调、控制、决策、创新等诸多环节都要求管理者具备良好的口才。

（二）管理口才的含义

管理口才是指管理者在履行计划、组织、领导、协调、控制、决策、创新等职能时，运用口语表达所展现出的能力与素质。由于管理者在组织中所处位置的特殊性，其口才运用在影响力、作用及效果上，均呈现出其独有的特点和规律，对于推动组织目标的实现和营造积极的工作氛围具有不可忽视的作用。

 课堂实训

4.23 设想你是某大学公寓式学生宿舍的寝室长，学校正在开展"文明宿舍创建试点"活动。请详细阐述你将如何运用管理口才原理，动员室友积极参与这一活动。

（三）管理口才的特点

1. 权威性

在任何组织中，活动的顺利进行都依赖于统一的意志。而确保这一统一意志得以贯彻执行的关键在于权力的支撑。管理者身处决策与指挥的核心位置，对各项工作的

推进产生着直接且深远的影响。管理者的言谈举止,往往在一定程度上代表着组织的形象与立场,这就决定了管理者的口语表达有权威性,能够在组织中产生重要的影响力。

案例分析 4-13

某公司部门经理小李,以真诚沟通自居,常对下属说:"说实话,这项目很难。"一开始,下属都觉得他很坦诚。但渐渐地,大家注意到,这位李经理说到项目挑战或团队问题时,一定会以"说实话"开头,这让下属开始质疑:如果不说"说实话",那他说的话是不是假的?

数月后,团队氛围变得微妙。下属不再像以往那样积极响应李经理的号召,他们开始私下议论:"经理总说'说实话',是不是暗示我们之前听到的都不是实话?"团队的凝聚力和执行力逐渐下降。最终,一个原本有望成功的项目因团队内部的信任危机而功败垂成。

这位李经理忽视自己在团队中的管理者身份,因为身居其位,他的一言一行都可能会对下属产生影响。不合时宜的口头禅和过于随意的说话方式,会削弱话语的权威性,对团队工作产生不利影响。

2. 政策性

管理者表达的看法,通常并非代表个人,而是代表其所属的组织或集体,所阐述的想法往往反映了组织的工作方针、原则、目的及要求。在口语表达中,管理者需确保所传达的内容与上级的指示相契合,准确体现组织的意图,并与组织的决策保持一致,避免根据个人情感或偏好行事。

3. 针对性

管理者的口语表达需具备针对性,要直击要害,言简意赅。其表达目的多在于统一思想、协调关系、部署任务、动员群众及解决问题。实践过程中,为了实现工作目标,需要让被管理者准确把握管理者的真实意图。因此,口语表达必须紧密结合上级的指示与本单位、本部门的实际情况,创造性地提出工作思路与工作措施,以有效推动工作进程。

4. 号召性

号召性在管理者的口语表达中,体现为鼓舞士气、振奋精神、坚定信心与决心。管理者所设定的目标、出台的政策、制定的措施及提出的要求,唯有转化为集体的自觉行动,才能实现。管理者的口语表达具有号召性和影响力,能够充分调动组织中每位成员的参与热情,自觉并积极地投入工作。

5. 应变性

应变性是指管理者的口语表达能够在面对突发事件的时候做出恰如其分的反应。面对各种突发情况，管理者需根据事件的不同性质，迅速调整沟通策略，以避免误解和谣言的传播。同时，管理者的口语表达具有应变性，还能帮助管理者稳定团队情绪，保持组织凝聚力，并灵活应对媒体和公众的关注，从而有效维护组织的形象和声誉。这种能力对于管理者化解危机至关重要。

案例分析 4-14

在一次重要的融资洽谈会上，某电商平台创始人遭遇了投资者的刁难。一位投资者直言不讳："先生，我听说贵平台目前尚未实现盈利，那么你们的商业模式究竟如何支撑起如此庞大的估值呢？"面对如此尖锐的质疑，这位创始人从容不迫，微笑着回应："您提出的问题非常中肯。确实，我们目前还未实现盈利，但这并不代表我们的商业模式存在问题。我们注重的是长期价值，是在构建一个能够为社会带来持续变革的生态系统。我们相信，只要我们坚持创新，坚持为客户创造价值，盈利只是时间的问题。"

这位创始人的话语充满了自信和远见，他不仅巧妙地回答了质疑，其详细的解释也有利于坚定其他投资者的信心，体现了管理口才的应变性。

课堂实训

4.24 设想你是一个关键项目的负责人，近期由于项目截止日期将近，团队成员加班严重，整个团队气氛压抑，工作效率也有所下降。你将如何运用管理口才处理这个问题？

4.25 设想你是某高校学生会干部，负责组织和协调学生团队的活动与项目。在日常工作中，你发现部分团队成员对于团队的目标、即将开展的活动计划存在误解或不满情绪。你会如何运用管理口才进行澄清和说服，以增强团队凝聚力和执行力？

二、管理口才的基本原则

因性质、目的、场合以及听众的差异，管理口才在实际运用中对口语表达的要求也会有所不同。根据管理活动和管理者自身特点，管理口才应遵循以下几个基本原则。

（一）准确

管理者作为组织中的重要角色，其口语表达具有权威性，这就要求管理口才的运用首先应遵循口语表达的准确性。管理者在讲话时，必须避免使用含糊不清、模棱两可的语言,更不能随心所欲、信口开河。一旦失去准确性,不仅会引发听众的误解,还可能影响管理者的威信和声誉,甚至有可能对工作的正常推进造成阻碍。因此,管理者在口才运用上,务必确保表达的准确无误。

1. 观点正确

口语表达所传达的基本立场、观点、结论,以及提出的意见、建议、制定的措施等,都必须具体明确、准确可靠,不容置疑。这种表达必须严格遵循政策法规,符合上级的有关指示,贴近本单位的实际情况,具有可操作性。绝不能脱离实际、凭空臆造,而是应当建立在事实依据和合理的分析之上。

2. 材料可靠

要想保证口语表达的准确性,材料运用需准确可靠。因此,在涉及具体信息或数据时,管理者务必要核实材料信息,确保准确无误。使用不可靠的材料,不仅不能有效地论证观点,甚至会损害管理者的信誉,误导管理者的决策。

案 例 分 析 4-15

张经理在团队会议上,为了鼓舞士气,随口说道:"大家放心,只要这个项目成功,公司肯定会给大家发重奖!"团队成员听后,士气大振,加班加点地工作,最终项目顺利完成。然而,当大家期待奖金时,却得知公司并无此计划。张经理的"随口之言"引发团队成员的强烈不满,他们觉得自己的努力被漠视了。

张经理在项目开始之前,鼓舞团队成员积极投身于项目工作,这本是一件好事。但他忽视了管理人员发言的严谨性和准确性,最终承诺无法兑现,造成团队成员的不满,个人信誉大打折扣,长此以往会影响整个团队的凝聚力。

(二) 真实

管理者的职责是带领团队完成一项工作、成就一番事业。要达成这个目标就必须赢得部属的信赖与支持。管理者在口语表达时,需要用真挚的情感去打动群众,用饱满的热情去激励群众,同时运用生动的语言来吸引群众,从而调动群众积极性,凝聚团队力量。

1. 言之有物

管理者在沟通时,不仅要有真挚的情感,还要确保言辞具体、有实质性内容,能够真正触动听众的心弦。一切从客观实际出发,切忌空话套话。尤其是会议讲话,权威性高,影响力大,应做到言之有物,理论联系实际。

2. 有的放矢

管理者的口语表达是为了实现目标,解决问题,所以在表达前需明确目的和内容,确保信息传递有的放矢、精准传达。

案 例 分 析 4-16

某学校社团学期工作总结会议上,副会长小李率先发言,他简单罗列了一系列社团活动概况之后,总结道:"这一学期,我们社团举办了几场活动,也吸引了不少新成员加入。大家都挺努力的,下学期继续加油吧!"

随后会长小张进行了总结,他站在大家面前,缓缓说道:"这一学期,我们一起经历了许多难忘的时刻。记得学期初社团招新,我们顶着烈日,在校园里摆摊宣传,最终吸引了众多新成员的加入;还有五月社团文化节,社团成员熬夜准备,从策划到执行,每一步都倾注了我们的心血,最终呈现出一场精彩绝伦的活动。每一次的成功背后,都有每个人的默默付出和坚持。我为能与这样一群充满活力和创造力的队友共事而感到无比骄傲。在这里,我想对每一位社团成员说一声:谢谢你们的辛勤付出,是你们让这个社团变得更加有温度、更加出色!"

比较而言,小李的总结过于笼统,泛泛而谈,难以让团队成员产生共鸣。而小张的总结具体到了团队成员的贡献和付出,充满了真情实感,让在场的每一个人都能感受到自己的价值和社团的温暖。这样的讲话不仅鼓舞了士气,还进一步增强了社团的凝聚力和向心力。

(三) 精练

管理者的口语表达应当力求简洁、实在,力戒冗长烦琐、空洞无物的长篇大论。言简意赅,直击要害,才能在确保信息有效传达的同时,赢得团队成员的认同与支持。

1. 紧扣主题

管理者在讲话时,必须紧密围绕主题展开,将主题巧妙融入讲话内容之中。要讲出其他人想讲而未讲或想讲却讲不出的内容,阐述他们领会不深或未能领会的道理,提出让大家豁然开朗的新方法、新思路。

2. 言简意赅

管理者在表达时,应追求语言的精练和准确。言简意赅的讲话方式不仅能提高沟通效率,还能减少听众的理解负担,使信息更加易于被接受和记住,从而提升讲话的影响力和说服力。

案 例 分 析 4-17

明朝初年有一位朝廷重臣名叫茹太素,此人以奏折冗长著称。洪武八年,茹太素上了一份近两万字的奏折,其中大多是东拉西扯、漫无边际的内容。朱元璋阅读起来极为吃力,便命中书郎王敏代读。王敏念了许久,朱元璋仍不知所云,大怒之下将茹太素召来当面责问,并在朝廷上杖打。次日,朱元璋再次让王敏读该奏折,从中提炼出四条有价值的事项。此事之后,朱元璋下令改革奏折制度,规定字数和格式,以提高行政效率。

这则明朝公案揭示了一个简单的道理,向上级汇报情况话语应详略得当,言简意赅。朱元璋最终从茹太素的奏折中提炼出了四条有价值的事项,说明真正有价值的、能够打动人心的,往往就是一些简洁有力的话语。

(四) 通俗

管理者的口语表达应当通俗易懂,应确保信息能够深入浅出地传达给听众,无须听众费心推敲或猜测即可理解,从而实现沟通效果的最大化。

1. 通俗而不粗俗

管理者的口语表达应该干净、健康、丰富、优美,而不是粗野、庸俗、趣味低级。

2. 分清语境场合

管理者的口语表达要看对象、看场合,根据不同的语境选用不同的表达方式。如果面对的是一些普通群众,就应该尽量说大众话、说通俗话。

案例分析 4-18

在一个繁忙的工厂里,某条生产线出现了小故障,工人们有些焦急。这时,主管技术的李厂长走了过来,他没有直接责备,而是拍了拍手,吸引了大家的注意。他微笑着说:"大家别急,这就像咱们家里做饭,偶尔锅也会糊底,对吧?关键是要快速找到原因,就像咱们找锅糊的原因一样,是火大了还是水少了?遇到问题光着急没用,咱们一起来想办法。现在,老张,你经验丰富,带头查查机器;小王,你脑子活,想想最近操作有啥不同。咱们合力,肯定很快就能让这'大锅饭'重新香喷喷!"工人们听了,都笑了,紧张气氛一扫而空,大家迅速行动起来,问题很快就得到了解决。

李厂长用通俗易懂的"家里做饭锅糊底"打比方,瞬间拉近了与工人的距离,缓解了紧张的气氛。他没有指责,而是鼓励大家共同面对问题,这样的态度和话语极大地激发了工人的积极性和团队精神。

(五) 生动

管理者在表达时还应该注重语言的活泼与趣味,以提升沟通效果。单调乏味、缺乏活力的口语表达往往难以令人专注并产生共鸣。

1. 具体形象

管理者应选用更符合客观生活实际的事例,通过具体、生动、丰富的语言表达技巧,使抽象的概念变得可感可知,增强信息的吸引力和记忆度,有助于听众更好地理解和接受管理者的意图,从而提升沟通效果。

2. 幽默风趣

管理者在适当的时候运用幽默,可以缓解紧张氛围,拉近与听众的距离。风趣的语言不仅能够吸引听众的注意力,还能调动听众的情绪、营造轻松的氛围。

3. 讲究表达技巧

管理者在口语表达中要注意运用语音、语调、节奏、眼神、表情以及手势等表达技巧来增强语言的表现力。

案 例 分 析 4-19

在一次社区志愿者团队的聚会上,队长李阿姨面对略显沉闷的氛围,决定活跃下气氛。她站起来说:"大家知道吗?咱们这个志愿者团队啊,就像一部精彩的连续剧,每个人都是主角。有时候,咱们是《西游记》里的孙悟空,翻山越岭,解决问题;有时候,咱们又变成了《神雕侠侣》里的大侠,行侠仗义,帮助邻里。但最近,我感觉咱们更像《甄嬛传》里的角色,懒洋洋的。咱们得加点'甄嬛'的智慧,再加点'华妃'的干劲,怎么样?别忘了,咱们可是要演出一部温馨感人的'大戏'呢!"李阿姨的话语引来了大家的喝彩和欢笑。

李阿姨巧妙地将团队成员比作影视剧中的角色,既具体又形象,既有趣又贴切,瞬间活跃了聚会的气氛,充分体现了管理口才的生动性。

课堂实训

4.26 作为负责人,当你发现团队中有一位成员频繁出现工作失误,对待任务态度消极,对团队氛围造成负面影响时,你会采取怎样的沟通方式帮助其认识到自己的问题并改善?

4.27 在一家创新科技公司里,项目组长带领着五名精兵强将攻坚克难。某日,两名核心成员因个人原因选择离职,这让组长心情沉重。面对其他成员,他不禁叹了口气:"哎,团队的智囊都走了,咱们的项目……怕是要风雨飘摇了……"这话一出,办公室气氛顿时变得凝重起来。请从管理口才的基本原则角度对此进行评述。

三、管理口才实践技巧

(一) 主持会议

会议是社会组织内部进行沟通的主要方式之一,具有决策、执行、沟通、协调、监督等功能。如何提高会议的效率?这是管理者主持会议时面临的首要问题。管理者作为会议主持人,需要通过以下努力来提升自己的口才。

1. 整理好会议的主题

开会前要明确会议的讨论内容、亟待解决的问题。如有多个问题时,应根据近期工作重点,分清问题主次,并安排好先后顺序。

2. 重视书面语的应用

会议主持的发言一般应在会前经过反复斟酌和推敲后确定下来,重要的导语、结束语以及部分过渡语都应以书面语为主。管理者的主持发言应语句通顺,合乎语法。要善于临场表达,做到语音准确、轻重适当、停顿合理。

3. 掌握事实材料

只有掌握了事实,对各项事实情况之间的相互关系有深入的了解,才能作出综合判断。会议进程中,应当鼓励与会者对解决问题的具体策略进行分析与探讨,提出多种方案,集思广益,才能作出更好的决策。

4. 倾听他人意见

当想法不同时,仔细听取理由,秉持协商的态度,以便找出妥善解决问题的办法。必要时,可设法延长时间,绝对不能作草率的表态和决定。

5. 调控会场气氛

会议总是在一定环境中进行的,其顺利进行也有赖于良好气氛的营造。管理者可以通过幽默的话语、良好的互动等方式来调节会议气氛。

(二)布置工作

管理者的核心职责之一是有效布置和安排工作。如果不能清晰阐述工作任务,就会导致下属无法准确把握要点。为确保工作任务顺利执行,管理者需做到以下几点:

1. 选定能够胜任工作的下属

要做到有效安排,管理者就需要了解不同下属的性格和工作特点。可以召开会议,让每个下属分享自己的看法,充分交流讨论,从中发现具有担负重要工作任务的才能和智慧的下属。

案 例 分 析 4-20

在一次项目筹备会议上,负责人李经理决定让团队成员先谈谈对这个新项目的理解和看法。大家轮流发言,有的成员只是泛泛而谈,缺乏深度,比如小陈说:"我觉得我们得赶紧行动起来,做一些市场调研和产品设计。"而有的则提出了独到的见解和切实可行的方案。其中,小刘的发言尤为引人注目。他说:"我认为将创新与用户需求相融合是此项目的核心所在。我们可以先从市场调研入手,了解用户的真实需求,比如他们的使用习惯、痛点等,再针对性地研发产品。同时,在营销策略上,我们可以尝试一些新的渠道和方式,比如社交媒体、达人合作等,这样才能在竞争激烈的市场中脱颖而出。"李经理听后,赞许地点点头,说:"小刘,你的想法很好,这个项目就由你来负责吧。我相信你的能力和责任心,一定能带领团队把这个项目做好。"

李经理并没有按照传统的工作分配的方式,直接安排某个人承担这个项目,而是通过会议的方式,了解大家对这项工作的认识和看法,从而找到最适合的负责人选。

2. 注意工作委派的方法

随着数字化办公的发展,工作委派的渠道逐渐丰富。但是面对面地安排工作依然是最好的工作委派方法之一,这有利于及时回答下属提出的问题,获得及时的信息反馈。如果通过数字化渠道委派任务,需要对工作内容及注意事项进行必要说明,以避免信息不全、沟通不当造成任务执行困难等问题。

3. 强调任务的重要性

在安排工作任务时,要让下属明白,挑选他完成此项工作的原因。管理者应当阐明该项工作与团队或公司整体目标之间的关联,解释其对于实现长期愿景的意义。同时,可以通过分享成功案例或强调潜在影响,来增强下属对此项工作的价值认同和重视。

4. 明确完成任务的时限

委派工作时,要明确告知下属任务的完成时限,说明确定该期限的理由,以确保下属能够在规定时间内完成相应的工作。

5. 对下属的能力予以肯定

管理者要明确地表达自己对下属的信任和对工作的兴趣。可以通过"这是一项重要任务,我相信你一定能做好"这样的话,对下属进行激励,有利于调动下属的工作积极性。

案 例 分 析 4-21

魏徵是唐朝著名的谏诤之臣,他胸怀大志,胆识超群,以实事求是的精神大胆进谏。他在任职的几十年间,先后向唐太宗进谏了二百多次。每一回,唐太宗都慎重地思考他所提的意见,尽量采纳。

"以铜为镜,可以正衣冠;以古为镜,可以知兴替;以人为镜,可以明得失",这是唐太宗李世民对魏徵的高度评价。魏徵担心因为进谏参政议政招来事端,想借眼疾为由辞职休养,唐太宗为挽留这位千载难逢的良臣,极力表扬魏徵的敢于进谏,他说:"金之在矿何足贵哉?良师冶炼而为器,便为入室。"

唐太宗把自己比作矿石,把魏徵比作冶炼矿石的能工巧匠,如果没有技艺高超的冶炼师,矿石就不能成为有价值的器物。唐太宗此言用巧妙的比喻赞扬魏徵才识超卓,辅佐自己励精图治,表达了对下属的信任和对其才干的肯定。

(三) 肯定表扬

人人都渴望掌声和赞美,管理者对下属适时地表扬和肯定也是其职责之一。正确运用肯定、表扬和赞美对工作推进而言,往往会起到事半功倍的效果。

1. 抓住小事进行赞美

小的成绩和进步也应该得到由衷的表扬,"细微之处见精神"。恰恰是一些细枝末节的小事,如果予以公开表扬,也会以点带面地对集体或团队产生激励效应。

案 例 分 析 4-22

某天,一位刚入职不久的店员在整理货架时,注意到有几个商品的标价签放置得不够规范,有些甚至遮挡了商品的信息。这位员工立刻动手,细心地将所有标价签一一调整至恰当的位置,确保顾客能够清晰看到商品信息。

这一幕恰好被路过的门店经理看到。经理在当天的员工会议上,特别表扬了这位新员工的细心与责任感。经理强调,正是这些看似不起眼的细节,往往能给顾客带来更好的购物体验,也体现了公司的良好形象。他鼓励所有员工,无论职位高低,都应像这位同事一样,关注并改善工作中的每一个细节。经理的表扬让这位员工受到鼓舞,激发了他更大的工作热情。

小事不可小觑,管理者任何一次表扬都可能点燃员工内心的火种。表扬的方式也多种多样,不必拘泥于口头上,也包括点头、拍肩之类的肢体语言,甚至是一个简单的微笑,也具有相同的作用。

2. 及时鼓励建立自信

工作中总会遇到各种各样的挫折,当下属处于困境中的时候,管理者的褒奖会比平时顶用一万倍。

案 例 分 析 4-23

央视前主持人倪萍,面临主持《综艺大观》的重任时曾倍感压力。因为她此前并没有主持综艺节目的经验,所以缺乏自信。

节目录制时倪萍的焦虑和紧张被导演看在眼里,他对倪萍说:"不要紧张,你回想一下自己的工作经历,这么多年的话剧演出经历,又参加过那么多影视剧的拍摄,你其实已经具有非常丰富的舞台经验了。你很清楚怎么和观众互动和交流,也清楚摄影机的位置,有镜头感。而且,你不是刚主持过《人与人》专题片吗?"

导演的肯定让倪萍冷静下来,也让她重拾信心。

工作不是一帆风顺的,当自己的下属或团队成员处于困境之中时,管理者的鼓励对下属而言至关重要。及时的鼓励能帮助下属在面对新任务和挑战时缓解焦虑、重拾信心,同时,鼓励还能激发下属的潜能和创造力。

3. 察人所长赞以实事

十根手指各有长短,下属也是各有优缺点。管理者应当细心观察,发掘每位下属的独特优点和长处,这是表扬的前提。而赞美时,应以具体明确的事件为依据,让下属感受到真诚的认可。这样的表扬方式,不仅能让下属感受到自己的价值和成就,还能激励他们继续努力,发挥出潜力。

案例分析 4-24

李华是市场部的一名员工,他创意无限,总能提出新颖的市场推广方案,但是他对细节把控不严,提交的报告中经常存在错别字甚至数据错误,这让他的上司张总监颇为头疼。

一次,李华为了一个紧急项目加班加点,不仅按时提交了方案,而且这次特别注意了细节,报告中的每一处都经过仔细校对。张总监在审阅时,意外地发现这份报告几乎没有错误,数据准确无误,文字流畅。于是,在项目总结会议上,张总监对李华说:"李华,这次的项目报告做得非常出色,不仅创意十足,而且细节处理相当到位,可以看出你投入了大量的时间和精力。如果每个项目都能保持这样的水准,我们的市场竞争力肯定会更强!"李华听到张总监的肯定,心里既惊讶又激动。会后,李华深刻反思了自己的工作,决定以后不仅要保持创意上的优势,更要加强对细节的关注。

称赞是激发下属潜能的力量源泉,它能有效促进下属自我反省,弥补不足,积极改正错误。相反,管理者的冷淡和无视态度则可能让下属错失改正的良机,削弱其改进的动力,无益于问题的解决。

(四)批评指正

管理学领域中有这样一句话:"掌握好的批评艺术,管理也就成功了一半"。管理者适时地、恰当地批评下属,对拨正航向、纠正偏差非常重要。有效批评并不是一种很随意的语言行为,它是有一定规则技巧和禁忌的。怎样使语言恳切而不逆耳,使被批评者心服口服,是每个管理者都应该注意的问题。常见的批评方式有以下几种:

1. 糖衣式批评

卡耐基说:"先听到别人对我们的某些长处表示赞赏后,再听到批评,心里往往好受得多。"良药未必苦口,管理者在批评之前,可以先赞扬,再忠告。先肯定其良好的愿望及优点优势,再指出其不足,并分析原因,这样对方容易接受,且会增加改过自新的信心。

案例分析 4-25

小李是一名推销员,工作虽然很努力,可是过于腼腆害羞,业绩一直没有起色,还拖累了部门的整体业绩。部门王经理很想提醒一下小李,于是他找到小李说:"小李,工作了几个月各方面都适应了吧?"小李红着脸说:"正在适应中,就是总拉不到大客户……"王经理笑了笑:"慢慢来。我知道你一向很努力,也很勤快。不过你可以注意一下你和客户交流的方式,要变被动为主动,要表现出自信和热情。"小李听了说:"谢谢王经理,我记住了,以后一定注意。"

王经理并没有直接批评小李,而是在肯定了他的工作态度后,再指出他的问题,既维护了小李的自尊,也让他产生了进步的动力。

2. 暗示式批评

曾国藩说:"扬善于公庭,规过于私庭。"这句话是说表扬要公开,批评要私下。对于有自知之明的下属可以采用旁敲侧击的办法,让对方自己意识到自己的问题。委婉含蓄的方式往往易于让对方接受批评。

3. 启发式批评

最好的批评应该是探讨式的。管理者应站在对方的角度,深入分析错误产生的原因,通过循循善诱、启发诱导等方式,帮助对方自主探寻并找到纠正错误的方法与方案。这种方式避免了直接指责带来的抵触情绪,转而通过提供思考的角度、建议或参考材料,激发对方的自我反省和成长动力。上级认为下级的汇报中有什么不妥,尽可能采用劝告或建议性的措辞,如:"不过,这是我个人的意见,你们可以换个角度考虑一下。""建议你们看看最近到的一份材料,看看有什么启发。"

案例分析 4-26

在一家销售公司里,孟经理带领着一支充满激情的团队,其中包括年轻肯干的销售员李明。李明一直以来都表现出色,但最近在一次重要的客户拜访中,他未能成功促成交易,导致了一个潜在客户的流失。

一天下午,孟经理邀请李明到他的办公室,微笑着对他说:"李明,最近看你工作挺努力的,我一直都很欣赏你的工作态度。不过,我想和你一起回顾一下上次的客户拜访,看看我们能从中学到什么。"

李明有些紧张,但他也感激孟经理给予他这次反思的机会。于是,他开始讲述那次拜访的过程,而孟经理则耐心地听着,不时提出一些引导性的问题。

"你觉得在拜访过程中,有哪些地方可以做得更好呢?"孟经理温和地问道。

李明想了想,回答道:"可能我在了解客户需求方面做得还不够深入,没有把我们产品的优势和客户的诉求结合起来向客户宣传。"

孟经理点了点头,继续说:"很好,你已经意识到了这一点。那么,你觉得如果我们下次在拜访前准备得更全面更有针对性,是不是就能更好呢?"

孟经理的一番启发让李明意识到上次客户流失的根本原因。

孟经理没有直截了当地指出李明存在问题,而是通过一步步的提问,引导李明自我反思,自我觉察,让他找出问题所在。这种方式能让下属对此次事件印象深刻,能够促其反思助其成长。

批评方式多种多样,其选择取决于多种因素的综合考量。批评的对象、时间、场合,以及管理者与下属之间的关系等,都是决定采取何种批评方式的关键因素。总之,批评应具体,批评应真诚,批评应具有建设性,批评应以理服人、以德服人,这些是批评必须坚持的原则。

(五)化解危机

工作中,任何组织和个人都有可能经常遇到各种各样的危机局面,有的让人为难、有的令人尴尬,有的带来隐患甚至损失,这就要求管理者一定要具备巧妙化解各种危机的能力和智慧。

1. 对待突发情况,积极巧妙地解释

案例分析 4-27

"煮酒论英雄"是中国古典名著《三国演义》中的一个著名故事。当时,刘备在徐州被吕布打败后,投奔曹操。曹操表面上对刘备厚待,但内心却忌惮刘备的才能。刘备也担心曹操加害,于是每日借种菜来掩人耳目,以示自己胸无大志。

梅子青青时节,曹操邀请刘备到府中饮酒,以青梅煮酒招待刘备。酒至半酣,曹操突然问刘备:"你认为当世谁是英雄?"刘备心中一惊,但表面上装作若无其事,回答说:"淮南袁术,兵粮足备,可为英雄。"曹操冷笑说:"袁术已成冢中枯骨,何足为英雄!"刘备又说:"河北袁绍,四世三公,门多故吏,可为英雄。"曹操又摇头说:"袁绍色厉胆薄,好谋无断,干大事而惜身,见小利而忘命,非英雄也。"刘备又提了几人,都被曹操一一否定。曹操见刘备所举都不是英雄,便说:"夫英雄者,胸怀大志,腹有良谋,有包藏宇宙之机,吞吐天地之志者也。"刘备问:"谁人当之?"曹操用手指指刘备,然后又指指自己,说:"今天下英雄,惟使君与操耳!"刘备闻言大惊,手中筷子不觉掉落在地上。当时正值大雨将至,雷声大作。刘备借机掩饰自己的惊恐,说:"一震之威,乃至于此。"曹操笑着说:"圣人云:迅雷风烈必变。良有以也。一震之威,何足为怪?"刘备通过这一举动,巧妙地掩饰了自己的惊慌,使曹操没有怀疑他。

后人称赞刘备:"勉从虎穴暂栖身,说破英雄惊煞人。巧借闻雷来掩饰,随机应变信如神"。人难免要面对一些突发情况,在此可以借鉴古人、处变不惊、从容镇定,积极解释,巧妙应对。

2. 对待恶意言辞,直截了当地回击

案例分析 4-28

一位作家某次演说时,台下递上一张纸条。他打开一看,只见上面写着"傻瓜"二字。他若无其事地说:"以往收到的纸条,都是深思熟虑后提出的问题,却不留姓名。而今这张纸条,倒是独特,只留下了姓名,却忘了提出问题。"

作家面对恶意言辞没有选择动怒,而是以一种机智而幽默的方式回敬了辱骂者,展现出了高超的应对能力和良好的情绪管理。

3. 对待嘲笑讥讽,绵里藏针地回应

案例分析 4-29

萧伯纳作为爱尔兰杰出的现实主义戏剧作家,以其幽默与讽刺的语言艺术闻名于世。一次,一个资本家想在众人面前羞辱萧伯纳,便大声宣告说:"人们说,伟大的戏剧家都是白痴。"面对这样的羞辱,萧伯纳没有直接发怒,而是笑着说道:"先生,我看此时此刻你就是最伟大的戏剧家。"

萧伯纳以子之矛攻子之盾,既展现了他的机智幽默,也有效地反击了对方。

(六)调解纠纷

在组织内部,沟通是维系团队和谐的纽带,但并非每次交流都能畅通无阻。日常工作中无论事务大小,纠纷都在所难免。能否有效调解纠纷,核心在于管理者的管理智慧与管理口才。妥善处理纠纷,不仅能修复裂痕,还能增进信任,反之则可能损害人际关系,降低工作效率。因此,管理者需掌握调解艺术,要秉承客观中立、具体问题具体分析、切忌上纲上线的基本原则,以公正、耐心与智慧,引导双方理性沟通,共同寻求解决方案,确保团队和谐共进。

案例分析 4-30

在某公司,两位员工小李和小王因一个项目方案的实施细节产生了分歧,彼此都不愿妥协,气氛变得十分紧张。管理者张经理察觉到这一情况后,私下找到小李,说:"你最近的工作表现非常出色,尤其是那份项目策划,充分展现了你的专业能力和创新思维。不过,我听说你和小王在项目方案上有些不同意见。我想这可能只是个小误会,小王一直都很赞赏你的工作态度和能力,可能是你们在沟通上有些小障碍。我们团队一直强调多元思维和创意碰撞,每个人的意见都很重要。或许,从不同的角度去看对方的想法,会有新的启发。"小李听后,开始反思自己的态度,并主动找小王沟通。最终,两人在平和的氛围中交流了想法,化解了矛盾,项目也得以顺利推进。

张经理通过这种方式,既表扬了员工,又巧妙地化解了双方的矛盾,促进了团队内部的和谐与理解。

课堂实训

4.28 请根据材料所提供的情境,找到关键的表扬视角,以电商公司管理层的身份对此事进行表扬。

一家电商公司在筹备年度大促销活动时,发现运营团队人手不足,难以应对即将到来的高强度工作。为了解决这个问题,公司决定从其他部门招募一些临时帮手,但许多员工因为担心加班和压力而不愿意报名。于是,公司发起了一项"大促招募令",邀请有团队精神、愿意挑战自我的员工加入。结果,报名情况十分火爆。

4.29 建设性批评一般包含四个步骤:

A．当你……(描述具体事件)

B．我觉得……(描述自己对这件事之感觉)

C．我希望……(表达希望对方改变之具体行为)

D．我相信……(描述改善后的益处,加强说服力)

中午休息时间,厂长李先生巡视车间时,意外发现有几个工人正在"严禁吸烟"的警告牌下抽烟。请从李厂长的角度按照上述"四个步骤"对这几个工人的行为提出批评。

4.30 阅读下列材料并回答:如果你是店铺负责人,打算如何处理?

在一家电子产品店内,一位顾客因购买的电脑出现故障前来投诉,要求退换。售后人员检查后发现故障并非由产品质量问题引起,而是顾客使用不当所致。顾客听后非常不满,开始大声吵闹,并表示要到消费者保护部门投诉。此时,店铺负责人赶来,立即要求售后人员向顾客道歉,并承诺无条件退换。

4.31 批评是对行为的否定性回馈和负强化,目的是使该行为不再发生。请比较以下3组批评话语,分析批评效果孰优孰劣并说明理由。

"你真笨,这点小事都做不好!"与"你写的这份情况说明措辞不当,下次要注意。"

"你真是不负责任,怎么订单总是出错?"与"你这张订单有两个错误,给公司造成了损失,希望你好好反思,一定要避免再犯!"

"你从不把我的叮嘱当一回事!"与"这件事你没有如期完成,我想知道问题出在哪里?"

4.32 在你的成长过程中,哪一次来自老师或父母的批评(或表扬)让你至今难以忘怀?

4.33 假设你是一个项目小组的组长,组内有一位成员经常表现出不负责任或散漫的态度,这影响了整个团队的进度和氛围。你会如何与他(她)进行沟通,并尝试解决这一问题?

4.34 角色模拟训练:设置相应情境,以表扬鼓励、批评指正、解决纠纷等为主题,模拟管理者与下属之间的对话和情节,每个小组排演一出情景剧,在班会或团队活动上展示。训练完毕后结合本节所学予以点评。

曾国藩家书(节选)

字谕纪泽儿:

日内未接家信,想五宅平安为慰。

此间近状如常。各军士卒多病,迄未少愈。甘子大至宁国一行,归即一病不起。许吉斋座师之世兄名敬身号藻卿者,远来访我,亦数日物故。幸杨、鲍两军门皆有转机,张凯章闻亦少瘥。三公无他故,则大局尚可为也。

沅叔营中病者亦多。沅意欲奏调多公一军回援金陵。多公在秦,正当紧急之际,焉能东旋?且沅、季共带二万余人,仅保营盘,亦无请援之理。惟祝病卒渐愈,禁得此次风浪,则此后普成坦途矣。

李希庵于闰八月二十三日安庆开行,奔丧回里。唐义渠即于是日到皖。两公于余处皆以长者之礼见待,公事毫无掣肘。余亦推诚相与,毫无猜疑。皖省吏治,或可渐有起色。

余近日癣疾复发,不似去秋之甚。眼蒙则逐日增剧,夜间几不复能看字。老态相催,固其理也。余不一一。此信可送澄叔一阅。涤生手示。

同治元年八月廿四日

与人相处都要存有求真的态度,而这种求真的态度就是真诚。自古以来,这都是人们追求真善美的精华,所以人们都崇尚真诚。

对于个人而言,真诚可以说是立身之本。人如果要在社会上立足、生存、发展,都要结成群体,不可能单独存在于一个社会中。拥有真诚可以避免彼此的猜忌;还可减少彼

此的钩心斗角及千方百计的算计。

荀子说:"君子贤而能容罢,智而能容愚,博而能容浅,粹而能容杂。"这是说,大千世界,人与人之间难免会产生矛盾,发生各种利害关系。这时候,就会有君子和小人的出现。而人的交往贵在以心交心,你真诚待人,别人才会真诚待你。对方心有成见,你肝胆相照的真诚也能使对方畅所欲言。

曾国藩对人十分坦诚,从不怀疑他们。曾国藩是个十分重视人才的将领,在他的幕府中有许多人才和幕僚。他对这些人都十分注意以诚相待,逐渐养成了一种良好的风气。他有个习惯,就是每天早晨都要与幕僚同桌进餐,然后把该交代的事情交代下去。李鸿章刚来的时候,因为没有早起的习惯,就以病为借口请假。曾国藩则坚持要等到幕僚到齐后才可以用餐。李鸿章见状,根本没有商量的余地,就赶紧穿上衣服,来到了幕府。曾国藩脸上没有任何表情,只是看到人都到齐了,就招呼大家赶紧用餐。饭后,曾国藩将李鸿章叫来说道:"你既然来到了我的幕府,我想告诉你的是,在这里我讲求的是一个'诚'字。"李鸿章听后觉得很是惭愧,从此再也不贪睡。而曾国藩对李鸿章更是十分诚恳,一再提拔他,这让李鸿章心里十分感激。

课后任务

1. 阅读上文,结合本项目的内容,回答以下几个问题:

(1) 从个人经验出发,评价一下在你心目中的曾国藩是一个什么样的管理者?

(2) 解释曾国藩为何强调要对士兵以诚相待,并阐述这种态度在管理工作中的重要性。请结合你自己的理解,谈谈在现代社会或团队管理中,以诚相待原则的应用与价值。

2. 在日常生活中留意不同领域的管理者,观察他们在管理工作中的语言运用特点,特别是他们在沟通、激励、解决问题等方面的言语技巧,记录并分析这些语言运用背后的管理智慧,整理成笔记,并与班上同学分享你的发现。

3. 通过阅读、观察、收集、整理团队、组织或企业等中因管理者口才问题导致工作推进困难或矛盾激化的案例,运用管理口才的基础知识进行分析并提出合理建议。

4.4 营销口才

营销是创造和满足顾客需求的艺术。营销活动既是商务活动,又是人际交往活动,言语交流是该活动的主要载体。"一语千金""一言兴商",营销奇迹80%是由口才创造的。营销的"营"有"筹划""谋求"之意,营销人员要将产品成功地推销给顾客,除了应具备诚信的品质、扎实的专业知识、良好的形貌,营销口才可谓营销人员制胜的法宝。

训练导引

➤ 训练目标

1. 了解营销口才的含义、作用及营销语言的特征。
2. 掌握营销说服技巧,并能灵活运用于营销活动。
3. 培养守信践诺、踏实严谨的工作作风。

➤ 课前准备

1. 收集商场销售人员服务礼貌用语,如迎宾用语、介绍用语、道歉用语,设置相应情境进行排练,课堂上演示。
2. 推荐关于营销或营销口才方面的一本好书,课堂上介绍。

情境导入

汽车营销专家和演讲大师乔·吉拉德,出身平民,没有高学历,没有可利用的社会资源,以15年共销售13 001辆汽车、一天最多销售18辆车、一个月最多销售174辆车、一年最多销售1 425辆车的业绩,荣登汽车销售第一的宝座,至今无人突破。他被吉尼斯纪录大全誉为"世界上最成功的推销员"。

乔·吉拉德创造的奇迹证明了这句格言:"有一种能力可以使人很快完成伟业,并获得世人的认识,那就是令人喜悦的讲话能力。"好口才可以使人凭借语言的翅膀完成梦想之旅。要成为一名成功的营销人员,离不开营销口才艺术。

一、营销口才概述

(一)营销口才的含义

营销口才是现代营销活动中营销人员最基本的技能之一,是营销人员与客户进行情感沟通、推销商品和服务的一门语言艺术。

（二）营销口才的作用

美国人寿保险创始人、销售大师弗兰克·贝特格说："交易的成功,往往是口才的产物。"营销口才的作用具体体现在:

1. 建立关系

好的营销口才能让营销人员具有一种吸引客户的魅力,与客户建立信任,能创造良好的沟通氛围,从而与客户建立良好的关系。

2. 传递信息

在销售过程中,只有清晰而准确地掌握并表述产品和服务信息,才能让客户知晓、理解和接受有关产品和服务的价值所在。

3. 消除疑虑

良好的口才有助于营销员消除客户的疑虑,巧妙化解异议,从而促成合作。

4. 促成合作

良好的口才能巧妙捕捉并激发客户的购买意愿,从而让合作成为可能。

案 例 分 析 4-31

布鲁金斯学会创建于1927年,以培养杰出的推销员著称于世。它有一个传统:在每期学员毕业时,设计一道最能体现推销员能力的实习题,让学员去完成。

有一年,该学会出了一道题目"请将一把斧子卖给小布什总统"。2001年5月20日,推销员乔治·赫伯特把这个看似不可能完成的任务完成了。一位记者在采访他的时候,他是这样说的:"我认为,把一把斧子推销给小布什总统是完全可能的。因为小布什在得克萨斯州有一座农场,那里长着许多树。于是我给他写了一封信,我说,'有一次,我有幸参观您的农场,发现里面长着许多矢菊树,有些已经死掉,木质已变得松软。我想,您一定需要一把斧头,但是从您现在的体格来看,这种小斧头显然太轻,因此您需要一把不甚锋利的老斧头。现在我这儿正好有一把这样的斧头,它是我祖父留给我的,很适合砍伐枯树。假若您有兴趣的话,请按这封信所留的信箱,给予回复……'最后他就给我汇来了15美元。"

由于推销员乔治·赫伯特"不因有人说某一目标不能实现而放弃,不因某件事情难以办到而失去自信",布鲁金斯学会把"最杰出推销员"的金靴子奖颁给了他。

"将一把斧子卖给总统"这个案例虽然听起来有些夸张,但它生动地展示了销售的本质和技巧。销售不仅仅是推销产品,而是通过了解客户需求,说服顾客作出购买决定。

课堂实训

4.35 营销人员应该从哪些方面提升自己"亲和力"?

4.36 "把梳子卖给和尚""把羽绒服卖给苏丹(非洲最热国家之一)人",你认为应该用怎样的语言激发对方的购买动机?请设计相应的推销语言。

二、营销口才的特征

(一) 目的性

从同客户打交道开始,营销语言的目的就是宣传、推销商品或服务。在什么时间、什么场合,对什么人说什么样的话,目的都相当明确。

(二) 真实性

营销语言的真实性,一是指语言内容的真实、确切;二是指感情真挚。真实、真诚是取信于客户的前提。

(三) 商请性

尊重客户,以请求、协商的态度与客户沟通交流是营销人员必备的常识。例如,客户问:"这款沙发还有没有货?"销售人员答:"没有了。"客户肯定会放弃购买。但是,如果销售人员说:"这款沙发订购完了,不过厂家已安排加班生产,您愿意等几天吗?"就会挽留住客户。

(四) 同理性

营销说服语言的同理性是指营销人员在口语表达中要体现出对客户的兴趣、情绪、感受、需求等的关注、关心、同情、理解,并感同身受。

(五) 礼貌性

营销人员的语言是否礼貌、文雅、准确、得体,直接影响着客户对商品和服务的满意程度。如果对客户在语言上失礼,则会打消客户的购买欲望,甚至会使公司或企业形象受到不良影响。

(六) 取悦性

赞美的语言是打开人际关系的金钥匙。营销活动中,应根据营销对象的喜好、特点表达对对方的称赞,以此营造融洽的氛围。

案例分析 4-32

顾客问:"这种样式的衣服没有蓝色的吗?"导购马上笑容可掬地迎上去,说:"目前只有红色和紫色,不过,这两种颜色还真适合你的肤色和优雅的气质呢。"顾客试穿后,买了一件紫色的,满意地离开了。

案例中的服装导购用肯定和褒扬赞美的话语留住了顾客,成功实现了销售。

课堂实训

4.37 以下是一个成功的销售案例,请分析销售人员的语言特点。

客户:你们这儿也卖这个品牌?只是不知道谁家最好啊?

销售人员:我们都是这个品牌的经销商。先生的意思是不是希望得到最好的售后服务?

客户:是啊,要不然我还选来选去干吗?

销售人员:先生真是一个行家啊!无论选择在哪一家经销商买车,最重要的是要看他们的服务品质如何,维修人员的水平和素质如何,我非常赞同先生的想法。

客户:我又没有在你们家买过产品,怎么知道你们最好呢?

销售人员:光嘴上说,你自然不会相信。(指着墙上的奖牌说)这是我们公司在2024年西南片区的维修人员技术大赛中获得第一名的奖牌。大赛评委都是业内的专家,评价是非常公正的,售后方面请您放心。

三、营销口才艺术

营销是营销人员与客户的双向交流和沟通活动。营销人员应该掌握与客户良好互动的口才要诀,听、问、说的艺术是决定销售成败的关键。

(一)"听"的艺术

营销人员应该用60%~70%的时间去倾听。微笑、点头、耐心地倾听,能让客户感受到被尊重、被接纳。营销人员可借此了解客户、熟悉客户。

(1)关注客户话语中的情绪性字眼,洞悉客户潜意识的深层想法。特别是表达满意、兴奋、疑虑、赞赏等情绪情感的一些词语和句子,诸如"简直糟透了""太好了""真棒""怎么可能""多么想"等。

(2)观察客户的肢体语言,把握客户的心理动态。比如:客户双手抱胸,表示有戒心;客户东张西望,表示没兴趣;客户盯着某件物品,说明对这件物品感兴趣。

(3)同理倾听。即营销员站在客户的角度,利用过渡语(如"是吗""还有呢"等)、点头、微笑、附和、复述、眼神、沉默与停顿等,表现出对客户的同情、理解、关怀,与客户的情绪、兴趣、语调和语速等保持同步,在倾听中了解客户的内在动机,体察并接受客户的内在需求。运用同理倾听可以让客户接纳、包容并信任,从而增加成交的机会。

同理倾听应做到情感上同理认同,站在客户的立场上考虑问题。在倾听中,适当复述客户的问题,表现出对客户疑虑的关注和重视,设身处地找出产生问题的原因,再给出合理的解决方案,打消客户的疑虑以赢得客户的认同。换位思考,拉近与客户的距离。

案例分析 4-33

客户:"太不像话了,十多万元的车才买了不到一年,发动机就漏油了。你们必须给我一个说法,否则我就要请媒体来曝光。"

营销员:"实在对不起。由于这个问题给您造成了不便,实在对不起。"

客户:"对不起有什么用,能解决这个问题吗?你们号称是世界知名品牌,别的车都不会发生这样的问题,就你们的车出现这样的情况。今天你们一定要给我一个说法!"

图4-2 营销沟通

营销员:"我理解您的要求,虽然主机厂给出的方案是更换密封垫(像您这种情况的客户这样处理后不再漏油),但我们还是会帮助您解决好这个问题。"

客户:"怎么解决,我不接受更换密封垫。"

营销员:"我们非常理解您的要求,说实在的,如果这件事情发生在我们身上,同样也会像您这样感到不痛快的。"

客户:"就是嘛!我们花这么多钱买一辆车,就是希望买到一辆质量过硬的汽车,而不是这里有问题、那里有毛病。"

营销员:"可以理解。(停顿)"

……

营销员站在客户的角度再三表示理解,并不直接提出自己的处理意见。但可以依此推测,该投诉处理可以达成双方都接受的结果。

(二)"问"的艺术

1. 营销五级提问法

(1)铺垫层面提问。铺垫层面的提问要表现出对客户的充分尊重,营造融洽的气氛,引起客户的注意和好奇,引导客户参与谈话。例如:"王总,您好!最近忙吗?""请问先生,您贵姓?""我可以请教您一个问题吗?""现在和您谈话,不会打扰您吧?""李先生,您有没有看到郝经理采用了我们的产品,公司营运状况已大有起色了?"

(2)信息层面提问。信息层面的提问要围绕收集客户的基本信息、了解客户现状来设计问题。比如可以询问一个逛空调专卖店的客户:"家里现在装有空调吗?有几台?买了多长时间了?运行的情况怎么样?"用这样的提问去激发客户产生购买动机。

(3)诊断层面提问。诊断层面的提问要在事前了解客户现状的基础上设计,提问目的是引导客户说出对某种产品存在的不满或疑惑之处。比如"您一个月花费在空调上的电费是多少?空调的制冷效果还满意吗?空调噪声对您的睡眠有影响吗?"当客户说出不满、疑惑和困难后,一定要运用诊断性提问来澄清、确认,让客户明确回答"是"或"不是",以便判断客户是否有相关需求或潜在需求。比如"您刚才说空调的噪声影响您的睡眠,您很烦恼,是吗?"此类问题就可以不失时机地提出来。

案 例 分 析 4-34

> 顾客:"我想我还是回家考虑一下。"
> 推销员:"您能告诉我您需要考虑的是哪方面的问题吗?是我们的服务吗?"
> 顾客:"不是,不是。"
> 推销员:"那是我们产品的质量问题?"
> 顾客:"也不是。"
> 推销员:"那是对结算方式有顾虑?"
> 顾客:"啊,说实话,就是这个问题。"
> 销售人员以关切的态度步步跟进,询问顾客,终于问出了顾客放弃购买的真实原因。这样便于消除顾客异议,促成购买。

(4)影响层面提问。客户的不满、疑惑和困难被确认了,还是不一定会购买产品,营销人员就需要通过影响层面的提问强化解决问题的紧迫性。比如:"如果这样的状况长期持续下去,会对您的健康有影响呢?"

(5)解决层面提问。即针对客户存在的问题提出解决方案,让客户感觉到这种解决方案的确有帮助并带来了好处。比如:"××变频空调最大的特点就是省电、噪声小,您要是选用了它,您想想,这会对您的生活,特别是您的健康带来怎样的改变呢?""根据您说的居室的面积,这款最适合了,如果没有其他问题的话,您看什么时候给您送货到家?"

2. 处理客户异议提问法

(1)渗透性提问处理异议。当客户说"你们这个产品的价格太贵了",擅长渗透性提问的推销员就会问"为什么这样说呢?""还有呢?""然后呢?""除此之外呢?"提问之后等待客户的回答。

通常客户一开始说出的拒绝理由并不一定是真正的理由。渗透性提问的好处在于,可以挖掘出更多的潜在信息,从而作出正确的判断。

(2)"重复客户原话+专业观点陈述+提问"法处理异议。不论客户提出何种刁难的问题,都应该首先认同客户。最佳的认同方法就是表达出同理心,简单地重复一遍客户的原话,如:"李先生,我非常理解您现在的感受,正如您刚才所言……"

对客户表示认同之后,就应该进行专业陈述。例如:"根据一般情况,这个问题的发生主要是由以下几个方面引起的,第一……第二……第三……"结尾千万不要忘了"以提问结尾",提问的作用不仅在于确认反馈和增强说服力,而且在于留给客户阐述想法的机会,以征询客户意见。例如"您认为如何呢?""您觉得怎么样呢?"

(三)"说"的艺术

1. 开场白

在销售对话中,由于"第一印象效应",开场白对销售成功起着至关重要的作用。好处、利益、赞美、好奇心、熟人、知名度、权威等都可以作为开场白的切入点。

(1)好处、利益。没有人会对省钱或赚钱不感兴趣。销售人员以省钱或赚钱作为开场白的切入点,往往会吸引客户的注意,引起客户的兴趣。

案例分析 4-35

销售员:"女士,您相信吗,每天只花一毛六分钱就可以让您的卧室铺上漂亮的地毯。"

客户:"你说什么?我有点糊涂了。"

销售员:"我们的地毯价格是每平方米248元,而您告诉我您的卧室是12平方米,所以您购买地毯需要2 976元。我们厂的地毯使用寿命都不低于5年,而每年是365天,如此一来,您每天只需要花费一毛六分钱。我算的对吗?"

客户:"每天一毛六分钱啊!"

销售人员将地毯的价格与使用寿命联系在一起,折算出每天仅需一角六分钱的成本,引起了客户的注意和兴趣。

(2)赞美。一位企业家说过,世界上有两件东西比金钱更为人们所需要,那就是认可与赞美。

案例分析 4-36

一位业务员去见客户。

业务员:"先生,您好!"

客户:"您是?"

业务员:"我是××公司业务员,今天专程到贵府,向您求教一个问题,您是这附近最有名气的老板。"

客户:"附近最有名气的老板?"

业务员:"是啊!我四处打听,大伙都说这个问题最好请教您。"

客户:"哦,大伙真的这么说?真不敢当,到底什么问题?"

业务员:"实不相瞒,问题是这样的……"

客户:"站着不方便,请进来说吧。"

每个人都渴望别人的重视和赞美,只是大多数人把这种需要隐藏在内心深处。所以,几乎没有人会拒绝赞美。

(3) 好奇心。新颖、简练的提问可以激发客户好奇心。

案例分析 4-37

乔·格兰德尔:"尊敬的先生,请您给我3分钟时间,3分钟一过,如果您不让我继续讲下去,我保证马上离开。"(将一个蛋形计时器放在桌子上的同时坚定地说道)

客户:"哦,那你说吧!"(第一次遇到这样的推销员,而且听他口气如此坚定,感到很好奇,很想知道下文)

乔·格兰德尔:"先生,您知道世界上什么东西最懒吗?"

客户:"……"(摇头,耸肩,表示猜不到。迟疑了一下说道)"你的问题很有意思,这让我很好奇。"

乔·格兰德尔:"就是您存在银行不动的钱,其实它们是可以勤快起来的,比如可以帮助您购买空调,这样您就可以度过一个清凉的夏天了,您说呢?"

乔·格兰德尔是一名创下多项销售纪录的销售员,他与客户的谈话总是充满精心设计的悬念和有趣的想法,让客户带着好奇心聚精会神地聆听,进而喜欢上他推销的产品。

2. 方案和建议

在接受客户投诉中,提供方案及建议是一个极为重要的环节。

概括客户现状时,"说"的句式为"正如您刚才谈到的……第一……第二……第三……"

诊断原因时,"说"要强调权威或专业。通常可用"某某权威机构调查表明"或"根据技术分析,这种现象产生的原因主要是……"等句式。

总结问题时,"说"的句式为"总之,您目前急需解决的问题是……"

陈述解决方案时,可用比较法来强调自身产品在同类产品中的优势,例如给客户带来方便、安全、利益等。

3. 异议处理说明

销售对话之中异议处理说明的方法主要有:

(1) 认同。认同客户说的话,如"说得没错""那没关系""您说的有道理""您这个问题提得很好"等。

(2) 忽视。有的客户为了炫耀自己的学识,会提出一些反对意见,并不是真的想要获得解决或讨论。这些意见和眼前的交易没有直接的关系,可用忽视法来处理。营销人员只需面带微笑表示认同与赞美即可,如"嗯,您真幽默!""高见!"或"这个我们以后再谈,是这样的……"。要是客户以后不再提起,也不用"旧问"重提。

(3) 利用第三方证明。当客户怀疑真实性时,可利用第三方的例子来证明。"第三方"指的是老客户、产品使用者、权威的行业分析报告、数据统计等。例如:

"莫先生,我非常理解您现在的感觉,我有个客户孔先生,他也遇到过这种情况,一开始也是觉得……后来经过一段时间的使用……""根据××权威机构报告显示……"

(4) 补偿说明。补偿说明能有效弥补产品本身的弱点。如果客户提出的异议具有事实依据,销售人员应该承认并欣然接受,运用补偿说明法,让客户获得心理的平衡。

案例分析 4-38

客户:"这件皮夹克的设计非常棒,令人耳目一新,可惜皮质用的不是顶好的。"

销售:"您真是好眼力,这个皮质的确不是最好的,若选用最好的皮料,价格恐怕要高出现在的四成以上。"

销售虽然承认自己销售的皮衣皮质不是最好的,但借此说明了皮衣的性价比很高这一事实。

(5) 价值说明。当客户提出异议时,用产品的价值证明价格的合理性。

案例分析 4-39

赵经理到一家企业准备签协议。该企业张经理抱怨说:"你们机器每台9 000元的价格实在是太高了,比其他厂家生产的机器每台贵1 000元,我都可以多买好几台机器了。"

赵经理说:"张经理,前面我已经给您演示过了,使用我们生产的这种先进机器,每台机器每个月会比其他厂家生产的机器为您增加300元的收益呢。换句话说,如果购买了我们的机器,仅需要两年半时间,你们就可以用增加的收益购买同样数量的先进机器,规模、产能都将增加一倍。我相信,您是不会因为1 000元的差价而放弃给贵企业带来巨大效益的机器的。"

客户提出异议,如果销售的产品或服务的确能够为客户提高工作效率、增加收入或是降低成本,那么,面对客户的异议可以采取"价值说明"法进行应对。

课堂实训

4.38 一位著名的商务谈判学家说:"如果你想给对方一个丝毫无损的让步,这很容易做到,你只要注意倾听他说话就成了。倾听是你能做的一个最省钱的让步。"请谈谈你对这句话的理解。

4.39　营销人员在向客户提问时,在态度、方式、方法上应注意哪些问题?

4.40　模拟以下对话,分析营销人员是如何运用"说"的技巧获得面谈机会的。

情境1:

顾客:"我没有时间听你的讲解。"

推销人员:"我非常理解。我也老是觉得时间不够用。不过我只需要2分钟……"

情境2:

顾客:"我现在没空。"

推销人员:"是的,您这个行业的人都很忙,但越忙越需要有好身体好心情。我这次是专门针对这个问题给您送资料来了,现在正好在您公司附近,我把资料送给您就走,行吗?"

情境3:

顾客:"我没兴趣。"

推销人员:"我完全理解,对一个谈不上相信或者毫无了解的事情,如果我是您也不可能立刻产生兴趣,有疑虑是十分正常的。让我当面为您解说一下吧,请问星期几拜访您合适呢?"

4.41　每组派两名学生,一名学生扮演推销人员,一名学生扮演顾客,推销人员通过电话和顾客交流,目的是要和顾客约定拜访的具体时间,以顾客接受约见为成功。

 延伸阅读

成功销售从讲故事开始

做企业无非两件事:一是把产品做出来;二是把产品卖出去。企业千万家,产品同质化,市场表现却千差万别:有的供不应求,有的乏人问津。造成这种差距的原因,不单单是企业的实力、产品的性能等方面的差别,最主要的原因之一,在于销售时讲故事能力的差别。

奥多比公司与研究机构埃德曼—伯兰合作开展过一项在线调查。受访者是1 250位美国18岁以上的成年人,其中1 000人是普通人,另外250人是市场营销方面的决策者。这1 000位非市场营销人士普遍反映,他们都愿意而且享受某个品牌在向他们推销某样东西的时候,能像那个大家耳熟能详的场景一样:搬张椅子然后给大家讲个动人的故事。

消费者们想要听故事。换句话说,他们想了解的不是产品的价值和性能,而是品牌的个性。不是所有的消费者都需要我们用优惠、赠品的方式取悦,他们需要我们用某种情感化的方式来打动。

为什么大家对故事更为钟情?

7-Eleven创始人铃木敏文认为,消费现在已经完全进入了心理学的领域,而不是停留在经济学领域。对于企业而言,一个好故事让消费者所得到的不止于物质层面,它能够通过提升销售中的附加值而满足消费者心理层面的需求。故事比产品更有感染力。产品不会说话,故事则不然,它能够深入消费者内心,打破消费者与品牌之间的隔阂,快速建立信任感,建立对品牌的好感度。那些或幽默、或感人、或励志的故事,总是能让消费者产生亲切感和购买欲。

故事比促销更有传播力。相比企业的各种营销推广计划,故事更容易口口相传。这是因为故事大多具有趣味性、娱乐性、传奇性或励志性。比如褚橙的励志故事、小米的创业故事、香奈儿的爱情故事等都为人们所津津乐道,也都为品牌的发展打下了坚实的基础。

故事比价格更有说服力。好的故事可以让消费者对品牌产生信赖感,愿意多付钱购买。比如,双星人"双星猫"的故事,神户雪花牛"喝啤酒、听音乐、做按摩"的故事,都能引发人们的好奇心。

这些凝聚着创始人、企业人才智与理念的故事,是企业的无形资产,更是品牌最好的背书。每个企业都有关于自己品牌创立、企业发展的故事。它可以是关于企业愿景的故事、企业光辉历史的故事、企业创始人的故事、品牌背后的文化背景的故事,也可以是真实的用户消费体验、消费者售后服务的故事,还可以是根据产品独特销售设计的小故事、为引起客户注意而设计的故事等。

真实性是故事的最高准则。这里所说的真实,并不是说故事要完全符合事实,而是说它在表述上要前后一致、诚实可信。我们不能用东拼西凑的故事来欺骗消费者,"群众的眼睛是雪亮的",消费者会很快发现其中的漏洞。

最重要的是,故事要符合我们的主流世界观、价值观。最好的故事往往不会教给人们什么新东西。相反,它们会和广大消费者已经认同的价值观、世界观相吻合,告诉他们这些观点为什么是正确的。这会让消费者认为自己是聪明的、正确的、安全的。

故事关系着一个品牌成功与否,尤其在这个物质丰盈、精神疲软、注意力稀缺的时代,故事尤显珍贵。没有故事,品牌就少了人的味道。故事连接了品牌文化与人的情感。只要故事讲得好,就能在品牌和消费者之间搭建一条无形的情感沟通之桥。

课后任务

1. 阅读《成功销售从讲故事开始》,思考以下问题并回答:

(1) 为什么说成功的销售是从讲故事开始的?

(2) 客户A的肤质容易过敏,所以对化妆品的成分要求很高。而客户B则希望通过购买高价格的化妆品来找寻社会角色、身份的认同感。请你根据客户A和客户B的不同需求,设计不同的故事,推销某品牌化妆品。

2. 复习和理解营销口才的基础理论,归纳营销口才艺术的基本要领。

4.5 导游口才

有一句谚语:"语言不是蜜,却可以粘住一切。"语言表达能力的培养和训练,是导游从业人员职业能力培养的重要内容。导游在工作实践中与游客交流思想感情、指导游客游览、进行讲解、传播文化时就要尝试用自己的语言之"蜜",牢牢抓住游客,给游客带来知识和美的愉悦。

 训练导引

➤ 训练目标

1. 了解导游口才的概念,明白导游口才的重要性。
2. 掌握导游讲解的技巧,为游客提供明白、生动、灵活的讲解。
3. 培养热情周到、耐心细致的职业素质。

➤ 课前准备

1. 请谈谈你对导游职业的认识。
2. 推荐一篇你喜欢的导游解说词,并说明喜欢的理由。
3. 小组派代表介绍家乡的风景名胜。

情境导入

游览九寨沟,途中山路崎岖,车辆行驶时间长,这种情况下导游的沿途讲解就显得尤为重要。某位导游解说道:"朋友们,王安石有句话:'夫夷以近,则游者众;险以远,则至者少。而世间奇伟、瑰怪、非常之观,常在于险远,故非有志者,不能至焉。'从王安石的话我们可以明白,一个理想的境界,不经过一番艰辛是很难达到的。同样,要欣赏到一个非常特别的景观,往往也需要付出极大的努力。今天我们就是在实现这个过程,现在我们饱受单调、辗转的辛苦,不过当我们到达九寨沟后,换来的将是一生也抹不掉的美好记忆。"

导游在说这一段话时,语调高昂,极具号召力、感染力。这样的讲解能有效地消除游客的烦闷与枯燥感,调动游客的情绪,使旅途充满意趣。

一、导游口才概述

(一) "导游"概述

1. "导游"的由来

"导游"即向导,是引导观光,带领游览的人。清代梁章钜在《浪迹丛谈·西湖纪游诗》中写的"此番出门,以游西湖为主名。既小住武林,得许芍友连日导游,游事亦颇畅。"其中,"导游"就有"向导"之意。

在中国古代,当旅客来到一个生疏的环境后,往往需要寻觅或雇用熟悉当地的人担任向导,一般会就地雇用车夫、马夫、船夫、轿夫以及和尚、道士等。有的向导是尽地主之谊,有的则收取报酬。如徐霞客在《游黄山后记》中写道:

初六日,别霞光(霞光,僧名),从山坑向丞相原下七里,至白沙岭,霞光复至。因余欲观牌楼石,恐白沙庵无指者,追来为导。

图 4-3 景点介绍

在这里,僧人霞光主动前来当他的向导。

我国旅游行业在 20 世纪 80 年代以前,还是袭用"向导"这一称谓,改革开放以来,由于旅游事业突飞猛进,方才确定了"导游"这一称谓。现在,导游已成为一种职业,并为我国旅游业的发展做出了重要的贡献。

2. 导游人员的职业素养

《鬼谷子》:"口乃心之门户。"孔子亦曰:"有德者必有言。"孔子的话,意思是有道德的人,必然有好的语言。要想成为一个优秀的导游,拥有良好的导游口才,完成好与游客的沟通交流和讲解任务,就应该提高自己的内在素质和品德修养。

(1) 热情礼貌,真诚对待游客。在旅游活动中,游客是主体,旅游资源是客体。导游在主体和客体间搭建起了传递信息、感受美好的桥梁。导游应以游客为中心,关注游客的需求和体验。一次旅游活动成功与否,导游所起的作用至关重要。《庄子·渔父》说:"真者,精诚之至也,不精不诚,不能动人。"真诚热情地对待游客,引导游客游览,能有效地把游客带入对美景的享受之中,并顺利传播人文知识。而热情真诚的导游本身也传递出了一种人性的美,成为游客眼中的另一道风景,让游客感受到宾至如归的温暖。

(2) 广泛阅读,有充足的知识储备。有人说:"祖国山河美不美,全凭导游一张嘴。"这话虽然有些夸张,但也不无道理。一个成功的导游不光要具有热情真诚的态度,还必须广泛阅读,学习各类知识,包括语言文学、旅游地理、旅游文化、政策法规等,要了解景点所在地的国情、民俗风情。只有掌握了广博的知识,才能挖掘旅游景观的文化内涵和美学价值。

有的景点既有自然景观,又有人文景观。如青城山,自然景观中有葱郁的植物、日出、云海等;人文景观方面,它是中国道教的发源地之一,有黄帝祠、丈人峰等景点,历史上多个隐士曾在此隐居,唐代时这里曾发生过佛道之争,其中既涉及历史知识,还涉及宗教知识。所以,导游必须具有丰富的知识,才能为游客准确地进行讲解,给游客带来审美体验和精神享受,并赢得游客的敬重。

案例分析 4-40

"做导游,也要做学者型的导游。没有丰富的知识,是会出大丑的!"导游小周深有感触地说。他向记者说了一件趣事:刚做导游不久,一次,他带一个旅行团到庐山游玩。有客人问他,庐山有多高。小周一时愣住了,只好糊弄说,"1 000米高"。客人说,"凭感觉,应该不止1 000米啊!"小周于是"自作聪明"地说:"就是1 000米,诗句里不是说'飞流直下三千尺'吗?三千尺就是1 000米,不会错。"后来,他通过查询才知道,庐山远远不止1 000米。从那以后,他就不断加强学习,以做一个博学的导游来要求自己。

若一个导游不认真做好知识的储备,就很容易遇到案例中的尴尬情况。好在他能吸取教训,为成为一个博学的导游而努力。

(3) 热爱工作,热爱景点,融入感情讲解。导游要讲解得生动感人,首先要有对工作的热爱、对景区的热爱,主动去探索关于它的每一点资讯、每一个故事,然后热情、生动地讲解出来。

一个合格的导游并不止步于背诵关于景点的讲解材料。有人说:"热情是世界上最有价值的一种感情,也是最具感染力的。自己充满了热情,你谈话的对象才容易变得充满激情,即使你表达得不太顺利,他也可以理解。"导游对于相关景点材料不仅要熟记,还要消化,将其转化为自己的口语表达,融入自己的理解和情感。

案例分析 4-41

游客朋友们,大家好!欢迎大家来到这风光旖旎、历史悠久的长城脚下。今天,我将带领大家一同领略这座世界奇迹的壮丽与沧桑。

长城,作为中华民族的象征,它蜿蜒起伏,横亘在群山之巅,见证了无数历史的变迁与沧桑。站在这里,我们仿佛能听到历史的回音,感受到沉甸甸的文化底蕴。

首先,让我们来欣赏一下眼前这段长城的雄姿。你们看,这城墙坚固而厚重,每一块砖石都仿佛在诉说着千年的故事。它们经历了风吹雨打,却依然屹立不倒,仿佛在向世人宣告着中华民族的坚韧与不屈。

沿着城墙往前走,我们会看到一个个烽火台矗立在山巅之上。这些烽火台不仅是军事防御的重要设施,更是古代信息传递的重要工具。想象一下,在古代,当敌人来犯时,烽火台上狼烟四起,消息便迅速传递到远方,为保卫家园的勇士们赢得了宝贵的时间。

4-5 热情地讲解

再往前走,我们来到一处风景绝佳的观景台。从这里俯瞰下去,群山连绵,云雾缭绕,仿佛人间仙境一般。此时此刻,我们仿佛置身于一幅动人的山水画卷之中,所有的烦恼与忧愁都烟消云散了。

朋友们,长城不仅仅是一道墙,它更是一种精神,一种不屈不挠、勇往直前的精神。它告诉我们,无论遇到多大的困难与挑战,只要我们团结一心、坚持不懈,就一定能够战胜一切。

对景区有着如此深厚感情的导游,在解说时,又怎么会不热情洋溢、如数家珍呢?

(4)普通话标准,具有较强的表达和沟通能力。游客来自四面八方,导游带领游客游览的景点遍布全国各地,为了减少方言造成的隔阂,方便讲解和沟通,导游应说一口标准的普通话。同时,良好的口才也是导游胜任其工作的重要条件。

(二)导游口才的含义及原则

导游口才是指导游与旅游者交流思想感情、指导游览、进行讲解和传播知识、传播文化时使用的一种具有丰富表现力的口语表达才能。

作为导游,必须敬业乐业,具备丰富的历史、地理、文学等文化知识,具备良好的导游口才,并在实践过程中不断提高自身水平,方能成为行业的佼佼者,在竞争中立于不败之地。导游口才遵循的原则有:

1. 讲解正确,表达清楚

讲解正确是导游讲解遵循的基本原则,也是导游讲解科学性的具体体现。要确保讲解内容的正确,还要注意口齿清楚,层次分明,逻辑清晰。例如,一名导游带领游客参观洛阳牡丹时脱口而出:"洛阳是中国面积最大的牡丹产地。"河南洛阳的牡丹虽然很有名,但是,洛阳的牡丹种植面积却比不上山东菏泽,菏泽才是中国最大的牡丹产地,有"牡丹之都"的美誉。导游的说法是不正确的。

2. 亲切通俗,便于理解

导游的语言表达要口语化,要朗朗上口、通俗易懂。导游讲解如同和朋友聊天,应有对象感,让游客易于接受、易于理解,这样才能抓住游客的注意力。

案 例 分 析 4-42

故宫规模宏大,占地面积约72万平方米,建筑面积约15万平方米,有大小宫殿七十多座,房屋九千余间。假如安排刚出生的孩子在每个宫室里各住一晚,当他把所有宫室都住一遍后,就成了一位27岁的青年。

如此形象而又通俗的导游介绍,能让人真切地感受到故宫规模之庞大。

3. 生动优美，幽默风趣

导游在讲解时，要使用形象化的语言，使语言生动流畅，充满趣味性。为此，可采用比喻、反问、类比、排比等修辞手法，引用传说、名言、对联、诗词等，来增强表达效果，再加上表情动作的有机配合，能让游客在美的享受中增长见识，回味无穷。

案例分析 4-43

朋友们，请看前方，那座山峰就是我们漓江著名的"九马画山"。古人有诗云："自古山如画，而今画似山。马图呈九首，奇物在人间。"远远望去，那山壁上仿佛有九匹骏马在奔腾，形态各异，栩栩如生。据说，能够数出九匹马的人，必定是才华横溢、前程似锦。不妨让我们一起数数看，看看能不能成为那位幸运儿吧！

该导游的解说词中有古诗的引用和恰当的比喻，充分展现了漓江山峰之美。

4. 从容灵活，巧妙应对

所谓灵活，就是导游的讲解要因人、因时、因地而异。讲解的内容应视具体的情况而定，切忌千篇一律、墨守成规。

游客的审美情趣各不相同，各旅游景点的美学特征也千差万别，大自然又变化万千，游览时的气氛、游客的情绪也在随时变化，导游的讲解也应该以变应变。导游的讲解贵在灵活，妙在变化。

即使游览同一景点，导游也应根据季节的变化、对象的不同以及游客的具体情况，采用切合实际的讲解方式。

案例分析 4-44

某导游在带团时，游客中有对母子发生争吵，随后两人一整天都互不说话。这时导游借讲解寺庙之机插入了一个故事：大意是说有个人一心向佛，要找一个得道高僧拜师。找了很久，终于在很远的地方找到了，可是高僧却不肯收他，并对他说，我的德行不足以做你的师父，你要拜就应该直接去拜观音菩萨。那人便问，观音菩萨在哪里呢？高僧答道——你现在往回走，不要回头。你会看到一个斜披着衣服，反穿着鞋的人，那个人就是观音菩萨了。这人听后便回头走，可是走了三天都没有看见高僧所说的斜披着衣服的人。眼看就要到家了，他都没有找到，又不能回头，只好怏怏地回到了自己的家。他敲门时已是半夜，听到敲门的声音，他的母亲斜披着衣服，连鞋都穿反了跑出来给他开门。这人一看，恍然大悟，原来母亲就是菩萨！后来，他放弃了云游的想法，陪着他的母亲度过了晚年……听了这个故事后，游客中那个儿子主动和母亲和好了。

在景点讲解过程中，导游巧妙地插进这样一个故事，不仅让景点讲解生动起来，还消除了游客母子心中的芥蒂，体现了该名导游的专业素养。

5. 善用态势,辅助讲解

导游在进行景点实际讲解时,应面对游客,姿态应端庄稳重。讲解中间应恰当运用目光、表情、手势、姿态等态势语要素配合讲解。

课堂实训

4.42 情境演练: 假如你是一名导游,面对如下情况该怎么应对? 设想当时的情境,分小组演练。

示例:你带领游客来到黄山一处景点,刚开始解说,天空就下起了小雨。

你:朋友们,你们看,黄山似乎特别欢迎我们,给我们准备了一场细雨作为开场礼。不过大家别担心,黄山的美,不仅在于晴天时的清晰壮丽,更在于雨中的朦胧与诗意。雨中的黄山,就像一位披上轻纱的少女,更添几分神秘与温婉。

1. 游客途中有人开始担心下雨会影响观看视线和拍照——
2. 游览途中来到一处陡峭的山路前——
3. 有游客问起关于黄山的传说故事——
4. 终于抵达山顶,雨过天晴,云海壮观——

二、导游的迎送辞

(一) 欢迎辞

1. 欢迎辞的作用

欢迎辞是旅游开始时,导游迎接旅客时所说的话。致欢迎辞是导游口才服务的起点。"良好的开端是成功的一半",它决定着导游能否快速与游客建立起良好的关系,形成有效的沟通,顺利完成导游任务。

2. 欢迎辞的内容

欢迎辞的内容一般包括:问候游客,代表旅行社向游客表示欢迎,向游客作自我介绍以及介绍司机及车牌号;游览活动安排,注意事项以及其他必要的内容;表达服务意愿和对游客及本次旅游过程的祝愿。致欢迎辞时态度应真诚、热情,导游自我介绍时应幽默风趣,营造轻松气氛。可以用一些个性化的方式介绍自己的姓名,如猜谜、引用诗句等,以便给游客留下深刻印象。

案例分析 4-45

各位游客朋友,大家好! 欢迎各位来到历史文化名城郑州。

俗话说得好,有缘千里来相会。我们大家今天在同一辆车里可是百年才修来的缘分呐,小徐真是深感荣幸。

作个简单的自我介绍:我是来自××旅游公司的一名导游,也是大家这次郑州之行的地接导游。我的名字叫徐可,跟徐霞客同姓,大家可以叫我小徐或徐导。

这位是我们的司机李师傅。李师傅是个好司机,驾龄20年了,他一路上将为我们把握方向,保驾护航。

我们将在旅程中尽最大努力来做好导游工作,希望能够给大家提供美好的游玩体验。同时也祝愿在座的各位朋友在旅游中都有一份好心情,都能有所收获。

以上欢迎辞真诚而热情,为远道而来的游客带来了温暖和快乐,让游客们一扫陌生和疲惫。

(二) 欢送辞

1. 欢送辞的作用

欢送辞是旅游结束时,导游送别旅客时所说的话。导游的欢送辞是旅游行程的小结,也是导游接待工作的尾声。此时导游与游客已熟悉,有的还成了朋友。如果说欢迎辞给游客留下美好的第一印象是重要的,那么,在送别时致好欢送辞,给游客留下的最后印象将是深刻的、难以忘怀的。

2. 欢送辞的内容

欢送辞的内容主要包括:表达依依惜别之情;回顾旅游行程,对游客的配合表示谢意;向游客征求意见,表达改进工作的意愿;介绍其他游览胜地景点,吸引游客前去旅游,为公司的后续业务做好铺垫;预祝游客下一行程顺利愉快。

致欢送辞跟欢迎辞一样,应真诚、热情,互动环节更加不可少,以调动气氛。旅途中难免存在不尽如人意之处,导游应对游客提出的意见或建议诚恳接受,表达出今后将改进服务的态度。

案 例 分 析 4-46

游客朋友们,我们的旅程马上要结束了,小王也要跟大家说再见了。临别之际没什么送大家的,就送大家四个字吧。

第一个字是"缘",缘分的"缘"。俗话说"百年修得同船渡,千年修得共枕眠",那么和大家7天的共处,算算也有百年的缘分了!接下来这个字是原谅的"原",在这几天中,我有做得不好的地方,希望大家多多包涵,在这里说声对不起了!再一个就是圆满的"圆",此次行程圆满结束,多亏了大家对我工作的支持和配合,小王说声谢谢了!最后一个字还是"源"字,财源的"源",祝大家的财源犹如滔滔江水连绵不绝,也祝大家工作好,身体好,今天好,明天好,现在好,将来好,不好也好,好上加好,给点掌声好不好!

假如你是游客,听了这段导游词有何感想呢?这位导游巧妙地用了四个字表达了对游客的感激和祝愿,展现了导游的良好口才。

课堂实训

4.43 设想你带领团队游览自己家乡,请拟写出内容适当、情感丰富的欢迎辞和欢送辞,把班上同学当作游客向他们致辞。

三、导游景点讲解

(一)景点解说的含义

景点解说是导游在陪同游客游览过程中,为介绍和解说旅游景点而使用的一种具有丰富表现力的口语表达形式。它不仅用于传递景点的相关信息,还旨在引导游客欣赏景观、体验文化、增长知识,并带给游客美的享受和精神愉悦。

(二)景点解说词的构成

1. 序言部分

序言部分包括游览前的欢迎,以及提醒游客应注意的相关事项,特别是安全方面,应着重强调。

2. 整体介绍部分

用概括的方法介绍旅游景点,帮助游客对游览的景点有整体了解,引起游客对游览景点的兴趣。

3. 重点介绍部分

游览路线上的重要景观应重点介绍。重点景观是游览活动的主要内容,要讲得详细、具体、生动。

4. 结尾部分

用真诚的告别、祝福的话语结束全篇,也可征集游客对旅游服务的反馈意见。

案例分析 4-47

各位朋友大家好,欢迎大家来到大足石刻。我是今天的导游,非常荣幸能为大家介绍这一世界文化遗产。大足石刻位于重庆市大足区,是中国晚期石窟艺术的代表作品,于1999年12月1日被列入《世界文化遗产名录》。

大足石刻始建于唐永徽年间(650—655年),历经五代,盛于两宋,余绪延至明、清。它是中国石窟艺术史上的又一次造像高峰,把中国石窟艺术史向后延续了400余年。大足石刻包括宝顶山、北山、南山、石门山、石篆山等多处摩崖造像,其中以宝顶山和北山最为著名。

现在我们来到的是"宝顶山石刻"。宝顶山石刻由宋代高僧赵智凤主持开凿,历时70余年,是大足石刻的精华所在。这里以大佛湾为中心,共有19组佛经故事组成的大型群雕,造像达15 000多躯。首先看到的是千手观音,这是宝顶山最著名的造像之一,雕凿于南宋中后期,距今已有800多年历史。这尊造像高7.7米,宽12.5米,刻有800多只手,每只手都姿态各异,状如孔雀开屏,金碧辉煌。关于千手观音,还有一个美丽的传说:妙庄王的小女儿妙善,为治父王的病,献出一手一眼,佛祖感动,赐她千手千眼。这一边是卧佛,这是宝顶山最大的一尊造像,全长31米,横卧着的佛像表现了释迦牟尼涅槃的场景。卧佛面前有18弟子,表现了弟子对逝者的崇敬和眷恋之情。

……

大足石刻是中国石窟艺术的重要组成部分,它不仅展现了高超的雕刻技艺,还体现了中国传统文化的深厚底蕴。这里的造像题材多样,内容丰富,儒、释、道"三教"造像俱全,有别于前期石窟。大足石刻注重雕塑艺术自身的审美规律和形式规律,是洞窟造像向摩崖造像方向发展的佳例。

今天的游览即将结束,希望大家能通过这次参观,对大足石刻有更深入的了解和认识。感谢大家的配合,祝大家旅途愉快,再见!

以上是大足石刻的导游讲解词,其内容组成全面、完整,详略得当、重点突出。

课堂实训

4.44 请划分案例4-47中导游词的结构层次,分别指出序言部分、整体介绍部分、重点介绍部分、结尾部分的主要内容。

(三)景点讲解的技巧

1. 简洁陈述法

此法是用准确、简洁、客观的语言,把景观介绍给游客,使游客对景观有一个初步的印象。在整体介绍中常用这种方法。

案例分析 4-48

九寨沟位于岷江上游阿坝藏族羌族自治州,南距四川省省会成都450公里,因区内有黑角、树正、荷叶、盘亚等九个藏族村寨而得名。据《南坪县志》记载:"羊峒番内,海峡长数里,水光浮翠,倒影林岚。"故此地又名中羊峒,又名翠海。

这段讲解简练概括,容易使人形成对游览景点的整体性认识。

2. 细致刻画法

此法是用生动细腻的语言对眼前的景观进行具体形象的描绘,将景观的细微之处呈现于游客眼前。这种方法一般用在重点讲解部分。在细致刻画过程中,可采用比喻、比拟等多种修辞手法。

案例分析 4-49

奔腾的山泉如蛟龙出谷,巨大的落差,砸在花岗岩崖壁之上,满谷轰鸣,水花飞溅腾起数米,然后漫洒在鳞片状的崖壁之上,形成数米宽的水帘,潇潇洒洒,一泻数丈,形成"飞瀑"奇观。神潭方百尺,深数丈,上接飞瀑,下引清流,化千钧激流为柔夷漫溢之清波……

"飞瀑"奇观的形成源自奔腾的山泉,讲解中对山泉的描摹生动细腻。

3. 诗词对联引述法

此法是在景观讲解过程中,通过诗词对联的引述,使讲解更生动、丰满、厚重。

案例分析 4-50

"茅屋景区"内溪流环抱,绿树成荫,竹篱柴扉,芳草青青,营造出"舍南舍北皆春水""清江一曲抱村流"等杜甫诗句描绘的郊野景象。推开呀呀作响的柴门,左植"四松",右栽"五桃",古楠接茅亭,绵竹上青霄,菜圃青青,药栏郁郁,诗人老妻所画的棋盘仍留在石上,他的小儿女垂钓的钓丝还倚靠在篱边……所有这一切,都使人感受到诗人生活在这里时那种浓浓的田园情趣。而依川西乡间民居风格建造的简朴茅屋,又印证了杜甫"熟知茅斋绝低小"的描写,令人不觉间吟诵出杜甫的《江村》诗:"但有故人供禄米,微躯此外更何求!"

引领游客游览位于成都的杜甫草堂,导游词中对杜甫诗句的引用起到了画龙点睛的作用。

4. 故事讲述法

在讲解景观时,通过讲解一些历史故事、传说故事来激起游客的兴趣和好奇心,让景观更具人文底蕴。

案例分析 4-51

大家看这边,这条溪叫浣花溪,那么,大家知道浣花溪这名字的由来吗?有关这个名字,有一段充满神奇色彩的故事。据说一位住在溪边的任姓姑娘,有一天正在溪边浣纱。这时来了一个长满疥疮的和尚,他看见溪边的姑娘,便问她可不可以替他洗一洗身上沾满脓血的袈裟。姑娘爽快地答应了。当姑娘将又腥又臭的袈裟放进水里时,溪中马上泛出了朵朵莲花。她再抬头一看,那个和尚早已没了踪影。后来,人们就给这溪命名为浣花溪。

讲解成都浣花溪名字的来由,姑娘帮疥疮和尚洗袈裟的故事不仅能激发游客好奇心,而且很有教益。

5. 类比法

此法是用游客熟悉的事物进行类比,使游客更容易理解所讲景点,并留下深刻印象。

案例分析 4-52

某导游带领欧洲来的游客游览西湖时说:今天下着小雨,我们雨中观西湖,更是别有一番情趣。苏轼有诗:"水光潋滟晴方好,山色空蒙雨亦奇。欲把西湖比西子,淡妆浓抹总相宜。"意思是说,我们的西湖下雨美,晴天亦美。就像美女西施,怎么样打扮都是好看的。西施,是我国历史上的大美女,相当于你们希腊神话中的海伦。

这里的讲解就使用了类比法,把"西施"类比"海伦",游客一下就明白了西湖之美。

6. 问答法

导游在进行景点讲解时,可以边讲解,边向游客提出相关问题,可以吸引游客的注意,启发游客思考,使游客能够专注于导游的讲解。

案例分析 4-53

现在映入各位眼帘的是由大大小小四十余个海子组成的树正群海。"吱嘎吱嘎",这是什么声音?噢,原来是小磨坊,再看看旁边的栈桥,感觉好像似曾相识。对了,这就是《自古英雄出少年》的一个拍摄点。在小磨坊里你可以品尝到香甜的青稞酒、可口的酥油茶。同时,你还可以看到水念经、手念经、风念经。那什么叫水念经、手念经、风念经呢?

水念经就是在经筒下面装上叶片,然后靠水的动力来推动经筒的旋转。手念经就得瞧瞧藏族老阿妈手里的法器了,它是靠手带动法器的转动,每转一次就如口诵一次经文。最有趣的要数风念经了,这些经幡就是随风摆动而念经的……

这段讲解容量较大,导游中间向游客抛出几个问题,能起到吸引游客关注的作用。

7. 制造悬念法

根据旅游景观的内容和特点,导游在讲解时可以随机提出令人感兴趣的话题,但故意引而不发,以激起游客的求知欲。

案 例 分 析 4-54

现在我们来到的是网师园的"月到风来亭",此亭不但有一个美丽的名字,更有一处独特的景观:每当夜晚皓月当空时,站在亭里可以看到3个月亮围绕在身边。(讲到这里,稍作停顿)那为什么会有3个月亮呢,原来,前面池中1月,抬头天上1月,后面镜中1月(此亭傍池而建,面东而立,亭后装有一面大镜子)。

导游不失时机地提出"为什么会有3个月亮呢",游客一定会急切盼望讲解下文。

8. 幽默法

幽默风趣的表达能营造出轻松、活泼的氛围,使游客在笑声中增长见识,在乐趣中得到精神享受。

案 例 分 析 4-55

在讲解北京故宫太和殿时,导游说:清朝末代皇帝溥仪在1908年底登基时,年仅3岁,由他父亲摄政王载沣把他抱到宝座上。当大典开始时,突然鼓乐齐鸣,吓得小皇帝哭闹不止,嚷着要回家去。载沣急得满头大汗,只好哄着小皇帝说:"别哭、别哭,快完了,快完了!"说来也巧,三年后清朝果真就灭亡了,从而结束了我国两千多年的封建统治。

幽默而巧妙的讲解,能让游客听后会心一笑。

9. 抒情法

导游利用所见景物制造意境,寓情于景、见物生情、借题发挥,能让游客展开联想,从而领略景致的妙处。

案 例 分 析 4-56

现在,我们走在这盘旋的山道上,头上,白云飘飞,两旁,绿树掩映。山陡梯多,山道时而上升,时而低回。心在跳,腿在抖,似乎看不到路的尽头。然而,这不正像我们的人生吗?我们的人生,不也是起起落落,一路在前进中迂回,在迂回中前进吗?旅客们,在我们觉得看不到尽头,看不到目标时,再咬牙坚持一下,前面就是胜利。

导游词由"盘旋的山道"联系到人生之路,自然而贴切。

讲解技巧很多,各种讲解法都不是孤立的,而是互相依存、互相渗透、互相联系的。导游应视具体的环境和对象,灵活地加以运用。

4.45 根据景点讲解技巧提供的案例,设定情境进行模拟讲解。

4.46 选择你游览过的某个景区,配以图像资料,在班上进行导游讲解。

如何纠正导游"语言贫乏病"

一般来说,刚带团不久的导游往往有这种体会,那就是自感语言贫乏。形成语言贫乏的原因也很简单,主要是缺乏知识,因此,人们常说:"知识贫乏造成语言贫乏。"我们试想一下,"两种贫乏"的导游怎么能带好旅游团?又怎么能面对新世纪的挑战?可以肯定,游客是不喜欢"两种贫乏"的导游的。

有人把导游的讲解和介绍比作一台电脑,而知识、语言、词汇等便是组成这台电脑的零部件,没有好的零部件哪来好的电脑?为此,苍白、贫乏的语言和知识很难形成丰富精彩的讲解和介绍。当然要形成有特色的讲解的因素有很多,但要使自己成为两不贫乏的导游,最起码要做到以下几点:

从生活中找语言,语言就有了根。生活是语言最为丰富的源泉,要使自己的语言和知识更加丰富就应深入生活、了解生活,与时代同步,紧跟世界潮流,这样就会产生新的知识和语言。

博览群书,不断学习。导游可以通过广泛阅读书报期刊,特别是那些世界名著来提高自身素养和知识,俗话说:熟读唐诗三百首,不会作诗也会吟。我们只有持之以恒、不断努力才能提高讲解能力,使之成为游客的导师。

虚心向同行和老导游学习。许多优秀导游在他们长期的带团生涯中积累了许多宝贵的经验,有许多是书本上无法找到的,我们只有好好向他们学习,才能使我们更快地成长起来,成熟起来。

总之,导游只有不断挖掘自身的潜能、勤学苦练,才能将"两种贫乏"抛在身后。

课后任务

1. 阅读《如何纠正导游"语言贫乏病"》,回答:

(1) 导游"语言贫乏病"有什么具体表现?请举例说明。

(2) 要治疗"导游贫乏病",主要应采取哪些方法?联系实际予以说明。

(3)要成为一名"知识不贫乏"的导游,应博览群书。你认为阅读哪些方面的书比较好,请列出阅读书目。

2.将郦道元《水经注》里的《三峡》一文,改编为一篇导游词。

3.合理运用多种讲解手法和技巧,选取你最喜欢的一个风景区,写出景点讲解词(包括开场白、正式讲解、结尾),并在班上进行模拟。

4.6 公关口才

古往今来,国际风云中一场舌战,可免兵刃相见;领导会议上几句妙语,可令人热血沸腾;商海搏浪时,一段利辞可得资财百万;社交场合里一席恳谈,令人如沐春风……这就是公关口才的妙处。作为公共关系从业人员,公关口才是其驰骋职场的"法宝";作为非专业人士,掌握一定的公关口才也能在关键时刻派上用场。

 训练导引

➢ 训练目标

1. 了解公关口才的概念、特点、作用。
2. 掌握常见公关实务中公关口才的技巧和协调沟通要领。
3. 培养诚信正直的品质,具备高度的责任感和团队协作精神。

➢ 课前准备

1. 阅读《烛之武退秦师》,分析烛之武是怎样与敌国交涉并巧妙化解兵临城下危机的。
2. 阅读《红楼梦》,课堂讲述刘姥姥三进大观园的情节梗概,讨论刘姥姥的公关艺术。

 情境导入

齐宣王想要攻打魏国,积极调动军队、粮草,使得国库空虚,民间穷困,淳于髡听说后前去劝止。他说:"传说天下跑得最快的狗是韩子卢,而跑得最快而且狡猾的兔子是东郭逡。一天,韩子卢追逐东郭逡,绕着山追了三圈,又翻过山追了五趟。跑在前面的兔子累得筋疲力尽,在后面猛追的猎犬也跑不动了。它们都耗尽了自己的力量,最后都累死在山上。一个农夫刚好路过,不费吹灰之力就得到了好处。要是齐国攻打魏国,长期相持不下,消耗了双方的人力、物力和财力,其他诸侯国一定会像刚才我说的那个农夫那样坐享其成。"齐宣王听了很害怕,就打消了进攻魏国的念头。

能言善辩的淳于髡用寓言故事劝谏齐宣王,以其精妙口才阻止一场两败俱伤的战争。

从危机公关的角度来看,淳于髡凭借聪明机智和精妙口才为齐国成功化解了一场危机。在社交媒体时代,信息传播速度极快,公关人员需要快速反应,及时处理各种事件。那么公共关系到底是什么呢?

一、公关口才概述

(一) 公共关系概述

1. 公共关系的内涵

"公共关系"一词是由英文"public relations"翻译而来。公共关系作为一种系统的理论,一种新型职业,起始于 19 世纪末 20 世纪初的美国。1903 年,美国著名记者艾维·李(Ivy Lee)开办了公共关系事务所,标志着公共关系职业的诞生。

此后,随着社会经济、政治、思想、文化的不断发展和市场经济环境的不断完善,公共关系学受到社会各界的普遍重视和广泛应用。迄今为止,公共关系的定义已逾千种,很难用一句话揭示其完整职业属性和作用,不过可以肯定的是,公共关系是组织运用传播手段,进行协调公众关系、增强内部凝聚力、改善发展环境、树立良好形象的管理活动。

公共关系由组织、公众、媒体、环境四个要素组成,它们相互联系、相互制约。组织、公众、媒体在一个特定的具体空间里进行运作,实现组织目标,如图 4-4 所示。

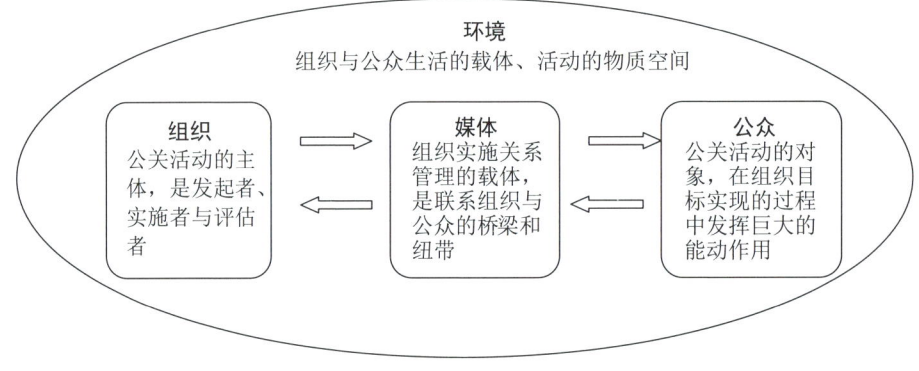

图 4-4 公共关系的组成要素

2. 公共关系的职能

通过公共关系活动,在公众面前树立良好形象,与公众建立互惠互利的良好关系,这是公关最主要的作用,也是公共关系越来越受青睐的根本原因。公共关系的职能主要包括采集信息、监测环境、参谋咨询、传播沟通、教育引导、协调关系、塑造形象、专题策划。

(二) 公关口才的含义及原则

公关口才是指公关人员为达到公共关系目标在传播活动中有效运用口头语言表情达意的能力及水平。公关口才绝非卖弄伶牙俐齿、逞口舌之能的雕虫小技,为了完成公共关系建设的目标,公关口才应该遵循以下基本原则:

1. 真诚朴实,通俗易懂

公关专家指出:"歪曲、耍花招和掩盖事实,是公共关系三大敌人。"古往今来,无数被传为美谈的公关趣事都从侧面告诉大家,赢得对方的信任,往往就迈出了公关成功的第一步。不诚实的态度,不真诚的语言,往往会造成难以弥补的危机。

诚信是公关语言的生命。平实朴素是公关语言的基调。但这并不意味着公关语言就不追求生动、活泼、新鲜,更不意味着公关语言只能是一成不变的呆板和单调。

案 例 分 析 4-57

林肯竞选美国总统的时候,对手是有钱有势的富翁道格拉斯。当时,道格拉斯不惜代价大造声势,他专门租用了一辆豪华的马车,还在车后放上一大尊礼炮。每到一个地方,就鸣放 32 响礼炮。他得意地炫耀说:"我要让林肯这个乡巴佬闻闻我的贵族气味。"

林肯没有专车、没有乐队,只有一辆普普通通耕田用的马车,但最后的结果却是这个一穷二白的小子凭着真情实感击败了大富翁。他在巡回演说时讲道:"有人问我有多少财产,我告诉大家,我有 1 位妻子和 1 个儿子,他们都是我的无价之宝。此外,我租了 1 个办公室,室内有 1 张桌子,3 把椅子,墙角还有 1 个大书架,架上的书值得我用一辈子去读。我本人既高又瘦,脸蛋很长且长满胡子,不会发福。我没有可以荫蔽的伞,没有什么可依靠的,我唯一可依靠的就是你们。"

正是依靠这种朴实但充满了智慧的语言,林肯赢得了广大选民的支持和拥护,将强大的竞选对手甩在身后,成功当选。

2. 礼貌得体,有效沟通

孔子说:"言不顺,则事不成。"得体是公关语言运用的基本原则之一,也是衡量交际效果优劣的一个标准。所谓得体,就是用语适当、贴切,既要用词恰如其分,又要表达恰到好处。俗话有言,"美言一句三冬暖,恶语伤人六月寒"。

为了避免出现"单向沟通",公关人员必须清楚地知道沟通的目的、方式的选择、对方可能的反应,最大限度地减少和消除可能产生的冗余信息。要注意使用与对方理解能力相当的表达方式,也就是常说的"说话看对象"。例如,越专业的谈判者或沟通者,越懂得使用平易近人、通俗易懂的语言。相反,如果出现过多的专业术语,只会让对方反感和疑惑。

3. 博采众长,严谨缜密

从事公关活动,难免要与各行各业、各色人物打交道。任何人都不可能精通百科,但若能就对方熟知的某一领域进行交谈,一定会使对方谈兴大增。鬼谷子说:"目贵明,耳贵聪,心贵智。以天下之目视者,则无不见;以天下之耳听者,则无不闻;以天下之心虑者,则无不知。辐辏并进,则明不可塞。"口才艺术的基础在于学识和见识,让自己成为一个知识丰富、见识广博的人,是大有裨益的。

除此之外,因为公关实务的特殊性和敏感性,从事公关工作的人必须三思而言,思路缜密,避免缺乏说服力和论证力量,更不能出现漏洞和错误。必须尊重对方,勿触犯他人的忌讳。当然,更为关键的是要训练自己的推理和语言能力、逻辑表达能力以及缜密的思维能力。

课堂实训

4.47 问答题:

简述《三国演义》中刘备三顾茅庐、诸葛亮舌战群儒、智激周瑜等故事的梗概,分析刘备、诸葛亮是如何运用其口才能力达到"公关"目的的。

4.48 成语接龙游戏:

影影绰绰-绰约多姿-恣意妄为-

掉以轻心-心急如焚-焚琴煮鹤-

约定俗成-成仁取义-义形于色-

4.49 阅读以下案例,分析解缙的公关语言技巧:

一日,主修《永乐大典》的翰林大学士解缙和明太祖朱元璋一起钓鱼,不一会儿,解缙就钓鱼数条,朱元璋却一无所获。解缙察言观色,随口吟诗一首:"数尺丝纶垂水中,银钩一抛荡无踪。凡鱼不敢朝天子,万岁君王只钓龙。"朱元璋听了大悦。

二、媒体公关口才

传媒语言拓展了公关交际的时空观念,它使公关语言通过报刊、广播、电视、网络信息等载体进行传播,实现公关目的,具有很强的时效性,其特点是通俗,直白,大众化。

在现代社会,召开记者招待会、发布会,接受采访是各级各类组织经常性的工作,答记者问是公关传播的一种特殊交际方式。在公关实务中,由于记者目的的不同,提出的问题五花八门、无奇不有,而且提问突然,还很可能触及敏感性问题,故而十分考验公关人员的素养。这时要注意以下三点:

(一) 做好准备,应答自如

回答记者问,虽然内容比较宽泛,但万变不离其宗,总是在某个事件发生时或围绕某个话题展开的。有经验的公关人员,会预先设定可能涉及的问题,广泛收集材料,做好发言稿、宣传材料、应答提纲和备忘录等的准备。

(二) 抓住主题,巧妙回答

通常说来,进行媒体公关的主要目的是通过新闻媒介进行对外宣传,塑造良好形象,提升美誉度或澄清是非,所以对一般善意的提问应采取直言相告的方法,坦率

图 4-5 公关采访

而明确地回答。

然而,各种棘手的复杂问题也随时可能被提出,被采访者可能事先没有思想准备,或还不宜就有关问题向外界发表意见,这种情况下,必须巧妙避开敏感性话题,把内容引向自己熟悉的领域,变被动为主动。例如,下面这段话就可以直接将主题引回:

"你刚提出的问题很有趣,也很重要,但很复杂,限于今天的时间,我还是想就原定主题继续谈下去,稍后如果有时间,我愿意再就刚才的问题作出回答。"

若不方便婉言拒绝,或涉及内部机密事项,就要采用更为巧妙的语言表达技巧,例如李代桃僵、避正答偏、诱导否定等方式。

案例分析 4-58

1972年5月27日凌晨1点,美苏签订了关于限制战略武器的协定,美国总统尼克松随后在一家旅馆向随行的记者团介绍情况,当他说"苏联生产导弹的速度每年大约250枚"时,有一名记者插话问:"我们的情况呢?我们有多少潜艇导弹配置了分导式多弹头?有多少'民兵'导弹配置了分导式多弹头?""我不确切知道正在配置分导式多弹头的'民兵'导弹有多少。至于潜艇,我的苦处是数目我是知道的,但我不知道是不是保密的。"尼克松回答说。"不是保密的。"一个记者赶忙说。尼克松笑了,反问道:"不保密吗?那你说是多少呢?"记者无言以对。

面对刨根究底的追问,尼克松巧用以问代答的方式,用两个连续的反问逼退了咄咄逼人的记者,含蓄幽默地化解了难缠的问题。"以问代答"是一种很富策略性的言语技巧,它不按常规对提问给出解释,从表面上看好像是在回答对方的提问,实际却是背道而驰地以反问或设问的方式向对方发难。

(三) 注意身份,莫失风度

接受媒体采访,往往是一个组织传播信息、表达观点的机会,也是一个组织或领导者政治态度、领导风格、领导能力的体现,应严谨认真对待。如果回答不当,或言语失态,后果往往不堪设想。回答问题时,应坦率、真诚,表情要面带笑意,即使对方所提的问题刁钻刻薄,也要心平气和,不去打断或中止。要仔细倾听对方提问,及时纠正讲话中的失误,保持谦虚友好的态度,营造一种良好的氛围。

案例分析 4-59

在一次全国新闻发言人培训班学员座谈会上,一位授课专家说,新闻发言人的基本要求,就是要敢于担当、善于担当,在潮头起舞,不怕打湿羽毛。作为新闻发言人,要增强责任感、使命感,真英雄见本色,真名士自风流。……要有定力,秉持一颗平常心,既能接受鲜花和掌声,也能受得了批评和委屈。只要是为党和人民做事,讲的是真实和真理,就问心无愧、坦坦荡荡。

他指出,从某种意义上讲,新闻发布工作就是讲故事,讲故事就是讲事实、讲形象、讲情感、讲道理。新闻发言人面对媒体,不能简单地套口径、讲套话,更不能打官腔,总是"无可奉告",而是要更多地用生动的事实、典型的案例、翔实的数据说话,把想表达的观点寓于鲜活的故事之中,娓娓道来、可亲可信。我们国家发展这么好、进步这么快,我们能做好中国的事情,就一定能够讲好中国的故事。我们要有这样的底气,也要有这样的能力。

(节选自《全媒体时代宣传干部新闻采编实务手册》)

在面对媒体发布新闻和接受采访时,发言人要牢记身份,真诚坦率、亲切可信。

课堂实训

4.50 外交部设立的新闻发言人,不仅要维护国家利益和形象,还应在促进国际理解和合作方面发挥着积极的作用。请通过"外交部发言人办公室"微信官方账号,阅读有关新闻发布会内容,谈谈外交部新闻发言人在回答记者提问时运用了哪些语言表达技巧,起到了怎样的作用。

三、危机公关口才

危机事件指的是对组织形象和经济利益构成重大损害的突发事件。危机公关是指公关人员主要通过传播性和沟通性的协调活动,对危机或问题进行处理,旨在减少损害程度、挽回负面影响、恢复良好形象。

(一)危机预防管理

危机公关又称危机管理,是公共关系最重要的工作之一。对待危机,或未雨绸缪,或亡羊补牢,结果有着天壤之别。

(二)危机公关口才的原则

1. 不"多个声音"

中国有"三人成虎"的古语,讲的是人多嘴杂的可怕。当处于危机公关时期,必须先明确怎么去说、谁来说、跟谁说,即要确定发言人和统一的发言内容,明确对外信息发布的唯一口径,再由发言人在第一时间传递出最适当的信息。这个发言人,不但要求形象好,善于运用体态语,具有很好的沟通能力,还要具有一定的代表性和权威性。

2. 不当"鸵鸟"

事实表明,危机发生时,若不与公众及时沟通、表明态度,只会招致更大的反感。所以,必须在最短的时间内作出最快的反应,主动对外发布信息,填补信息空白。在现代社会,流言和小道消息传播速度极快,影响极恶劣,如果让不利舆论抢占了先机,那么就将完全丧失主动权。也就是说,面对危机,切不可模仿把头埋在沙土里的鸵鸟,忘记自己暴露在外的庞大身躯,还自欺欺人地以为别人什么都看不到。

3. 不"挤牙膏"

在现实中,面对危机,个别组织也会向外界作出说明,但不是开诚布公、坦率全面地承认错误,而是像"挤牙膏"一样,被动地、一点一点地应对外界质询和诘问。这样一来,公众只会产生更多的恐惧和怀疑。林肯在一次竞选辩论中指出:"你能在所有的时候欺瞒某些人,也能在某些时候欺瞒所有的人,但不能在所有的时候欺瞒所有的人。"所以,必须敢于向公众提供信息,展示负责的态度,最大限度赢得谅解。

4. 坚持 4S 策略

"危机"一词,包含了"危险+机会"的双面性。危机的爆发往往使当事者成为公众注目的焦点,如果处理得当,不但可化险为夷、转危为安,还可形成新的发展机遇。危机公关口才,应当坚持"4S"策略:

(1) Sorry——向公众道歉。用最快的速度与受害者接触,诚恳地向公众道歉,拒绝冷漠、傲慢、敷衍和拖延的态度。

(2) Shut up——该闭嘴时就闭嘴。不去争辩,不简单地说"无可奉告",不攻击和诋毁对手,更重要的是倾听公众的意见,把握公众的情绪。

(3) Show——展示真相。建立有效沟通渠道,把坏消息一次性和盘托出,主动把自己所知所想展示给公众,冷静倾听并积极调查事实真相。

(4) Satisfy——使公众满意。及时处理投诉,妥善安抚受害者,做好善后工作,直面失实报道和反面报道,公众利益至上,重赢信赖支持。

案例分析 4-60

《烛之武退秦师》这一经典案例出自《左传》,讲的是公元前 630 年,秦、晋两国准备联合攻打郑国,兵临城下,形势紧迫,烛之武作为郑国派出的重量级公关人物出场了。危机公关的关键在于以坦诚、主动的态度进行有效沟通。见到秦穆公(秦伯),烛之武首先表明态度"秦、晋围郑,郑既知亡矣",以打消对方的防备心理,为接下来的游说打下基础。他以对方利益作为突破口,向秦穆公晓以利害:首先,灭郑对于秦有害无益,反倒是对晋有利。其次,若保存郑国,则可以为秦国称霸提供住、食等种种方便。最后一点,最为重要的是晋有野心(对此秦本有戒心),烛之武列举了晋国过河拆桥的过往之事,再据此进行推理,使秦穆公恍然大悟,明白自己最大的敌人正是晋国,于是决定与郑国订立盟约。

烛之武凭借其深谋远虑及超强公关口才救国于危难之中,堪称中国古代历史上杰出的公关人物。

4.51 场景训练题

假设你在一知名大酒厂工作。最近有媒体报道称,在你厂的酒中发现了苍蝇,导致销量猛降。后经调查,发现有苍蝇的酒是假冒酒。如果你是品牌公关主管,请问你会怎么处理这件事情?怎样向公众说明此事?

4.52 案例分析题

"3·15"消费者权益保护日即将到来,某食品企业因产品中"疑似有异物"引起社会广泛关注和质疑,请根据危机公关口才的原则说明企业该如何快速反应、真诚沟通,使品牌声誉受到伤害最小。

四、公关谈判口才

谈判是一门高深的学问,它不仅是一场心理斗争,也是一场知识、信息、修养、口才、风度的较量。谈判的成败,主要取决于谈判技巧的运用,但在谈判的三个阶段——计划准备阶段、面谈阶段、后续收尾阶段中,第一阶段尤为关键,有时谈判结果如何,已经在谈判双方见面之前就决定了。

(一)公关谈判前的准备

1. 确定谈判目标

谈判就是讨价还价、妥协、让步,要事先考虑好自己的目的,确定自己的底线,同时将目标分解成首要、次要、最后等部分。确定好这些以后,就可以知道,什么时候可以说"是",什么时候可以说"不";什么时候态度必须强硬,什么时候要做出一些让步;什么时候可以离开谈判桌结束谈判。

2. 全面掌握信息

开谈前,应全面了解谈判的有关信息,也要考虑对方可能需要什么,这包括:①谈判双方的关系,究竟是平等关系,还是主动、被动关系;②对方的态度和预期;③对方人员情况,以便攻其所短,避其所长;④相关业务情况以及谈判的回旋余地。同时,可请经验丰富的专家担任对手,多进行几次模拟谈判。

3. 制订谈判策略

制订好谈判策略是准备工作的重要组成部分。在充分了解信息的基础上,要制订的谈判对策包括:选择谈判地点、时间,决定如何开局;采取什么样的谈判风格和技巧;出场人员和替换办法的安排;所需文件、证据等资料;发言顺序和态度;由谁、在什么时候、向谁提出问题;如何坚持自己的原则,如何妥协;在发生争执陷入僵局时,如何缓和气氛。同时应该拟出上、中、下三种对策,准备好备用方案。

(二) 公关谈判的语言策略

谈判没有固定的模式和方法,归纳起来大致可分为平等情况下的谈判、主动情况下的谈判、被动情况下的谈判三种情况。公关谈判中,双方沟通、谅解以至达成协议,都要通过语言艺术的巧妙运用来实现。一个既讲原则又会变通并能熟练掌握语言艺术的谈判者,才能随机应变、遇难不惧、处变不惊、化险为夷,始终掌握主动权。因此,谈判人员要认真研究和掌握谈判的语言艺术,在发问、叙述、说服和答问等方面充分练习语言技巧。下面,介绍几种常用的谈判语言技巧。

1. 利益诱导法

现代社会的价值标准是多元的,人们在谈判中努力争取的权益也是多样的。谈判高手往往能预见和宣传谈判成功对双方的影响,劝导对方作出对己对人都有利的选择。例如,某推销员在被某饭店经理直言拒绝后,不慌不忙地把打开的手提箱合上,惋惜地说:"抱歉,打搅您了。我知道您很忙,但是,只希望您了解,当我走出这个门后,您起码要损失 2.5 万元了。"闻言,饭店经理忙把已跨出房门的推销员请回来,让他细说端详。推销员乘机说服经理购买了他推销的产品。

2. 探测摸底法

探测对方意图是公关谈判的一个必经阶段。此阶段要明白无误地阐明自己的立场,弄清对方的意图,并根据情况调整策略。在探测发言时,常采用"横向铺开"方法,不宜深谈某一具体问题,而多集中在己方对问题的理解、立场和主要利益、可采取何种方式为双方共同获利作出贡献等方面。

案例分析 4-61

某进出口公司的一名经理在同东南亚某国洽谈大米出口贸易时,曾有这样一段发言:"诸位先生,我们约定首先让我向诸位介绍一下我们对这笔大米交易的看法。我们对这笔出口买卖比较感兴趣,并希望贵方能以现款支付。不瞒贵方说,我们已收到别国其他几位买主的递盘,因此现在的问题只是时间。当然,贵方与我方是老朋友了,彼此有过很愉快的合作经历,希望这次会议能进一步加深彼此的友谊。谢谢合作!"

这段探测摸底的开场发言,简明扼要,一语中的,既阐明了自己的基本立场,又使对方无法闪烁其词。

3. 三点效应法

三点效应法就是把你的观点、意见、理由,归纳成三点以取得对方的信任,"事无三不成"。这种方法可以让对方顺着你周密而有序的思路循序渐进,避免理由的单薄感。

案例分析 4-62

广东某玻璃厂就引进新设备的问题与美国欧文斯玻璃公司谈判。但在全部引进还是部分引进问题上,双方相持不下。为了缓和气氛,促成协议,我方首席代表陈述了三点意见:"你们欧文斯的技术、设备和工程师为我们提供服务,这对双方都有利。因我们外汇有限制,国内有的就不需要再引进。现在其他国家也筹备在我国北方的厂家投资。如果我们不尽快达成协议,那么,你们就会失掉中国的市场。"

中方谈判代表抓住要害——"现在其他国家也筹备在我国北方的厂家投资"——进行陈述,说明我国的政策是"国内有的就不需要再引进",如果不尽快达成协议,就会失去共赢的机会。对方一听这三点分析全面而中肯,便放弃了全部引进的方案,很快同意签约。

4. 吹毛求疵法

这一方法的基本语言模式是:"虽然……是个小缺陷,但……可能有碍大局,难道不是吗?"谈判中,如果对方要价居高不下,不妨给对方挑毛病,适当夸大,给己方更多讨价还价的空间。吹毛求疵技巧的成功率是和谈判人员的专业素质、经验、所耗费的精力、时间是成正比的,全面掌握信息,才能挑毛病挑到点子上,使对方服气。此法切忌面面俱到,如果抓不到要点、击不中要害,反而会让对方以为你故意刁难,进而影响谈判的气氛和进展。

5. 黑白双簧法

这一方法的基本语言模式是:在开始阶段,由"黑脸"一方使用较强硬的语气和态度坚持己方立场:"狮子大开口!""如果你不……的话,势必面临……(损失、危险)"待时机到来,再由"白脸"出场,放低语气和态度,作出让步。此战术是一种心理攻势,它利用了对比效应,因为"白脸"言谈举止的温和度远远胜过黑脸,提出的要求也更为人性化,对手很可能一步步向"白脸"妥协了。此方法可以在有可能导致对抗情绪的情况下运用,以便给对方施加压力。

课堂实训

4.53 模拟谈判训练

你在一家公司从事技术工作已满5年,工作业绩较好,你向上司提出加薪10%的请求,但适逢公司财务状况不甚理想,无法满足你的要求。请拟订合理详细的谈判计划,运用谈判语言的原则和技巧,说服上司同意你的加薪请求。

延伸阅读

智慧而激情的传播者

赵启正，1963年毕业于中国科技大学核物理专业，2005年8月，担任全国政协外事委员会副主任，同年11月任中国人民大学新闻传播学院院长。国际舞台上的赵启正，是一个从容不迫、百问不倒的权威新闻发言人，是一名智慧的斗士、激情的文化传播者。他被外国媒体誉为"中国政府的公关总领""中国屈指论客""中国的形象大师"。

俄罗斯《新闻时报》评论说，"赵启正先生的演讲体现出中国对外宣传的崭新风格，既积极灵活，又坚决捍卫自己国家的利益"；美国媒体评价为"风趣、务实、不回避矛盾，纠正着美国人对中国的偏见"。

赵启正认为，向世界说明中国，一要说真话。因为你不讲故事，别人就讲故事；你不讲真故事，假故事就流行。二要用国际语言。根据对象思维定式、教育背景，用国际语言表达中国立场、中国观点。三要把原生态的苹果呈献给受众。自然界生长出来原生态苹果，我们不必非要为人家提炼出维生素C来单吃。

答记者问是门艺术，赵启正说："记者不是你的学生，不是你的部下，不是你的朋友，也不是你的敌人。""记者是挑战者，但不是要打败他。可以双赢。一个漂亮问题，漂亮地打回去，大家喝彩。"

赵启正认为，要成为一名合格的新闻发言人至少要具备两个方面的素养。一是"内知国情，外知世界"，二是"中国立场，国际表达"。"外知世界"就要了解世界的进展、文化和理解方式；"内知国情"就是要知道中国的实际情况。涉及中国国情，就要谈中国的政治、经济、文化，对这些领域就应该掌握相当广度和深度的知识与材料，包括用得当的（不必过多）数字来说明，否则就会空洞、干巴、没有说服力。"中国立场，国际表达"则是要维护中国的利益，把准确的中国实际告诉外国人，同时还要用他们习惯的表达方式，否则一定效果有限。

美国"9·11"事件后不到一周左右的时间，有记者问："对于'9·11'事件，中国的大学生有点幸灾乐祸，他们在网上有这样的表现。"赵启正回答说："中国大学生有一千多万。少数大学生想到了中国驻南斯拉夫大使馆无端被炸和中国南海撞机事件。因此会有一时情绪的表达，但这不是他们的哲学思考！"

赵启正一方面是中国文化的积极传播者，另一方面又是国家荣誉的坚定维护者。

（节选自《今传媒》杂志）

 课后任务

1. 阅读上文,回答以下问题:

(1) 赵启正认为"要向世界说明中国",需要注意哪几个原则?

(2) 赵启正认为"要成为一名合格的新闻发言人",需要具备哪些素养?

2. 谣言总是让企业疲于应对,甚至让企业辛辛苦苦打造的品牌毁于一旦,如果你是企业的公关经理,面对以下谣言,你如何回应?

(1) "××汉堡里面的牛肉是蚯蚓做的!"

(2) "××面包里有鞋底成分!"

(3) "××火腿肠还敢吃吗?实在太恐怖了,求扩散。"

3. 请收集现任中国外交部发言人答记者问的经典案例,并结合所学知识加以分析。

项目拓展——应用文写作训练(职场篇)

策划书、调查报告、计划总结、解说词、通知、请示、函,这些文体不仅是日常工作的必备工具,更是体现专业度与管理能力的关键载体。

策划书是项目落地的路线图,调查报告是科学决策的数据库,计划总结构成完整的管理闭环,解说词架起专业与大众的沟通桥梁,通知、请示、函则具有上下级、平级之间指示和协作的纽带作用。不要低估任何一份文书的价值,它检验的是将战略思维、规划布局转化为可执行方案的能力。

如何构建策划书的逻辑框架,怎样让调查报告兼具深度与可读性,计划总结如何体现管理的切实有效与严谨性,解说词怎样平衡专业性与传播力,通知请示的规范表述与函件往来的分寸拿捏,只有当你通过以上文种的实战演练,掌握了应用写作的核心要素,才能将这些职场刚需技能转化为可迁移的核心竞争力,为未来职业发展筑牢根基。

请扫描下方二维码进行自主学习,并将"课堂演练"的内容记录在下方:

应用文写作训练(职场篇)

口才与演讲训练教程

SHIZHAN YANLIAN PIAN

实战演练篇

项目一
涵养根本——大学生口才素质提升项目

任务 1　你是口才达人吗？

一、请根据自己的实际情况完成以下测试

1. 你觉得会说话对人一生的影响（　　）。
   A. 重要
   B. 一般
   C. 不重要

2. 你和他人交谈时，你会（　　）。
   A. 善用言谈来增加别人对你的好感
   B. 有时插上几句
   C. 让别人说，自己只是旁听者

3. 在公共场合，你的表现是（　　）。
   A. 善于言辞
   B. 不善言辞
   C. 羞于表达

4. 假如一个依赖性很强的朋友，打电话跟你聊天，而你没有时间陪他，你会（　　）。
   A. 问他是否有重要的事情，如没有，回头再打给他
   B. 告诉他你很忙，不能和他聊天
   C. 不接电话

5. 因为你的一次言语失误，在同事或同学间产生了不好的影响，你会（　　）。
   A. 以良好言行尽力寻找机会挽回影响
   B. 依旧爱说话
   C. 害怕说话

6. 有人告诉你某某说过你的坏话，你会（　　）。
   A. 主动与他交谈
   B. 处处提防他

C. 也说他的坏话

7. 在朋友的生日宴会上,你结识了朋友的同学,当你再次看见他时(　　　)。

   A. 一张口就叫出他的名字,并热情地与之交谈

   B. 和他简单聊了几句

   C. 匆匆打个招呼就过去了

8. 你说话被别人误解后,你会(　　　)。

   A. 多给予谅解

   B. 忽略这个问题

   C. 不再搭理人

二、计分标准

1—8题选A得2分,选B得1分,选C得0分。

三、测评分析

表 1-1　口才测试分析表

得分	测评结果	建　议
红级 0—5	口才方面存在明显不足,表现为语言表达能力较弱,思维逻辑不清晰,沟通技巧欠缺。交流中,难以清晰表达自己的观点,也难以理解他人的意图和需求	立即采取行动提升语商水平,通过口才课程学习、阅读相关书籍等,学习基本的沟通技巧,例如:与他人建立联系、表达自己的需求等。多观察他人的交流方式,学习并模仿他们的长处。同时,保持积极心态,相信自己能够克服困难,提升语商水平
黄级 6—11	口才方面有一定基础,但在某些方面仍有提升空间。例如,需要加强语言表达的流畅性和准确性,提高在紧张情况下的应变能力	加强语言学习,如朗读、写作等,提高语言表达能力。学习沟通技巧,更好地倾听他人、表达自己的观点等。多参与社交活动,与不同背景的人交流,提高自己的社交能力和语商水平
绿级 12—16	口才表现出色,能够清晰、准确地表达自己的观点,思维逻辑严密,沟通技巧娴熟。在交流中,能够迅速捕捉对方的需求和意图,并作出恰当的回应	继续保持并提升自己的语商水平,积极参加演讲、辩论等活动,提高表达能力和思维敏锐度。学习更多沟通技巧,以更好地与他人建立联系

你的得分是_____。请把有待改进之处和今后打算写在下方:

实战演练篇

任务 2
言语表达中，你的思维能力如何？

一、请根据自己的实际情况完成测试

1. 当你需要就某个主题进行发言时，你通常会如何构建你的发言框架？（　　）
   A. 从广泛的概念入手，逐步深入到具体细节
   B. 直接切入主题，按重要性或时间顺序展开
   C. 随意发挥，不预设具体框架
   D. 模仿他人的发言结构，稍作修改

2. 在发言中，你如何确保自己的观点清晰且有说服力？（　　）
   A. 使用数据、事实或案例来支持观点　　B. 引用权威人士或机构的意见
   C. 强调个人感受或经历　　D. 依赖于语言的华丽程度

3. 面对观众提出的与你观点相反的问题，你会（　　）。
   A. 冷静分析对方观点，提出合理的反驳
   B. 立即反驳，强调自己的观点正确
   C. 感到困惑，无法有效回应
   D. 承认对方观点的合理之处，但坚持自己的立场

4. 在准备发言时，你如何确保内容的创新性和独特性？（　　）
   A. 通过深入研究和思考，提出新的见解或角度
   B. 借鉴他人的观点，稍作修改以适应自己的发言
   C. 依赖常见的观点或说法
   D. 追求新奇，不顾内容的合理性和实用性

5. 在发言过程中，你如何处理突发状况（如忘词、设备故障等）？（　　）
   A. 保持冷静，利用即兴思维填补空白　　B. 依赖事先准备的备用方案
   C. 立即道歉并中断发言　　D. 感到尴尬，无法继续

6. 你如何评估自己的发言是否成功吸引了观众的注意力？（　　）
   A. 观察观众的反应，如点头、微笑或提问　　B. 依赖于自己的感觉
   C. 事后通过收集观众反馈来评估　　D. 不太关注观众的注意力是否集中

7. 在发言结束后，你通常会如何总结自己的表现？（　　）
   A. 回顾发言内容，分析逻辑是否严密、观点是否清晰
   B. 收集观众的反应和反馈，不做进一步分析

C. 批评自己的不足,但缺乏具体的改进措施

D. 感到满意,不再深入反思

8. 为了提升上台发言的思维能力,你通常会采取哪些措施?(多选题)(　　)

A. 阅读相关书籍或文章,拓宽知识面

B. 参与讨论或辩论活动,锻炼思维和表达能力

C. 观看优秀演讲视频,学习思维方式和表达技巧

D. 通过他人的意见和反馈来改进自己的发言

二、计分标准

1—7题选A得3分,选B得2分,选C得1分,选D得0分。第8题选ABCD得3分,选其中某三项得2分,选其中某两项得1分。

三、测评分析

表1-2　言语表达与思维能力测评分析表

得分	测评结果	建　议
红级 0—6	你的思维能力较弱,在构建发言框架、处理反对意见和确保内容创新性方面存在明显不足。需要更多的练习和指导来提升发言能力	从简单的发言任务开始,逐步学习如何构建清晰的发言框架。同时,加强逻辑思维训练,提高即兴发言能力。此外,可以寻求老师的指导和同学的帮助,更系统地提升自己的思维能力。通过不断练习和反思,相信你能提升自己的发言能力
黄级 7—12	你的思维能力有待提高,尤其是在构建发言框架、处理反对意见和确保内容创新性方面,你需要更多的练习和指导来提升自己的思维能力	从基础开始,逐步学习如何构建清晰的发言框架。同时,积极参与讨论或辩论活动,锻炼自己的应变能力和表达能力。此外,可以观看优秀演讲视频,学习他人的思维方式和表达技巧
蓝级 13—18	你的思维能力较强,能够构建基本的发言框架,但某些方面仍有提升空间。例如,在处理反对意见和确保内容创新性方面,需要更多的练习和反思	加强逻辑思维训练,提高即兴发言能力。同时,注重拓宽知识面,了解不同领域的观点和案例,以丰富自己的发言内容
绿级 19—24	你具备出色的思维能力,能够迅速构建清晰的发言框架,确保观点清晰且有说服力。面对反对意见,你能冷静分析并提出合理反驳。你注重内容的创新性和独特性,同时能有效处理突发状况	继续保持并不断提升自己的思维能力,尤其是在即兴思维和逻辑推理方面。可以尝试参与更多高难度的讨论或辩论活动,以锻炼自己的应变能力和深度思考能力

你的得分是_____。请把有待改进之处和今后打算写在下方:

实战演练篇

任务 3 言语表达中,你的心理素质怎样?

一、请根据自己的实际情况完成以下测试

1. 当你得知自己需要上台发言时,你的第一反应通常是( )。
   A. 感到兴奋和期待
   B. 有些紧张,但很快能调整心态
   C. 非常害怕,想要逃避
   D. 平静如水,毫无波澜

2. 在准备发言稿时,你更倾向于( )。
   A. 精心准备,反复练习
   B. 大致构思,临场发挥
   C. 依赖他人的发言稿或PPT
   D. 完全不准备,直接上台

3. 如果上台前突然发现自己准备的发言稿丢失了,你会( )。
   A. 尝试回忆并即兴发言
   B. 立即重写或重新构思
   C. 向观众解释并寻求帮助
   D. 感到绝望,无法继续

4. 在发言过程中,观众的反应不如预期(如注意力不集中、提问尖锐等)时,你会( )。
   A. 调整发言内容和方式,吸引观众兴趣
   B. 保持冷静,尽量回答观众的问题
   C. 忽略观众反应,继续按原计划发言
   D. 感到紧张,影响后续发言

5. 你认为在上台发言时,以下哪项技能最为重要( )。
   A. 清晰的逻辑和表达
   B. 自信的姿态和语气
   C. 应对突发状况的应变能力
   D. 与观众建立良好互动的能力

6. 如果你发现自己上台发言时声音颤抖或语速过快,你会( )。
   A. 深呼吸,调整语速和音量
   B. 尽量掩饰,不影响发言内容
   C. 感到尴尬,无法继续发言
   D. 停止发言,寻求帮助

7. 在发言结束后,你通常会( )。
   A. 立即回顾自己的表现,总结经验教训
   B. 与观众交流,听取他们的反馈
   C. 感到释然,不再关注发言结果
   D. 担心自己的表现,难以释怀

8. 为了提升上台发言的心理素质,你通常会采取哪些措施?(多选题)(　　)

  A. 多次练习,熟悉发言内容

  B. 观看优秀演讲视频,学习技巧

  C. 寻求专业指导或培训

  D. 尽量争取上台发言的机会

二、计分标准

  1—7题选A得3分,选B得2分,选C得1分,选D得0分。第8题选ABCD得3分,选其中某三项得2分,选其中某两项得1分。

三、测评分析

表 1-3　言语表达与心理素质测评分析表

得分	测评结果	建议
红级 0—6	你的心理素质较弱,上台发言时感到非常害怕或无法应对。你缺乏准备发言内容的动力和能力,应对突发状况时几乎无法做出有效回应	寻求专业心理咨询或培训,帮助自己克服上台发言的恐惧和不安。同时,从简单的发言任务开始,逐步培养自己的心理素质和口才能力
黄级 7—12	你的心理素质有待提高,面对上台发言时容易感到紧张或不安。你在准备发言内容时缺乏系统性,应对突发状况的能力较弱。你的发言逻辑不够清晰,表达上显得较为生硬	加强心理素质的培养,学会放松和调整心态。同时,注重发言内容的准备和练习,提高自己的口才能力和自信心
蓝级 13—18	你的心理素质较好,能够应对大多数上台发言的场合。你能够准备充分的发言内容,但在应对突发状况时稍显不足。你的发言逻辑基本清晰,但表达上有时显得不够自信	加强应对突发状况的训练,提高自己的应变能力和自信心。同时,多参与口才实践,积累经验,提升发言技巧
绿级 19—24	你拥有出色的心理素质,面对上台发言时能够保持冷静和自信。你善于准备发言内容,并能在突发状况下灵活应对。你的发言逻辑清晰,表达流畅,能够很好地与观众互动	继续保持你的优秀表现,并尝试挑战更高难度的发言任务,以进一步提升自己的心理素质和口才能力

你的得分是＿＿＿＿。请把有待改进之处和今后打算写在下方:＿＿＿＿

任务 4 你是一个注重言谈礼仪的人吗?

一、请根据自己的实际情况完成以下测试

1. 当与他人交谈时,你通常会(　　)。
   A. 保持眼神交流,展现关注
   B. 低头看手机或做其他事情
   C. 目光游离,显得心不在焉

2. 在公共场合与他人交谈时,你的音量通常(　　)。
   A. 适中,不影响他人
   B. 很小,需要对方凑近才能听清
   C. 较大,容易引起周围人的注意

3. 当对方在说话时,你会(　　)。
   A. 耐心倾听,不打断对方
   B. 经常打断对方,表达自己的观点
   C. 假装在听,但心思已经飘走

4. 在与他人交谈时,你是否注意使用礼貌用语,如"请""谢谢""对不起"等?(　　)
   A. 总是注意使用
   B. 有时会忘记
   C. 很少使用

5. 当你和他人面对面对话或在网络上聊天时,是否以"您"相称呢?(　　)
   A. 经常使用
   B. 偶尔使用
   C. 几乎不用

6. 在与他人交谈时,你是否注意避免使用粗俗或冒犯性的语言?(　　)
   A. 总是注意避免
   B. 有时会不小心使用
   C. 经常使用

7. 当与他人交谈时,你会注意保持微笑吗?(　　)
   A. 是的,经常微笑
   B. 不太爱微笑

C. 一般是面无表情

8. 在与他人交谈时,你是否注意自己的肢体语言和面部表情?(　　)

　　A. 是的,尽量保持自然和友好的姿态

　　B. 很少注意,通常比较随意

　　C. 表情严肃,缺乏亲和力

二、计分标准

1—8题选A得2分,选B得1分,选C得0分。

三、测评分析

表1-4　言谈礼仪测评分析表

得分	测评结果	建　　议
红级 0—5	你在言谈礼仪方面存在明显不足,需要努力改进。表现为缺乏眼神交流、经常打断对方、不注意使用礼貌用语等	深刻认识言谈礼仪的重要性,积极学习并实践相关礼仪规范。可以寻求专业人士的指导,或参加礼仪培训活动,以快速提升自己的言谈礼仪水平
黄级 6—11	你在言谈礼仪方面有一定的基础,但在某些方面仍有提升空间,如保持眼神交流、避免打断对方、注意肢体语言等	加强自我约束,提高在交谈中的专注度和礼貌性。学习一些礼仪课程或阅读相关书籍,以提升自己的言谈礼仪水平
绿级 12—16	你在言谈礼仪方面表现出色,能够保持眼神交流,面带微笑,耐心倾听,注意使用礼貌用语,且肢体语言友好自然	继续保持并不断提升自己的言谈礼仪水平,成为他人学习的榜样。可以进一步关注国际礼仪和文化差异,让自己在更广泛的交流中展现得更加得体

你的得分是_____。请把有待改进之处和今后打算写在下方:_____

任务 5
开启新征程——完成 1 号作品

要求：自我介绍＋诵读/演讲/主持/访谈/即兴说话等（任选其一）。根据撰写的文本或脚本完成视频拍摄，视频转为二维码后打印出来粘贴到此页面或增加到作品集中。

文本/脚本：

二维码粘贴在下方：

1 号作品
粘贴处

❖ 根据本项目各项测评,综合评估口才素质并填写下表。

表 1-5　口才素质综合评价表

测评项目	得分	自我评价	改进的打算
"语商"测试			
思维能力测试			
心理素质测试			
言谈礼仪测试			
同学互评			
老师评价			
写下激励自己的话语			

项目二
精进不辍——大学生口才基础巩固项目

按照所给材料完成本项目下 5 个任务,拍摄视频并转为二维码,然后将二维码打印出来粘贴到此页面或增加到作品集中。

实战演练篇

任务 1
字正腔圆练发声——完成 2 号作品

朗读以下语段,要求:精神振奋、情绪饱满,吐字要准确清晰、声音要圆润优美,气息要连贯流畅。

1. 天气预报

今天进入末伏,今年的"三伏天"迎来倒计时,目前随着降雨增多,南方高温逐渐缩减、强度减弱,今明天,高温主要在四川、湖南、江西、湖北、浙江、江苏等地,37 ℃以上酷热也会明显减少。高温天气正在减少,但黄淮、江南、华南等地空气湿度较大,体感温度可能会超过 35 ℃。

今后几天,华北、黄淮、东北等地仍多阵雨或雷阵雨,南方还将维持大范围降雨。广西、广东、福建等地雨势猛烈,并可能伴有短时强降水、雷暴大风等强对流天气。

预计今天甘肃、宁夏、陕西、川西高原东部和四川、云南、山东、安徽、江西、湖南、浙江、福建、广西、广东等地有大到暴雨。其中,福建东南部、广西东南部、广东西南部等地局部地区有大暴雨。

2. 旅游简讯

本报电 (魏琴)近日,位于遂宁市船山区永和家园的四川省非遗研学传习中心里,蜀绣非遗代表传承人黄海彦和数名绣娘围坐在一起,为一年一度的遂宁市乡村振兴蜀绣技能大赛创作参赛作品《"花开果成"荷花韵》。绣娘们手指轻捻绣花针,熟练地飞针走线,在锦缎上绣出一幅幅栩栩如生、清新脱俗的荷花图。

多年来,黄海彦致力于弘扬民俗文化、传承民间艺术,创办了多家艺术工坊,在传统蜀绣的基础上,融入遂宁独特的文化元素,并吸纳其他名绣的精髓,研发百余种蜀绣产品,让非遗融入现代生活,在新时代绽放新光彩。

黄海彦还把艺术工坊搬进乡村,免费帮助百余名农村妇女掌握刺绣技术,带动农村妇女居家灵活就业,做大做强蜀绣产业,让"指尖技艺"变成"指尖经济","绣"出乡村幸福生活,助力乡村振兴。

表2-1　科学发声评价表

评价项目	分值(100)	得分
1. 普通话标准,每个音节、每个词语的发音都准确无误	10	
2. 响度适中,既能清晰传达信息,又不造成听觉疲劳	20	
3. 吐字清晰,无含糊不清的现象	15	
4. 流畅自然,节奏恰当	10	
5. 呼吸稳定持久,气息充足,无明显的气息波动	20	
6. 发声稳定,无明显的颤音或破音	15	
7. 声音圆润饱满,具有美感	10	

你的得分是_____。请把有待改进之处和今后打算写在下方:_____

二维码粘贴在下方:

2号作品
粘贴处

实战演练篇

任务 2
正确规范读经典——完成 3 号作品

（视频）

朗读以下语段,要求:发声清晰响亮,正确朗读,普通话标准,流畅自然。

大学

大学之道,在明明德,在亲民,在止于至善。知止而后有定,定而后能静,静而后能安,安而后能虑,虑而后能得。物有本末,事有终始。知所先后,则近道矣。

古之欲明明德于天下者,先治其国。欲治其国者,先齐其家。欲齐其家者,先修其身。欲修其身者,先正其心。欲正其心者,先诚其意。欲诚其意者,先致其知。致知在格物。物格而后知至,知至而后意诚,意诚而后心正,心正而后身修,身修而后家齐,家齐而后国治,国治而后天下平。自天子以至于庶人,壹是皆以修身为本。

其本乱而末治者,否矣。其所厚者薄,而其所薄者厚,未之有也。此谓知本,此谓知之至也。

白杨礼赞(节选)

它没有婆娑的姿态,没有屈曲盘旋的虬枝,也许你要说它不美丽,——如果美是专指"婆娑"或"横斜逸出"之类而言,那么,白杨树算不得树中的好女子;但是它却是伟岸,正直,朴质,严肃,也不缺乏温和,更不用提它的坚强不屈与挺拔,它是树中的伟丈夫!当你在积雪初融的高原上走过,看见平坦的大地上傲然挺立这么一株或一排白杨树,难道你就只觉得树只是树,难道你就不想到它的朴质,严肃,坚强不屈,至少也象征了北方的农民;难道你竟一点儿也不联想到,在敌后的广大土地上,到处有坚强不屈,就像这白杨树一样傲然挺立的守卫他们家乡的哨兵!难道你又不更远一点想到这样枝枝叶叶靠紧团结,力求上进的白杨树,宛然象征了今天在华北平原纵横决荡用血写出新中国历史的那种精神和意志。

表 2-2　普通话水平测评表

评价项目	分值(100)	得分
1. 发音准确，声母、韵母、声调无误，无方言口音	30	
2. 语调自然，能准确表达句子的情感色彩	20	
3. 朗读流畅，无不当停顿、重复或卡顿现象	20	
4. 准确理解并朗读材料内容，无漏读、错读现象	20	
5. 综合评估整体表现	10	

你的得分是_____。请把有待改进之处和今后打算写在下方：_____

二维码粘贴在下方：

3号作品
粘贴处

实战演练篇

任务 3
绘声绘色讲故事——完成 4 号作品

（视频）

　　根据以下语段完成故事讲述训练，要求：语调丰富有变化，生动形象有感染力，态势语运用恰当。

　　阿尔喀德斯是一位英勇无比、不畏强权、敢于挑战的英雄。有一次，他行经一条小道，那条小道十分险峻，两边都是悬崖峭壁，中间只有一条狭窄得仅能容一人通行的小道。他正要通过小道，却发现路上似乎有一只刺猬。说它是刺猬，却又不大像，有点儿看不清楚。

　　阿尔喀德斯想，干脆就把它踢到一边不管了。谁知，他的脚刚碰上那个东西，它就膨胀了至少一倍。阿尔喀德斯怒不可遏，他立刻拿起手中的木棒，狠狠地击向那个东西。令人不可置信的事情发生了——那个东西在他的眼皮底下不断地膨胀、长大，样子改变，面目可憎，最后它变成了一个庞然大物，把阿尔喀德斯要走的小道堵得严严实实，甚至把太阳也给遮蔽了。

　　面对眼前的怪物，阿尔喀德斯惊诧得连木棒都掉了。正在这危急的时刻，女神雅典娜突然到来，她对阿尔喀德斯说："兄弟，请远离那个东西，千万不要再触碰它。你或许不知道，它的名字叫'纷争'，如果你远远避开它，那么它就会变得渺小，甚至可以被忽略。但是谁要是不自量力地打算和它较量一番，那么，它就会在那人的诅咒声中越来越大，甚至能变成一座山。"

表 2-3　讲故事能力评分表

评价项目	分值(100)	得分
1. 脱稿讲述,情绪到位,表演生动且富有感染力	30	
2. 普通话标准,发音吐字清晰,语调抑扬顿挫,表达自然流畅	30	
3. 表情生动,运用眼神,动作手势恰当	20	
4. 仪表整齐,仪态大方,体态自然	10	
5. 综合评估整体表现	10	

你的得分是_____。请把有待改进之处和今后打算写在下方：_____

_____

_____

二维码粘贴在下方：

4 号作品
粘贴处

实战演练篇

任务 4
有理有据讲道理——完成 5 号作品 （视频）

根据以下材料完成阐述道理训练,要求:确保信息传递的有效性、说服力和可接受性。

美学与科学之关系
蔡元培

先说明美学与科学不同的地方。吾人有意志,有理性,有感觉。意志的表现,就是行为;理性之表示,就是知识;感觉之表示,即愉快,就是高兴不高兴。例如"走路",这是一种行为;去看地图,研究哪一条路好走,哪条路不好走,这是属于知识。所以知识不是妄动的,是指导这条路好不好。而走路这件事,对于心理上,到底发生何项——即高兴与不高兴——的感觉,这就含有情的意味。又如运动踢球,这也是一种行为,而去实行运动踢球之时,应研究如何运动才好,这又是属于知识。所以知识是告我以方法,如果对于踢球的方法,完全知道,那就用不尽了。而高兴不高兴的那种感情,也就从此表现出来。

世界上无论什么对象,皆可从两方面去考察,一方面是属于科学的,一方面是属于美学的。例如音乐,在美学上,占很高尚的位置,虽从科学上看起来,不过几个数目字交互排列,发生声音而已。又如颜色,在科学上不过红黄蓝等几个颜色与若干混合色的分别,没有好多道理可讲,而在美学上,红黄色是一种动色,可引人激动感情,蓝色是一种静色,可引人入幽悲寂寞之境遇。例如小孩喜欢红色,澳大利亚土人喜画红黄色于面上身上,其余各民族画身的颜色,以红黄最多。我国妇女,亦喜用胭脂,前清尊红顶,也是这个道理。

表 2-4　阐述能力评分表

评价项目	分值(100)	得分
1. 脱稿讲解,条理分明,以理服人,态度诚恳	30	
2. 发音准确,表达清晰明了,自然流畅	20	
3. 表情自然,运用眼神,动作手势恰当	20	
4. 通过适当的语气、语调和表情,与听众建立情感上的联系	20	
5. 综合评估整体表现	10	

你的得分是_____。请把有待改进之处和今后打算写在下方：_____

_____

_____

二维码粘贴在下方：

实战演练篇

5 号作品
粘贴处

实战演练篇

任务 5
善问善听做访谈——完成 6 号作品

（视频）

仿照以下材料根据自己准备的问题完成一次关于阅读的访谈任务,要求:访谈目的明确,准备充分,提问深入有针对性,善于沟通,灵活应变,专业术语使用恰当。

阅读的力量:读者访谈录(节选)

访谈者:乔真,东莞图书馆采编部馆员

被访谈者:柴和平,00 后大学生

访谈时间:2017 年 7 月中旬

乔真(以下简称"乔"):柴和平同学,你好!请问你参加学校的阅读小组活动有多久了?你什么时候爱上阅读的?

柴和平(以下简称"柴"):一学期。大家在一起讨论阅读感想,收获挺多的。三年前,在上阅读课时,读到一本喜欢的书,从此爱上了阅读。

乔:你每周花多少时间泡在学校图书馆?在图书馆读书的乐趣与在其他地方读书有何不同?

柴:每周花一天的时间去图书馆,图书馆里同学多,有氛围。

乔:你每周利用多少时间进行课外阅读?除了纸本图书以外,你会读电子书吗?你更喜欢哪种形式的阅读?为什么?

柴:每天晚上我都会阅读一到两小时,而且我喜欢读电子书,因为电子书比纸本书更容易携带,电子书种类更多,不占空间。

乔:你期望读书能带给你什么?

柴:放松、快乐。

乔:除了老师布置的阅读书目之外,你自己会额外增加阅读图书吗?你选书的标准有哪些?

柴:我会额外增加的。我更喜欢读小说,科幻和玄幻小说是我的最爱。

乔:你会为自己制订下一年的阅读计划吗?通常写几篇阅读笔记?

柴:不会,我阅读是为了放松,如果制订计划,阅读就会像任务一样。3 个月写一次读书笔记。

乔:父母支持你的阅读爱好吗?他们是怎样帮助你阅读的?

柴：支持。帮我借书，我喜欢的书，他们都会毫不犹豫地给我买。

乔：你理想中的图书馆是什么样子的？

柴：很大，很宽敞。里面有各种类型的书，有大量我喜欢的玄幻、修真、科幻类小说。

表 2-5　访谈能力评分表

评价项目	分值(100)	得分
1. 准备充分，提问深入且有针对性，访谈计划执行符合预期	20	
2. 表达清晰，善于倾听、沟通，提问和回应得体	30	
3. 专业素养高，对采访领域有深入了解，专业术语使用得当	15	
4. 应变能力强，能够迅速调整计划，灵活应对各种情况	20	
5. 自信大方，仪态得体，与采访对象互动良好，采访氛围融洽	15	

你的得分是_____。请把有待改进之处和今后打算写在下方：

二维码粘贴在下方：

6 号作品

粘贴处

❖ 根据本项目完成的各项任务,综合评估口才基础并填写下表。

表 2-6　口才基础综合评价表

测评项目	得分	自我评价	改进的打算
科学发声能力			
普通话水平			
表达方式的运用			
态势语的运用			

续　表

测评项目	得分	自我评价	改进的打算
倾听与交谈能力			
同学互评			
老师评价			
写下自我激励的话语			

实战演练篇

项目三
厚积薄发——大学生口才能力展示项目

按照所给材料完成本项目下 4 个任务,拍摄视频并转为二维码,然后将二维码打印出来粘贴到页面指定处或增加到作品集中。

实战演练篇

任务 1
声情并茂的朗诵者——完成 7 号作品 (视频)

朗诵以下诗文,要求:根据作品内容和情感设计朗诵节奏,用朗诵标记符号在文中标出重音、停连、语调、语速以及特殊语调等。

1. 周国平散文诗《邂逅》

那年冬天,你围着绿色加长的围巾,站在雪花漫天的山谷。在我沉甸甸的记忆里,山谷里没有行人,没有声音,只有雪和雪中的雪白。你为什么来到这里,这是一个永远的谜,像音乐一样缥缈,像雪山一样沉静。我从你的身旁走过,带不走你身上的一片雪花,亦带不走你双眸中的一丝忧愁。然而我没有停下脚步,就像风过,就像溪流,风过和溪流将我带到更远的岁月。而我总是频频回首,一次次地怀想那无声的邂逅,那静静的山冈和雪中站立的倩影。你不知道我的名字,而我也不知道你是谁。多少年以后,我突然想到,那里正是我梦的开始,我思的源头。重回旧地,而你又在哪里?雪山依旧,层林尽染,只是多了时空,多了苍茫,多了我这零余者落寞的脚步。我静静地站在那里,与雪山相融,与冰天接壤。

2. 毛泽东诗词《沁园春·雪》

北国风光,千里冰封,万里雪飘。
望长城内外,惟余莽莽;大河上下,顿失滔滔。
山舞银蛇,原驰蜡象,欲与天公试比高。
须晴日,看红装素裹,分外妖娆。
江山如此多娇,引无数英雄竞折腰。

惜秦皇汉武,略输文采;唐宗宋祖,稍逊风骚。

一代天骄,成吉思汗,只识弯弓射大雕。

俱往矣,数风流人物,还看今朝。

3. 任选下列作品进行朗诵训练,请选择其中之一并简析作品思想感情。

戴望舒《雨巷》、岳飞《满江红》、席慕蓉《一棵开花的树》、高尔基《海燕》、王勃《滕王阁序》等。

表3-1 朗诵评价表

评价项目	分值(100)	得分
1. 普通话标准、吐字清晰、声音洪亮,正确把握诗歌节奏	15	
2. 感情饱满真挚,表达自然,能通过表情的变化反映诗歌的内涵	20	
3. 能正确表现诗歌内容,声情并茂,朗诵富有韵味和感染力	25	
4. 服装得体、精神饱满、姿态得体大方	10	
5. 体态动作、面部表情能够恰切、适度地传达出朗诵内容所体现的感情	15	
6. 朗诵表演引人入胜,表现形式丰富多样并有创新	15	

你的得分是_____。请把有待改进之处和今后打算写在下方:_____

_____

_____

二维码粘贴在下方:

7号作品
粘贴处

实战演练篇

任务 2
鼓舞人心的演讲者——完成 8 号作品

（视频）

根据以下材料准备一次演讲，先写好演讲稿，反复演练，录成视频。要求：主题积极向上、观点鲜明；演讲时长 3～6 分钟。

1. 命题演讲：百学须先立志

自古以来，成大事者，往往都有明确而坚定的志向。志向是旗帜，是明灯，引领着求学者跋涉在正确的道路上，一步步走向成功。朱子曾说：为学须先立志。志既立，则学问可次第着力。立志不定，终不济事。越王勾践卧薪尝胆，立志复仇，终是三千越甲可吞吴。周恩来总理从小立下"为民族崛起而读书"的宏大志向，一生都在为实现这一伟大目标而奋斗。请以"百学须先立志"为题，自选材料，准备一次演讲。

2. 主题演讲：青春红丝带，防艾进校园

为进一步增强学校学生预防艾滋病的自觉性，抵御和减少艾滋病对大学生的危害，改变和消除对艾滋病患者的歧视和误解，同时体现大学生优秀的带头先锋作用，特此举办"青春红丝带，防艾进校园"主题演讲比赛。题目自定，结合自己对防范艾滋病的认识和理解，自选材料，突出亮点，演讲富有感染力和警示作用。

3. 从以下题目中任选其一撰写演讲稿并进行演讲

（1）创新——开启未来的钥匙

（2）奋斗的青春最美丽

（3）责任与担当——青年人的使命

（4）解码汉字的魅力与传承

表 3-2　演讲评价表

评价项目	分值(100)	得分
1. 普通话标准,吐字清晰,声音洪亮圆润,表达准确、流畅、自然	15	
2. 观点正确、鲜明,见解独到,内容充实具体,生动感人	20	
3. 材料真实,事迹典型新颖,具有普遍意义,体现时代精神	25	
4. 语言技巧处理得当,语速、语气、语调、音量、节奏张弛符合思想感情的起伏变化,能熟练表达所演讲的内容	15	
5. 着装端庄大方,举止自然得体,富有艺术感染力	10	
6. 精神饱满,能较好地运用姿态、动作、手势、表情辅助演讲	15	

你的得分是＿＿＿＿。请把有待改进之处和今后打算写在下方：＿＿＿＿

＿＿＿＿＿＿＿＿＿＿＿＿＿＿＿＿＿＿＿＿＿＿＿＿＿＿＿＿＿＿＿＿＿＿＿＿＿＿

＿＿＿＿＿＿＿＿＿＿＿＿＿＿＿＿＿＿＿＿＿＿＿＿＿＿＿＿＿＿＿＿＿＿＿＿＿＿

二维码粘贴在下方：

8号作品

粘贴处

实战演练篇

任务 3
针锋相对的辩论者——完成 9 号作品

（视频）

围绕以下辩题，收集材料，准备辩论稿，以小组为单位，两小组分正反方进行辩论训练。要求：任选一个辩题，撰写辩论要点，正反双方要完成一个完整的辩论过程。

1. 关于人才培养的才与德

正方：人才培养以德为先
反方：人才培养以才为先

2. 关于结婚与彩礼

正方：结婚应该要彩礼
反方：结婚不应该要彩礼

3. 关于社交网络与人际关系

正方：社交网络让人与人之间的关系更亲近
反方：社交网络让人与人之间的关系更疏远

4. 关于人工智能的发展

正方：人工智能的发展会导致大量的人失业
反方：人工智能的发展不会导致大量的人失业

5. 关于职场中的能力与机遇

正方：在职场中，能力更重要
反方：在职场中，机遇更重要

6. 关于传统文化的传承

正方：传统文化的传承应该原汁原味
反方：传统文化的传承应该创新发展

表 3-3　辩论评价表

评价项目	分值(100)	得分
1. 语言表达:普通话标准,口头表达和态势语自然和谐,表达流畅,说理透彻	15	
2. 逻辑推理:逻辑推理清晰,论证合理有力,善于处理逻辑难点	20	
3. 辩驳能力:提问简明扼要、针对性强,答问精准,反驳有理有据,论证有力,引例恰当典型	20	
4. 临场反应:反应敏捷,用语得体,处理技巧灵活多样	15	
5. 整体意识:分工合理,协调一致,衔接有序,互为攻守	15	
6. 综合印象:仪态大方、着装正式,有风度和幽默感,尊重对方辩友、主持人和观众	15	

你的得分是_____。请把有待改进之处和今后打算写在下方:_____

_____

_____

_____

二维码粘贴在下方:

9 号作品
粘贴处

任务 4
驾轻就熟的主持人——完成 10 号作品

（视频）

根据以下题目和设定场景,选择其一先撰写主持稿,再进行主持训练。

1. 舞台主持

大一新生入学,学院将为新生举办一场"迎新晚会",晚会上准备了精彩的文娱表演节目,还有趣味十足的游戏活动。晚会请你做节目主持人,请为晚会写一段开幕词和闭幕词并进行主持训练。

2. 节目主持

"三星堆乐队"是由三星堆文物的虚拟形象组成的乐队,成员原型包括青铜大立人、青铜神树、金杖、太阳形器、金面具等。假如在一个文艺晚会上,"三星堆乐队"即将登台表演,请你为乐队登场撰写串词并进行主持训练。

3. 诗词鉴赏节目主持

和庐山有关的诗词很多,如"不识庐山真面目,只缘身在此山中""飞流直下三千尺,疑是银河落九天"等。假如一档名为《跟着诗词去旅行》的节目来到庐山,请你撰写脚本并进行主持训练。

4. 新闻主持

11月12日,新华社《经济参考报》刊发调查报道《弹性垫层"一割就开",合新铁路建设材料"以次充好"存安全隐患》一文,揭露了合新铁路(合肥至新沂)多家施工单位为节省成本,以次充好,违规将"三元乙丙橡胶弹性垫层"偷换为不符合铁路行业标准的"再生胶仿制品",这些仿冒品性能远低于设计要求,存在安全隐患。请撰写脚本并对这条新闻做模拟主持和评论。

表 3-4 主持评价表

评价项目	分值(100)	得分
1.语言表达:普通话标准,态势语自然,表达流畅,逻辑性强	15	
2.主持技巧:控场能力强,互动环节自然,流程安排过渡合理,应变能力强,能灵活处理突发情况	20	
3.情感表达:情感表达真实自然,感染力强,能与观众产生共鸣,情感表达方式多样,有技巧性	20	
4.专业的知识和素养:有较好的专业知识,有较高的文化素养,对节目主题有较强的理解和挖掘能力	15	
5.团队协作:分工合理,配合密切,互为补充,有协作能力	10	
6.形象气质:服饰得体,仪表大方,端庄自信有亲和力	10	
7.综合印象:主持整体表现良好,主持效果良好	10	

你的得分是_____。请把有待改进之处和今后打算写在下方:_____

_____

_____

_____

二维码粘贴在下方:

10 号作品

粘贴处

❖ 根据本项目完成的各项任务,综合评估口才能力并填写下表。

表 3-5　口才能力展示综合评价表

测评项目	得分	自我评价	改进的打算
朗诵			
演讲			
辩论			
主持			

续 表

测评项目	得分	自我评价	改进的打算
同学互评			
老师评价			
写下自我激励的话语			

项目四
笃行致远——大学生口才职场应用项目

按照所给材料完成本项目下 6 个任务,拍摄视频并转为二维码,然后将二维码打印出来粘贴到此页面或增加到作品集中。

实战演练篇

任务 1
求职面试,胜券在握——完成 11 号作品（视频）

根据以下面试题目准备面试材料,以小组为单位完成模拟面试训练。要求:材料准备充分,回答问题时自信大方,礼貌回应,表达简明扼要,有针对性,自然流畅。

1. 结构化面试题目(以下题目之外可以自行补充相关题目)

(1) 请做自我介绍,时长 2～3 分钟。
(2) 你对公司经营的业务和企业文化有过了解吗?
(3) 你对应聘的岗位是怎么考虑的?
(4) 在新的岗位上,你的领导和同事都不太了解你,你将如何展示自己?
(5) 在你应聘的岗位上,你的近期和长期目标是什么？你打算如何去实现它?
(6) 在团队工作中,难免会有矛盾,如果他人和你的意见有分歧,你将如何处理?
(7) 如果需要你在部门中负责某个项目,你将如何在团队中快速确立自己的威信?
(8) 工作和生活中往往都会有压力,当遇到极大的压力时,你会如何化解压力?
(9) 现代社会竞争激烈,同事之间往往也有竞争,你将如何对待?

2. 无领导小组面试题目

(1) 以小组为单位进行无领导小组面试,先仔细阅读本小组的讨论主题,在纸上写下自己的观点,准备 3～5 分钟后分别陈述自己的观点,发言时长为 1 分钟。陈述完后,进入自由讨论环节,时长为 20 分钟,最后推选一名代表陈述讨论结果。

假设你被任命为一个长期项目的负责人,现在单位人力资源紧张,需要从四个人中裁掉一个人,你觉得应该选择谁,并说明理由。

A. 工作能力强,脾气急躁,经常和同事吵架,闹矛盾;
B. 工作踏实但拖拉,在项目组中人缘较好;
C. 名校毕业生,聪明但比较骄傲,工作能力一般,但有较大潜力;
D. 工作能力强,且手里有资源,在团队中有较高威信。

（2）设想你是一名探险队员，在荒岛上生存，请按照重要程度对以下物品进行排序：食物、水、火种、医疗用品、通信设备等。小组讨论并形成排序结论。

（3）物品：一个鸡蛋，一些吸管和胶带。要求：让鸡蛋从 2 米的高空掉下来而不碎。请小组成员讨论 20 分钟，给出具体方案。

（4）小组讨论：你认为以工作为取向的领导是好领导，还是以为人为取向的领导是好领导？

请在结构化面试题目中选择 3—5 个问题撰写面试答问要点。

表 4-1　面试口才评价表

评价项目	分值(100)	得分
1. 职业道德和价值观：良好的职业品德，正确而积极的价值观	10	
2. 语言表达与沟通能力：有较强的沟通能力，倾听能力，较好的语言表达技巧，表达思路清晰	15	
3. 解决问题的能力：能准确分析问题并找到解决方法，考虑全面，有准确的判断力	15	
4. 专业知识和技能：专业基础扎实，操作能力较强，知识和技能能够胜任工作需要	15	
5. 团队协作能力：有责任心，能有效协调团队关系，有领导能力	10	
6. 个人修养礼仪：着装仪态大方得体，言行举止用语符合礼仪规范	10	
7. 创新能力：能创造性地解决问题，针对性地提出新观点，有创新潜力	15	
8. 自我管理和组织能力：个人时间管理、自我情绪、行为管理能力强，能在压力下完成任务	10	

你的得分是_____。请把有待改进之处和今后打算写在下方：

_____

_____

_____

二维码粘贴在下方：

11 号作品
粘贴处

任务 2
职场沟通，理解共赢——完成 12 号作品

（视频）

根据以下材料，先分析问题，找出解决办法，再撰写沟通脚本，进行模拟训练。

1. 与上级沟通

你在一家软件公司做销售，业绩一直都非常好。最近公司任命一位技术骨干担任销售部的经理。刚上任的经理对销售情况一知半解，却爱发号施令。出于对上级的尊重，你基本上按照这位经理的要求开展工作。但不久销售部的工作就出现了问题，销售业绩一再下滑，你也发现了问题的症结所在，想去找销售经理反映情况、分析业绩下滑的原因，却又担心上级会认为你在挑刺或觉得被冒犯。但沟通势在必行，那么，你将怎样与这位上级沟通呢？

2. 与平级沟通

公司市场部准备在国庆节期间举行一次促销活动，需要用到设计新颖而又趣味性十足的宣传海报。你作为市场部该项任务负责人，想让设计部的同事在三天内拿出海报的初稿，因为你们为这场活动筹备已久，想尽早开始安排相关工作。

你来到设计部，找到了负责海报设计的李欣："李欣，海报设计稿三天之内要拿出来，时间很紧，你们可不能拖我们的后腿啊，这次活动对我们来说很重要。"

最近，设计部的工作任务也比较繁重，听了你的话李欣有些不耐烦地说："你以为我们会变魔术啊，从构思、找素材，再设计初稿，三天根本做不到。"

此时，你该如何与李欣进行沟通呢？

请选择一则材料撰写沟通脚本：

_____

_____

_____

_____

_____

_____

_____

表 4-2　沟通口才评价表

评价项目	分值(100)	得分
1. 语言表达：能清晰、准确、简洁地表达观点或意见	15	
2. 倾听能力：善于倾听，能准确理解并抓住要点进行回应和对话	15	
3. 情绪管理和沟通技巧：面对困难和冲突时能保持冷静和理性，能运用沟通技巧解决问题	20	
4. 反馈和调整：能及时给予对方建设性反馈，能根据对方的反应及时调整沟通策略	15	
5. 合作与团队协作：接受他人意见，能在合作或团队协作中进行有效沟通，并一起解决问题或达成目标	10	
6. 非言语手段：能有效运用态势语和其他非语言手段增强表达力	10	
7. 情景适应能力：能在不同社交场合灵活调整沟通策略，适合不同的环境和需求	15	

你的得分是＿＿＿＿。请把有待改进之处和今后打算写在下方：＿＿＿＿

＿＿＿＿＿＿＿＿＿＿＿＿＿＿＿＿＿＿＿＿＿＿＿＿＿＿＿＿＿＿＿＿＿＿＿＿＿＿

＿＿＿＿＿＿＿＿＿＿＿＿＿＿＿＿＿＿＿＿＿＿＿＿＿＿＿＿＿＿＿＿＿＿＿＿＿＿

二维码粘贴在下方：

12 号作品

粘贴处

实战演练篇

任务 3
管理口才，循循善诱——完成 13 号作品

（视频）

根据以下材料，先分析问题，找出解决办法，再撰写脚本，进行模拟训练。

1. 化解部门矛盾

某公司是一家特种设备生产企业，公司下设多个部门。最近销售部和技术部之间的工作配合出现了问题。销售部人员经常接到用户关于产品性能方面的投诉，由于销售部部分人员对产品技术的了解不够深入，无法予以满意的答复，于是销售部请求技术部派人前去现场为用户解决问题。而技术部人员有限，频繁派人去现场导致工作量繁重而难以为继。销售部认为技术部不配合销售工作，技术部认为销售部与用户沟通不到位，两部门互相埋怨，由此产生矛盾，工作推进陷入僵局。你以公司总经理的身份前去协调，你如何通过管理口才来解决问题化解矛盾呢？

2. 和下属沟通

电气自动化专业毕业的李明已在一家企业研发部工作了 3 年。公司出于业务需要和人事考虑，决定安排李明负责一个机械项目的开发。

李明认为自己的专业是电气，本专业方面的工作目前已经能够熟练应对，但机械方面自己跨了专业，何况是担任负责人，他担心自己力不从心，不能胜任。

你作为李明的上级，你应该怎样沟通才能打消李明的顾虑呢？

请选择一则材料并撰写脚本：

表 4-3　管理口才评价表

评价项目	分值(100)	得分
1. 语言表达：能够清晰准确地表达思想和意见，语言简洁实现有效沟通，态势语等表达手段运用恰当能有效增强表达力	15	
2. 自我管理和倾听能力：保持理性和冷静，善于倾听他人的意见和观点，能准确理解并抓住要点进行回应和对话	15	
3. 沟通方案设计：沟通方案设计合理，有针对性，能合理解决问题	20	
4. 沟通方式和效果：沟通方式恰当，符合身份，沟通效果佳	15	
5. 信息的传递和反馈：信息传递准确、及时、完整，反馈及时有效	15	
6. 合作协调能力：能有效协调各方利益或矛盾，达成一致并解决问题	20	

你的得分是_____。请把有待改进之处和今后打算写在下方：_____

_____

_____

实战演练篇

二维码粘贴在下方：

13 号作品
粘贴处

任务 4
营销口才，步步为营——完成 14 号作品

根据以下材料，先分析营销目标，制订营销方案，再根据具体场景撰写脚本，进行模拟训练。

1. 营销宣讲

你大学的专业是市场营销，你爱好摄影和视频制作，毕业后你入职了一家人工智能研发公司，该公司主要是从事 AI 视频制作软件的开发与设计。最近公司新推出了一款名为"视界"的 AI 视频制作软件，可以实现根据文本自动生成视频的功能，还可以在多段视频中连续使用某个固定的人物形象，根据文字生成配音和字幕，支持按情节生成多段视频。现在公司打算面向社会举办一个 AI 视频制作的培训班，主要培训学员"视界"的使用，同时也为该软件的销售打开市场。开班典礼上，在市场部工作的你要对该软件做推广介绍。请收集材料，撰写脚本，完成营销宣讲训练。

2. 营销沟通

某汽车品牌 4S 店里来了一对年轻的夫妻，作为销售服务顾问的你接待了他们。通过聊天得知，夫妻俩想购置一台新能源汽车，预算不超过 15 万。家里有一台燃油车，但他们认为新能源车更经济划算，主要用来给妻子上下班代步。他们最关注的是安全、充电费用、续航能力、售后服务等问题。现在市场上新能源车的品牌琳琅满目，性能也各不相同，价格更是高低不一，这对夫妻一时不知道如何选择。他们还去看了其他新能源汽车品牌，顺路来到你所在的这家店里。请增设必要条件，撰写脚本，完成营销沟通对话训练。

请选择一则材料并撰写脚本：

表 4-4　营销口才评价表

评价项目	分值(100)	得分
1. 沟通能力：语言表达简洁明了，易于理解，态势语恰当，能有效建立与客户的连接，善于倾听客户需求并提出解决方案	15	
2. 营销礼仪：使用敬语、谦语和雅语，遵守迎送礼仪，热情大方	10	
3. 产品知识：熟悉产品性能，能回答客户对产品的提问，并根据产品特点匹配客户需求	15	
4. 意向识别：能准确捕捉客户需求和意向，善于挖掘客户潜在需求，并根据客户表现选择销售策略	15	
5. 解决问题能力：能迅速理解客户问题并创新性的提出解决方案，能耐心帮助客户解决问题	15	
6. 谈判能力：能根据客户需求和反馈运用谈判策略把握节奏，达成双赢	20	
7. 客户关系维护能力：能与客户建立积极互信关系，响应客户需求，提高客户满意度，能将客户转化为长期用户	10	

你的得分是_____。请把有待改进之处和今后打算写在下方：_____

_____

_____

二维码粘贴在下方：

14 号作品

粘贴处

实战演练篇

任务 5
导游口才，生动优美——完成 15 号作品

（视频）

根据以下材料，先分析问题，再根据具体场景撰写脚本，进行模拟训练。

1. 迎送访学团致辞

香港的一个中学生暑期访学团来到了四川，将开启为期四天的领略四川美景、品尝四川美食、体验巴蜀文化的访学之旅，计划是去都江堰、青城山、峨眉山和乐山大佛游览。成员是 15—18 岁的学生，第一次来四川。旅行社安排你为访学团担任导游。请你准备一段热情洋溢的欢迎词在旅程正式开始时致辞；同时再准备一段欢送词，在行程结束时为他们送行。

2. 校园导览解说词

每一座校园都是一个丰富多彩的富有文化底蕴的所在。校园里的教学楼、图书馆、食堂、运动场或者亭台楼阁，甚至一花一草、一湖一路都有着背后的故事。或有文化传承，或有纪念意义，或有未来展望。请选择校园里你最喜欢或印象最深的一处景观，无论是人文景观还是自然景观，为之撰写一段解说词，再进行现场讲解。

请选择一则材料撰写脚本：

_____
_____
_____
_____
_____
_____
_____
_____
_____

表 4-5　导游口才评价表

评价项目	分值(100)	得分
1. 语言表达：声音洪亮，普通话标准，表达自然流畅，态势语得体	15	
2. 礼仪修养：服饰得体，仪态大方，言行举止符合礼仪规范，待人接物礼貌周到，热情大方	10	
3. 内容讲解：内容讲解全面、准确、有条理，详略得当，形象生动有感染力	20	
4. 专业知识：对景点的文化背景、民俗风情、景观特色等有深入了解，能流利回答游客对景点相关知识的提问	20	
5. 互动性和应变能力：具有良好的互动能力，能引导游客参与讨论；能快速应对和处理突发情况，确保游客的安全和舒适度	15	
6. 服务态度：友好、热情地对待游客，耐心解答问题并提供帮助	10	
7. 沟通方式与能力：善于倾听游客的意见和需求，能够选择恰当的方式与不同游客进行沟通	10	

你的得分是_____。请把有待改进之处和今后打算写在下方：_____

_____

_____

二维码粘贴在下方：

15 号作品
粘贴处

实战演练篇

任务 6
公关口才，严谨缜密——完成 16 号作品

（视频）

根据以下材料，先分析问题，找出解决办法，再根据具体场景撰写脚本，进行模拟训练。

1. 危机公关应对发言

美馨公司是一家行业内小有名气的床上用品生产企业，其产品以优良的品质和合理的价格受到顾客的喜爱。但今年在某市的市场上出现了仿冒产品，低劣的质量给顾客带来了不好的体验感。其中一位顾客还拍摄了视频上传网上，导致美馨公司经销商的销售量锐减。经过调查发现，这是一批假冒伪劣产品。为了尽快恢复公司产品信誉，消除这次事件给公司带来的负面影响，公司决定召开一次与经销商的见面会，旨在澄清事实、恢复信心、稳定市场。你被任命为公关代表，负责这次见面会上与经销商的沟通，请你根据危机公关策略撰写发言稿并进行演练。

2. 危机公关答记者问

你是某美味食品公司市场部主管，最近市场上传出有顾客在你们公司生产的奶制品中吃出了苍蝇，遭到顾客投诉，导致销售额大幅下降。有媒体记者前来采访，请公司方面就有关问题做出回应。公司安排你前去接待，回答现场记者的提问。请撰写脚本进行演练。

请选择一则材料并撰写脚本：

_____
_____
_____
_____
_____
_____
_____

表 4-6　公关口才评价表

评价项目	分值(100)	得分
1. 语言表达：信息传达准确，用清晰、流畅、富有感染力的语言传达信息，使公众易于理解和接受	15	
2. 礼仪修养：服饰得体仪态大方，礼貌用语尊重他人，体现职业素养	10	
3. 情感传递能力：语言能引起听众共鸣，能传递发言人的真诚，并感染打动听众	15	
4. 专业知识：熟悉所在行业的知识动态，能够运用专业知识进行沟通；能掌握公关相关技巧有效开展公关活动	20	
5. 应变能力：面对突发情况或提问能迅速调整策略，灵活应对；能在紧张和压力下冷静地回答问题	15	
6. 说服力：阐述观点时论证有力论据充分，有说服力；善于引导听众接受自己的观点和建议	15	
7. 沟通协调能力：善于倾听意见和需求，能及时给予回应，理解对方感受；能够有效协调各方关系，促成合作或达成一致意见	10	

你的得分是_____。请把有待改进之处和今后打算写在下方：_____

_____

_____

二维码粘贴在下方：

16 号作品
粘贴处

❖ 根据本项目完成的各项任务,综合评估口才能力并填写下表。

表 4-8 口才职场应用综合评价表

测评项目	得分	自我评价	改进的打算
求职口才			
沟通口才			
管理口才			
营销口才			

续　表

测评项目	得分	自我评价	改进的打算
导游口才			
公关口才			
同学互评			
老师评价			
写下自我激励的话语			

任务 7
踏上制高点——重演 1 号作品(完成 17 号作品) （视频）

要求：自我介绍＋诵读/演讲/主持/访谈/即兴说话等(任选其一)。根据撰写的文本或脚本完成视频拍摄，视频转为二维码后打印出来粘贴到此页面或增加到作品集中。

二维码粘贴在下方：

17 号作品
粘贴处

表 4-7　口才训练回顾与展望

评价项目	评　　语
成长与进步	
存在的不足	
改进的计划	
激励的话语	

主要参考文献

[1] 唐树芝.口才与演讲[M].3版.北京:高等教育出版社,2015.
[2] 包镭.演讲与口才技能实训教程[M].2版.北京:北京大学出版社,2013.
[3] 赵京立.演讲与沟通实训[M].3版.北京:高等教育出版社,2021.
[4] 李元授.新编演讲与口才[M].武汉:武汉大学出版社,2023.
[5] 陈翰武.口语表达机智术[M].武汉:武汉大学出版社,2006.
[6] 胡静.礼仪学[M].武汉:华中师范大学出版社,2006.
[7] 刘维娅.社交礼仪教程[M].武汉:华中师范大学出版社,2007.
[8] 阮朝辉.口才·礼仪·文化[M].成都:西南交大出版社,2009.
[9] 王峥.语音发声科学训练[M].北京:中国传媒大学出版社,2009.
[10] 李问渠.口才成就一生全集[M].哈尔滨:哈尔滨出版社,2010.
[11] 白龙.播音发声技巧[M].北京:中国广播电视出版社,2002.
[12] 杨绍林.普通话训练与测试教程[M].成都:四川大学出版社,2001.
[13] 黄伯荣,廖序东.现代汉语[M].增订七版.北京:高等教育出版社,2024.
[14] 宋欣桥.普通话水平测试员实用手册[M].3版.北京:商务印书馆,2020.
[15] 何欣.口才训练[M].北京:中国政法大学出版社,2010.
[16] 谢伯端.实用演讲与口才教程[M].3版.武汉:华中科技大学出版社,2014.
[17] 乐江源.普通话口语交际[M].北京:对外经济贸易大学出版社,2008.
[18] 高博.身体语言使用手册[M].北京:中国长安出版社,2008.
[19] 张颂.诗歌朗诵[M].2版.北京:中国传媒大学出版社,2008.
[20] 郭春光.心理学与说话术[M].北京:中国纺织出版社,2013.
[21] 许肖辉.倾听是一种艺术[M].北京:北京工业大学出版社,2009.
[22] 韩速.别让面试输在表达上[M].北京:人民邮电出版社,2020.
[23] 何书宏.演讲与口才知识全集[M].北京:北京工业大学出版社,2006.

郑重声明

高等教育出版社依法对本书享有专有出版权。任何未经许可的复制、销售行为均违反《中华人民共和国著作权法》，其行为人将承担相应的民事责任和行政责任；构成犯罪的，将被依法追究刑事责任。为了维护市场秩序，保护读者的合法权益，避免读者误用盗版书造成不良后果，我社将配合行政执法部门和司法机关对违法犯罪的单位和个人进行严厉打击。社会各界人士如发现上述侵权行为，希望及时举报，我社将奖励举报有功人员。

反盗版举报电话　（010）58581999　58582371
反盗版举报邮箱　dd@hep.com.cn
通信地址　北京市西城区德外大街4号　高等教育出版社知识产权与法律事务部
邮政编码　100120

教学资源服务指南

感谢您使用本书。为方便教学，我社为教师提供资源下载、样书申请等服务，如贵校已选用本书，您只要关注微信公众号"高职素质教育教学研究"，或加入下列教师交流QQ群即可免费获得相关服务。

"高职素质教育教学研究"公众号

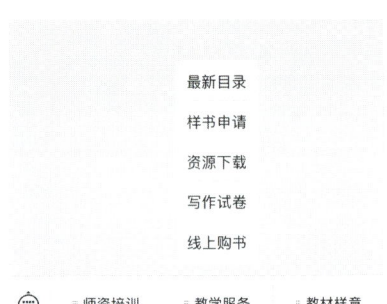

资源下载：点击"**教学服务**"—"**资源下载**"，或直接在浏览器中输入网址（http://101.35.126.6/），注册登录后可搜索下载相关资源。（建议用电脑浏览器操作）

样书申请：点击"**教学服务**"—"**样书申请**"，填写相关信息即可申请样书。

样章下载：点击"**教材样章**"，可下载在供教材的前言、目录和样章。

师资培训：点击"**师资培训**"，获取最新直播信息、直播回放和往期师资培训视频。

联系方式

高职人文素质教师交流QQ群：167361230

联系电话：（021）56961310　电子邮箱：3076198581@qq.com